초월과 보편의 경계에서

문화
학술
총서

초월과 보편의 경계에서

종교문화와 종교교육을 논論한다

김용표 엮음

동국대학교출판부

종교문화와 교육문화는 사회의 문화전통과 인류의 문명을 지탱해 온 두 기둥이라 할 수 있다. 이들은 각기 다른 전통과 제도를 형성하며 역동적인 상호작용 속에서 발전해 왔다. 종교와 교육은 인간의 본질적인 변화라는 지향성을 공유한다. '으뜸이 되는 가르침'이라는 종교와 '가르치고 기르는 활동'으로서의 교육은 모두 '가르침'이라는 의미를 함께 쓰고 있다. 가르침의 의미를 갖는 한 이들 두 영역은 단순한 이론적·학문적 탐구를 넘어서 가치로운 실천으로 나아가야 할 사회교육적 책무를 갖는다. 역사적으로 가장 모범적인 교과서로서는 경전의 가치를 들 수 있고, 위대한 종교전통의 교주와 지도자들은 훌륭한 스승과 교사의 전형이었다. 종교조직의 신도들 역시 근본적으로는 가르침을 따르고 실천하려는 제자들의 모임이라는 점을 상기해야 한다.

 물론 종교와 교육은 인간의 궁극적인 변화와 성장을 추구하는 공통적 목적성을 가지면서도 각기 다른 개념적 이해를 형성한 측면이 있다. 자아의 개념에서 볼 때 교육은 자아실현을 추구하지만 종교는 자아초월을 의도한다. 자아실현과 자아초월은 더 나은 상태로의 도약과 발전을 의미하는 면에서는 서로 유사하다. 그러나 자아실현이 자신에게 주어진 잠재력의 실현을 의미하는 반면, 자아초월은 자신에게 주어진 그 어떤 존재론적 전제마저도 초월할 것을 요구한다. 다시 말해 자아를 성장시키고 확장시키는 노력을 추구하는 것이 교육이라면, 그러한 자아를 버리고 부정하여 새로운 존재로 다시 태어날 것을 촉구하는 것이 종교라고 말할 수 있다.

매일매일 축적할 것을 가르치는 교육과 매일매일 버려야 할 것을 가르치는 종교는 서로 상충하는 듯 보일 수 있다. 그러나 쌓는 것과 버리는 것은 상호의존적이다. 마찬가지로 확장과 성장을 의도하는 교육과 비약과 초월을 추구하는 종교는 상호보완을 통해서 인간의 완전함을 충족시킨다. 특히 무한 축적의 경쟁으로 치우친 현대의 교육문화에서 버림의 미덕과 나눔의 진리를 깨우치는 종교의 가르침은 그 어느 때보다 절실하게 요구되는 인간활동의 통합적 측면이다. 최근 종교교육의 담론이 활성화되고 교육과 종교의 근원적인 가치에 관심을 갖는 연구들이 다양해지는 것은 분명히 환영할 만한 일이다. 아직은 더 많은 학문적·실천적인 노력이 요구되지만 인간내면의 심층과 인류문명의 본질에 대한 관심이라는 점에서 종교와 교육 관계의 역동에 관한 연구는 앞으로도 계속되리라고 기대된다.

본서는 이처럼 우리 사회에서의 종교문화와 교육문화의 역동성을 이해하기 위한 의도로 구성되었으며, 그동안 '한국종교교육학회'에서 발표되었던 양질의 연구 성과물들을 수록하였다. 제1부에서는 종교와 교육의 본질적인 측면을 자유, 평화, 종교성의 문제를 중심으로 다루고자 하였다. 제2부에서는 한국의 종교문화 현실에 투영된 종교전통의 교육적 특성을 전개하였다. 비록 작은 시도지만 우리 사회에서 종교와 교육의 담론을 형성해 나가는 데 밑거름이 되기를 바라마지 않는다.

2008년 12월
한국종교교육학회장 김 용 표

머리말 • 5

제1부
종교와 교육의 본질을 말하다

제1장 종교와 교육의 지향점 "자유" ─────────── 15

    1. 신앙의 자유와 종교교육의 자유 • 17
    2. 종교에서의 자유와 비관용 • 21
    3. 종교교육에서의 자유의 의미 • 29
    4. 종교자유의 교육적 실천 • 33

제2장 종교간의 대화와 종교교육 ——————————— 37

1. 들어가는 말 · 39
2. 지구윤리와 종교평화 · 43
3. 한국에서 종교교육의 현실 · 51
4. 외국의 종교교육의 사례 : 대안을 찾아서 · 59
5. 평화교육과 함께하는 종교교육 : '차이'와 '다름'을
   존중하는 교육 · 65
6. 맺음말 · 69

제3장 종교문화 담론의 교육적 함의 ——————————— 71

1. 종교문화 담론의 전제들 · 73
2. 종교성 개념의 형성 · 76
3. 종교적 교육으로서의 종교성 함양 · 81
4. 교육종교학 성립의 필요성 · 85
5. 맺음말 · 89

제2부
종교, 문화, 교육을 논하다

제1장 유교의례와 생명윤리 ──────────── 95

    1. 지구화시대의 유교와 생명존중 정신 •97
    2. 유교와 유교의례 •98
    3. 유교의례에서 본 생명관 •101
    4. 유교의례에서 본 생명윤리 •112
    5. 인의 적용이 생명윤리 •118

제2장 풍류신학과 한국적 기독교 종교교육의 형성 ──── 121

    1. 한국인과 기독교의 만남, 그리고 풍류신학의 등장 •123
    2. 토착화신학으로서의 풍류신학 : 제1기의 풍류신학 •127
    3. 무교연구와 한국문화 : 제2기의 풍류신학 •132
    4. 풍류도와 한국적 신학 : 제3기의 풍류신학 •135
    5. 예술신학으로서의 풍류신학 : 제4기의 풍류신학 •140
    6. 풍류신학과 한국적 기독교 종교교육의 형성 •144
    7. 맺음말 •150

제3장 동학의 한울사상과 삼경三敬의 교육문화 ────── 153

    1. 들어가는 말 · 155
    2. 동학의 한울사상 · 156
    3. 한울 문화교육 · 163
    4. 한울과 삼경의 교육문화 · 166
    5. 맺음말 · 174

제4장 훈습熏習의 기능에 대한 교육적 탐색 ────── 177

    1. 훈습에 의한 인간 재구성 · 179
    2. 훈습과 인간의 존재방식 · 183
    3. 언어로 훈습되는 식과 그 구성 · 189
    4. 훈습의 두 가지 방향 · 193
    5. 문훈습聞熏習의 인간형성과정 · 200
    6. 맺음말 · 207

제5장 불교오계와 지구윤리 교육 ────── 211

    1. 종교윤리의 공통성 · 213
    2. 불교 윤리의 원형으로서의 오계 · 214
    3. 오계와 세계종교 윤리의 유사성 · 223
    4. 보편적 지구윤리와 오계 · 231
    5. 공동신앙의 실천 윤리로서의 오계의 교육적 의미 · 236

제6장 손에 손잡고 벽을 넘어서
　　　　-지구적 보편윤리의 한국적 모색 ─────── 241

1. 지구윤리의 모색 ·243
2. 지구윤리의 한국적 모색 ·244
3. 지구윤리화 모델로서의 원불교 삼동윤리 ·255
4. 삼동윤리와 종교교육의 방향 ·265
5. 맺음말 ·267

제7장 유교와 불교 태교관胎敎觀의 교육적 의미 ─────── 269

1. 들어가는 말 ·271
2. 유교의 태교관 ·272
3. 불교의 태교관 ·284
4. 맺음말 ·295

참고문헌 ·297

저자 소개 ·315

제1부
종교와 교육의 본질을 말하다

제1장	종교와 교육의 지향점 "자유"	김용표
제2장	종교간의 대화와 종교교육	김은규
세3장	종교문화 담론의 교육적 함의	박범석

제1장
종교와 교육의 지향점 "자유"

1. 신앙의 자유와 종교교육의 자유

본 논고는 종교와 교육의 본질로서의 자유의 문제에 대해 살펴보고, 다종교사회에서의 개인 신앙의 자유와 종교교육의 자유와의 갈등 문제에 대한 비판적 검토를 통하여 종교계 학교에서의 바람직한 종교교육 방향을 모색하려는 데 그 목적이 있다.

종교와 교육은 본질적으로 무한한 정신적 자유를 추구하는 속성이 있다. 종교적 진리는 정신적인 궁극적 자유를 지향하고 있으며, 교육의 목표도 인간을 자유롭게 하려는 데 있다. "아무 것에도 집착함 없이 그 마음을 일으키라(應無所住 而生其心)"[1]는 붓다의 가르침이나, "진리가 너희를 자유케 하리라"[2]라는 예수의 가르침, 또는 무함마드의 "종교에는 강제가 없다"[3]

---

[1] 『金剛般若波羅蜜經』「제10 莊嚴淨土分」 T. 8, no. 235, p.749c. "不應住色生心 不應住聲香味觸法生心 應無所住 而生其心"(응당 색에 머물러서 마음을 내지 말며, 또는 소리, 냄새, 맛, 감촉, 몸에 머물러서 마음을 내지 말라, 응당 머문 바 없이 그 마음을 낼지니라). "凡所有相 皆是虛妄 若見諸相非相 卽見如來"(무릇 형상이 있는 것은 모두가 다 허망하다. 만약 모든 형상을 형상이 아닌 것으로 보면 곧 여래를 보리라). 이 구절은 '相과 非相 즉 형상과 형상 아닌 것을 동시에 볼 때 여래를 보리라'라는 번역도 가능하다. 「제5 如理實見分」.

[2] 『요한복음』 8 : 32. "veritas vos liberabit"(The truth will set you free). veritas(진리 : 1격) liberabit(자유롭게 하리라 : 과거미래형-3인칭) vos(너희 : 4격). 이 설교는 본래 종교의 본질이 자유에 있음을 말해주는 것이 아니라 "나는 길이요, 진리요 생명이니 너를 말미암지 않고는 아버지에게 올 자가 없느니라"(요한 14 ; 6)라는 맥락 속에서 '예수의 구원과 해방의 진리와 자유'를 의미하는 것으로 이해되어 왔다. 그러나 자유와 진리, 길과 생명에 대한 기존의 도그마를 해체하여 '자유를 진실로 자유케 하는 해석의 자유'가 필요할 것이다.

"너희는 사람들로 하여금 강제로 신도가 되게 하려느냐?"[4]라는 가르침은 종교의 본질이 자유에 있음을 잘 표현해 주고 있다. 그럼에도 불구하고 종교의 제도화는 종교의 본래 면목과는 다르게 전통이나 교리의 테두리에 종교인들을 가두기 시작하였다. 또한 종교인들이 종교적 진리보다는 교단의 이익에 더 집착하기 시작한 데서 종교의 비극이 있다. 종교자유의 문제도 본질적으로 종교의 내면에 도사리고 있는 배타적 종교성에 그 원인이 있다. 종교의 배타적 진리주장은 어느 종교에서나 발견되는 요소이지만, 그 표현의 정도는 종교에 따라 큰 차이가 있다. 이러한 문제에 대한 해결과 극복 방안은 다원주의적 종교 교육과 종교자유에 대한 올바른 교육을 통해 이루어질 수 있을 것이다.

종교의 자유는 개인이 외부로부터의 억압이나 간섭을 받지 않고 스스로 자유롭게 종교생활을 영위할 수 있는 권리이다. 유엔 「인권선언문」 18조는 "인간은 누구나 사상, 양심, 그리고 종교의 자유에 대한 권리를 가진다. 이 권리는 그의 종교나 신념, 그리고 종교를 변경하는 자유와 혼자서 또는 다른 사람과 함께 있는 공동체에서 그리고 공적으로나 사적으로 종교나 신념을 교육, 실천, 예배, 그리고 집전에서 발표할 자유를 포함한다"고 선언하였다. 이에 더하여 「종교 또는 신념에 기초한 제 형태의 편견과 차별에 대한 선언」을 채택하여 종교의 자유에 대해 보다 광범위한 의견을 수용하였다.[5]

신앙의 자유는 내적 정신적 자유로서 인간의 천부적 인권의 하나인 양심의 자유를 대표하는 자유로 인정되어 왔다. 양심의 자유란 인간이 자유

---

3 Qur'ran, Surah 2 : 257 (이슬람국제출판국, 1988), p.97.
4 Qur'ran, Surah 10 : 100–101, 위의 책, p.406.
5 「종교 또는 신념에 기초한 제 형태의 편견과 차별에 대한 선언」은 완전한 종교자유의 실천에는 미흡한 것으로 비판받고 있다. 1981년 이 선언문이 채택되기까지 20여 년간의 협상 과정에서 국가 헌법과 관련하여 생략된 종교적 권리가 많다.

롭게 생각하고 믿는 바를 자유롭게 행동할 수 있는 권리로서 사상의 자유의 하나이며, 또한 종교 자유의 근본을 구성하는 자유이다. 양심의 자유는 인간의 존엄성이 그 근거이며 다른 자유가 설 토대가 되는 것이다. 이러한 양심의 자유의 핵심적인 요소가 바로 신앙의 자유이다. 그러므로 내적 신앙의 자유는 인간의 내적 영역에 머물러 있는 한 어떠한 제약이 있을 수 없는 것이다.

헌법으로 보장된 종교의 자유에는 신앙의 자유, 종교적 행위의 자유, 종교적 집회 결사의 자유가 있다.[6] 신앙의 자유에는 종교의 선택과 변경, 무종교의 자유 및 신앙고백의 자유가 포함된다. 종교적 행위는 개인의 신앙을 외적으로 표현하는 것으로 종교의식의 자유, 선교의 자유, 종교교육의 자유 등이 포함된다. 이 가운데 종교교육의 자유는 종교교육을 실시할 수 있는 자유와 종교교육을 받지 않을 자유를 모두 포함한 개념으로 보아야 한다. 종교의 자유를 보장한다는 것은 개개인의 신앙의 존중과 아울러 그 신앙의 실천을 보장하는 것이다. 그러나 선교 행위의 자유에는 사회적 규범에 의해 제약이 따르지 않을 수 없다.[7] 선교의 자유는 다른 사람의 신앙의 자유를 침해하지 않는 범위 내에서만 보장되어야 하는 것이다.

학교교육의 현장에서 선교의 자유를 무제한적으로 용인한다면 학교는 비교육적 현상이 난무하게 될 것이다. 따라서 선교와 종교교육의 자유는 한계가 있는 자유이다.[8] 종교의 자유가 지니고 있는 개인적 차원의 신앙의

---

[6] 대한민국 헌법 제20조 ① 모든 국민은 종교의 자유를 가진다. ② 국교는 인정되지 아니하며 종교와 정치는 분리된다. 국교 부인과 정교 분리 원칙에 따라 국가에 의한 특정 종교의 우대 또는 차별금지, 국가에 의한 종교교육 금지, 종교의 정치 간섭금지 등의 원리가 적용된다. 우리 헌법에는 양심의 자유는 제19조에 따로 시설하고 있다.

[7] 헌법 제38조에 따라 종교의 자유 역시 다른 기본권과 마찬가지로 국가안전보장 등 공공복리를 위하여 필요한 경우에 한하여 법률로 제한할 수 있다. 이 경우에도 자유와 권리의 본질은 침해할 수 없는 절대적 기본권이다. 종교교육의 법적인 고찰에 대해서는, 성낙인, 「종교의 자유와 학교에서의 종교자유」, 『고시계』 95/10 참조할 것.

자유와 사회적 차원의 종교행위의 자유의 양면성을 잘 조화시키지 못하면 마찰을 피할 수 없을 것이다.

특정 종교에 입각한 교육이념을 내세우는 종교계 사립학교에서 항상 구성원의 개인적 신앙의 자유와 학교 당국의 종교교육의 자유 사이에 갈등이 상존하고 있다. 예를 들면, 초등학교에서의 담임교사의 단체기도 인도, 평준화된 중·고등학교에서의 예배참석 강요, 대학에서의 신앙 고백적 예배강요, 종립학교에서 종교 문제로 인한 교원의 해직과 교권침해 등의 문제가 사회적·법적 문제로 비화된 예가 허다하다.

학교 교육에서의 종교자유의 문제는 신앙의 자유와 종교교육의 자유를 명확하게 구분하지 못하는 데서 발생되고 있다. 학교교육의 본질은 보편적 지식을 전수하는 장이지 선교의 장은 아니다. 그럼에도 불구하고 학교를 선교의 장으로 삼으려는 비교육적 이기심이 학교교육에서 종교 자유의 침해라는 문제를 야기하고 있다. 아직도 한국에는 종교와 교육의 차이를 구분하지 못하는 사립학교가 많음은 큰 문제가 아닐 수 없다. 종교계 사립학교의 건학이념도 이러한 교육적 차원에서 전개되어야 마땅한 것이다. 종립학교의 건학이념을 교육적 차원에서 광의로 해석하는 것이 결국은 그 학교를 세운 종교재단에게도 유익함을 깨달아야 할 것이다.

학교에서의 종교 자유 문제의 또 다른 원인은 교육정책 당국에게도 있다. 이른바 교육 평준화 정책은 학생들에게 학교 선택의 자유를 박탈하였고 학교에게는 학생선발의 자유를 제한하였다. 현행 한국 종립학교에서의 종교자유의 문제는 실로 이러한 교육당국의 원인 제공에 기인하는 바 크다. 여기에서의 논의의 초점도 이러한 종교교육의 제 상황과 딜레마를 현

---

8 학교에서의 종교교육의 자유는 헌법 31조 1항 및 6항의 규정 및 이에 따른 교육법상의 규정에 의해 규제를 받게 된다. (대법원판례 92도 1742, 1992. 12. 22). 교육법 제5조 2항 : "국립 또는 공립의 학교는 어느 종교를 위한 교육을 하여서는 아니 된다." 이 규정은 사립학교의 종교교육은 종교자유의 침해가 없는 범위에서는 가능하다고 해석할 수 있다.

명하게 해결할 수 있는 방안을 구상하고자 하는 데 있다.

2. 종교에서의 자유와 비관용

1) 종교적 진리와 자유

일반적으로 '자유(自由, freedom)'란 사회심리학적으로 사용되고 있는 개념으로 외부적인 구속이나 무엇에 얽매이지 아니하고 자기 마음대로 행동하거나 그러한 심리적 상태에 있는 것을 의미한다. 법률적 의미로는 법률의 범위 안에서 남에게 구속되지 아니하고 자기 마음대로 하는 행위를 말한다.

종교적 진리는 인간 정신의 궁극적 자유와 절대적 해방을 지향하고 있다. 진리는 자유를 그 속성으로 한다. 참된 종교는 인간을 종교 안에 가두려는데 있는 것이 아니라 종교로부터도 자유롭게 해주어야 한다. 붓다는 『금강반야바라밀경金剛般若波羅蜜經』에서 "만약 육신의 겉모습으로 나를 보려하거나 언어와 음성으로 나를 찾으려하는 이는 그릇된 길을 가게 되어 결코 여래를 보지 못할 것이다"[9]라고 설하고 있다. 모든 형상과 사상이나 언어에 대한 집착으로부터도 자유로워져야 한다는 가르침은 종교의 본질이 외적 제도나 형상, 또는 언어에 있지 않음을 알려주고 있다.

"사랑하지 않는 사람은 하느님은 알지 못합니다"[10]라는 예수의 가르침

---

9 『金剛般若波羅蜜經』「제26 法身非相分」, T. 8. no. 236, p.752a. "若以色見我 以音聲求我 是人行邪道 不能見如來."
10 『요한1서』 4 : 8.

에도 교리적 종교 해석보다 우선되어야 할 종교성이 무엇인가를 밝혀주고 있다. 도가의 장자도 모든 인위적 분별로부터 벗어난 철저한 절대자유를 삶의 이상으로 삼았다. 종교적 성자들은 '육신의 자유'를 넘어선 '정신적 자유', 외적 요소로부터의 자유보다 '마음의 해탈(心解脫)'[11]을 중시한다. 종교교육도 이러한 자유사상 전통의 회복을 통해 현재의 난문제에 접근할 필요가 있다.

한 사회에 여러 종교가 함께 공존하는 상황에서 타종교에 대해 어떠한 태도를 지니는가 하는 문제는 특정 종교 교단의 중요한 관심사였다. 타종교에 대한 관계 설정의 문제는 교단의 정체성 확립이나 교세의 확장과 깊은 연관이 있기 때문이다. 타종교와의 공존을 용납하기 어렵게 하는 요소는 편협한 배타적 교리 때문이다. 단순한 교리적 이유 이외에도 교단의 외형적 확장을 바라는 사회적 이유도 있다.

세계종교사에 나타난 종교는 대부분 관용적이 아니었다는 점을 알 수 있다. 오히려 종교는 비관용적이며 폭력적이기까지 하였다. 종교 자유의 침해는 근본적으로 이러한 비관용성에서 왔다. 타인의 종교 자유를 박해하는 편협한 종교인들은 자신의 신앙에 대한 절대적 맹신과 불신자에 대한 증오심과 적개심으로 가득 차 있다.[12] 역사적 종교의 조직화된 공동체는 이기적 집단의식이 강했다. 특히 국가와 종교가 동일체가 되었을 때 이교도는 쉽게 그 국가와 종교의 공동의 적이 되었던 것이다. 이러한 의식 구조 속에서 다원주의 담론은 위험시 되었으며 타종교에 대한 관용과 배려는 배교적인 행위로 간주되었던 것이다.

---

[11] 탐욕 · 분노 · 어리석음 등의 번뇌로 부터 벗어난 無碍自在한 정신적 경지를 의미한다.
[12] Roland Bainton은 종교 박해에는 세 가지 조건이 있다고 하였다. 첫째, 박해자는 그가 옳다는 것을 믿어야 한다. 둘째, 문제가 되고 있는 점이 중요하다. 셋째, 강제가 효과적이다. Roand H. Brainton, *The Trail of Religious Liberty* (Philadelphia : Westminster Press, 1951), p.17.

종교 배타주의의 담론은 '진리를 특정 종교가 독점할 수 있는가?' 하는 반문을 던지게 한다. 진리는 본래 열려 있는 것이다. 누가 독점적으로 소유할 수 있는 것도 판매할 수 있는 것도 아니다. 역사적 종교 전통과 그 전통이 만들어 낸 교리는 상대적인 문화 현상일 뿐이다.[13] 진리의 역사성과 상대적 관계성에 대한 인식에서 절대 진리에 대한 환상은 깨어질 수밖에 없다. 그러므로 교리와 전통의 장벽을 넘어서 존재하는 진리를 발견하고 체험하려는 시도가 필요하다 하겠다. 위대한 종교의 심층에 있는 공동기반을 탐색하려는 종교다원주의 담론에서 종교자유의 문제의 해결을 위한 샘물을 발견할 수 있을 것이다.

2) 불교와 기독교에서의 종교의 자유

모든 종교 전통이 배타적이고 비관용적 태도를 지녔던 것은 아니다. 힌두교, 불교, 도교, 유교 등의 아시아의 종교들이나 신비주의 전통의 종교들은 타종교를 자기 종교 내부로 수용하려는 포괄주의적 입장이었다. 붓다는 타종교에 대한 관용과 평화를 가르쳤으며, 불교는 그 전파과정에서

---

[13] 종교적 진리의 비절대화 담론은 19세기 이후 활발하게 전개되었다. 서구에서 새로운 진리관이 등장하게 된 이유를 Leonard Swidler는 역사학적, 사회학적, 언어철학적, 해석학적, 실천적, 대화적인 진리관의 재해석에서 유래된 것으로 본다. Leonard Swidler, "Interreligious and Interideological Dialogue : The Matrix for All Systematic Reflection Today", *Toward a Universal Theology of Religion*(Maryknoll, N.Y. : Orbis Books, 1987), pp.5-7 참조. 1990년 후에 나온 스위들러의 저술에서는 이 네 요소 외에도 의도성(intentionality)과 대화(dialogue)의 요소를 추가하여 진리의 비절대화를 설명하고 있다. 대화적 진리관이란 세계는 인간이 이해할 수 있는 사고의 범주와 언어를 통해서만 말하고 교통할 수 있으므로 질문과 대답을 통해 이해해 나간다는 것이다. Leonard Swidler, *After the Absolute : The Dialogical Future of Religious Reflection*(Minneapolis : Fortress press, 1990), pp.7-14 참조.

기존의 신앙과 조화로운 공존체제를 유지하고자 하였다.[14] 붓다를 모든 다툼에서 떠난 이(ranamjaha)라고 부른 것도 이러한 이유이다.

> 나는 세상과 다투지 않는데, 세상이 나와 다투는구나.
> 무슨 까닭인가? 비구들이여.
> 만일 있는 그대로의 법과 같이 말하는 사람이라면
> 세상과 다투지 않기 때문이다.[15]

『범동경(梵動經, Brahmajāra sutta)』에는 당시의 인도 종교사상계의 62종의 견해에 대하여, "여래는 이미 이러한 여러 견해들의 장·단점과 그 결과에 대해서도 잘 알고 있을 뿐만 아니라 이보다도 더 훌륭한 것도 알고 있지만 지식에 집착함이 없다. 집착하지 않기 때문에 마음속에서 적멸寂滅과 해탈을 얻었다"[16]고 설하고 있다. 그러므로 만일 논쟁을 해결하기 위해 폭력을 사용한다면 그는 '타종교와 다투지 말라'는 붓다의 가르침에 위배되는 것이었다.

인도 역사상 최초로 통일 국가를 완성한 후 불교의 정법에 의한 정치를 이상으로 했던 아쇼카 왕(B.C.E. 272-232 재위)도 비문 칙령에서 종교 자유의 장전이 될 만한 신념을 기술하고 있다.

> 자신의 종교만을 존중하고 다른 종교를 비난하지 말라. 그렇게 함으로써 자신의 종교를 성장시킬 수 있으며 또한 다른 이의 종교에도 도움을 주는 것이다. 행동이 그와 같지 않으면 자신의 종교의 무덤을 파는 것이며 또한 다른 이의 종교에 해

14　김용표, 『불교와 종교철학』(동국대 출판부, 2002), pp.130-150 참조.
15　『雜阿含經』 37경「我經」, T. 2, no. 99, p.8b. "我不與世間諍 世間與我諍 所以者何 比丘 若如法語者 不與世間諍."
16　『남전대장경』 6, pp.52-53.

를 끼치는 것이다. 그러므로 화합하는 것이 바람직하다. 다른 모든 이의 종교의 교의에도 귀 기울이도록 하라.[17]

아쇼카 왕은 불교 신자였지만 바라문교, 자이나교, 아비지카교 등 당시 인도의 제종교를 보호하고 후원하였다.[18] 그는 "모든 종교인이 도처에 머물기를 바란다"[19]고 비석에 새겨 넣을 정도로 모든 종교의 감화가 고르게 융성하고 '서로 친근하게 지내기를 발원'했다.[20] 이러한 불교의 타종교에 대한 관용은 불교역사를 관용의 역사로 만들게 했던 것이다. 불교에서 보는 종교의 자유에 대한 입장을 다음과 같이 정리해 볼 수 있다.[21]

첫째, 불교는 사상과 언어와 진리 탐구의 자유를 가르치고 있다. 붓다의 사상의 자유는 다른 어느 종교에서도 들을 수 없었던 독특한 것이다.[22]

둘째, 불교는 배타적 절대 진리주장이나 도그마적인 진리관을 버리라고 가르치고 있다. 불교가 타종교에 대해 독단적이고 배타적인 태도를 보이지 않는 것은 불교만이 진리를 독점적으로 소유하고 있다고 보지 않기 때문이다.[23] 진리는 누구나 발견하고 깨달을 수 있고 누구에게나 열려져

---

17 아쇼카왕「마애조칙」제12장, 中村元, 석진오 역, 『종교와 사회윤리』(경서원, 1999), pp.251-316 참조.
18 아쇼카왕은 敎法大官에게 바라문교를 보호케 하였다.「석주조칙」제7장, 中村元, 위의 책, pp.283-284.
19 「마애조칙」제12장.
20 「석주조칙」제6장.
21 Yong Pyo Kim, "Religious Freedom in Buddhism", *Fides Et Libertas : The Journal of the International Religious Liberty Association*, 2002, pp.66-73 참조.
22 Kālāma-sutta. *Anguttara Nikāya* 3-65 (PTS, Gradual Saying) ; "Theose of Kesaputta", pp.170-175 ;『중아함』16경「伽藍經」(大正藏 1), pp.438b-439c. "거듭 들어서 얻어진 지식(anussavena)이라 해서, 전통(paramparāya)이 그러하다 해서, 소문에 그러하다 해서, 종교성전에 쓰여져 있다(piṭaka sampadānena) 해서, 또는 이성이나 추측에 근거한 지식 때문에, 또는 어떤 사람의 신뢰성(bhavyarupataya) 때문에, 또는 '이 사문은 우리의 스승이시다'라는 생각(samaṇo no garu) 때문에 그대로 진리라고 따르지 말라."
23 "여래가 이 세상에 출현하든 출현하지 않든 간에 현상의 본성, 현상의 규칙적인 형태나 조

있다.

셋째, 대승불교에 와서는 법에 대한 집착에서도 벗어나야 함을 가르치고 있다. 만일 진리에 실체가 있다고 생각한다면 그와 같은 생각으로 인해 진리에 대한 애착이 생기고 애착은 타종교에 대한 증오와 갈등으로 이어질 것이다. 『금강경』에는 여래가 설한 법까지도 절대 진리로 집착하지 말라고 권고하고 있다.[24] 대승의 공(空, Śūnyatjā)의 가르침은 무한한 개방성, 즉 끊임없이 열린 테두리 없는 마음을 가르치고 있다. 이러한 열린 진리관은 모든 종교사상을 이해하고 수용할 수 있는 기반이 되고 있다.

넷째, 불교는 타종교에 대한 관용과 평화를 가르치고 있다. 불교도들은 타종교와 다투지 말라는 부처님의 가르침을 실천해 왔다. 한국의 대표적인 고승인 신라의 원효(元曉, C.E. 617-686)는 화쟁과 회통의 논리를 제안하였다.[25] "열고 합함이 자유자재하고 주장과 논파가 서로 걸림이 없다(開合自在 立破無碍)"[26]라고 하는 화쟁의 경지는 원융 무애한 궁극적 자유를 성취한 이의 마음 작용이다. 모든 이원적 사고에서 벗어나 무애와 자재에 바탕한 마음으로 있을 때 비로소 모든 종교의 본질을 꿰뚫어 볼 수 있고, 종교 간의 우열이나 폐쇄된 진리 주장이나 종교 이기주의의 집착에서 벗어날 수 있는 길을 발견할 수 있다.

건성으로서의 연기법은 존재한다. 이를 여래는 발견하고 이해하고 드러내 보이고 가르쳤다." 『상응부경전』, II. 25.

24 "수보리여! 여래가 스스로 '나는 설해야 할 진리를 가지고 있다'고 생각한다고 말하지 말라. 만약 어떤 사람이 여래가 설할 진리를 가지고 있다고 말한다면 그는 곧 부처를 비방하는 자이다. 왜냐하면 그는 내가 설한 바를 깨닫지 못하기 때문이다. 수보리여! 진리를 설한다고 해도 설할 진리가 아무 것도 없다. 그래서 비로소 진리를 설한다고 이름할 수 있는 것이다." 『금강반야바라밀경』 「제21 非說所說分」.

25 원효는 '종요(宗要)'와 '개합(開合)'이라는 개념을 가지고 서로 다른 진리 주장의 화해를 시도했다. 여기에서 '종(宗)'은 널리 펼쳐 놓는다는 말이며, 요(要)란 이를 다시 하나로 돌아가게 한다'는 말이다. 여기서 원효가 말한 '합(合)'의 세계란 붓다가 깨달은 최고경지로 돌아간다는 의미이다.

26 원효, 『대승기신론소』 서문, 한국불교전서 1권, p.697c.

그리스도교 전통에서의 종교의 자유에 대한 가르침은 예수의 종교적 편협성과 독선적 태도에 대한 비판에서부터 찾을 수 있다.[27] 예수는 세리와 죄인과 함께 식사하는 것을 비판한 바리새인에게 "건강한 이에게는 의원이 필요 없고 병든 자라야 쓸데가 있다. 내가 의인을 부르러 온 것이 아니라 죄인을 부르러 왔다"[28]고 답하고 있다. 예수의 이러한 입장은 타종교인 내지 모든 사람에게 적용될 수 있는 보편적 관용과 사랑의 메시지로 볼 수 있다. 3세기에 터툴리안은 "종교의 자유는 인간의 권리이며 자연의 특권이다. 누구나 그가 기뻐하는 대로 예배해야 한다"[29]고 하였다.

20세기 후반에 가톨릭교회는 제2차 바티칸 공의회에서 「종교자유의 선언(Dignitatis Humanae)」을 발표하였다. 종교 자유에 관한 선언은 양심을 도덕성의 기본 규범으로 선언하며 인간 인격의 존엄성과 종교자유의 권리를 밝히고 있다.

> 본 바티칸 공의회는 인간이 종교자유에 대한 권리를 가지고 있음을 선언한다. 이러한 자유는, 각 사람이 개인이나 사회적 단체나 그 밖의 온갖 인간적 권력의 강제를 받지 말아야 하며, 그와 같이 종교문제에 있어서도, 그 누구도 자기 양심을 거슬러 행동하도록 강요되지 않으며, 또 사적 혹은 공적으로, 단독이나 혹은 단체의 일원으로 정당한 범위내에서 자기 양심을 따라 행동하는데 방해를 받지 않음에 있다. 그 위에 종교자유의 권리는 실로 인격의 존엄성 그 자체에 바탕을 두고 있음을 선언한다. 그러한 인격의 존엄성은 하느님의 계시의 말씀과 이성 그 자체로써 인식되어 있다. 종교자유에 관한 인격의 이 권리는 사회의 법적 제도 안에서 인정

---

27 「마태」 21 : 12-45, 23 : 1-39 ; 「누가」 7 : 31-50,9 : 51-56, 10-25-37, 15 : 1-32, 「요한」 4 : 7, 21 24, 46 등 참조.
28 「마태복음」 9 : 10-13.
29 Arnold Toynbb, ed, *The Christianity : Judaiam, Hellenism and Background to the Christian Faith* (New York : World Publishing. 1969), p.350.

되어 시민적 권리가 되어야 한다.[30]

바티칸 공의회 폐막 하루 전인 1965년 12월 7일에 반포된 「종교 자유에 관한 선언(인간 존엄성, Dignitatis humanae)」은 가톨릭교회가 현대사회와 대화를 시작하기 위해 종교자유라는 기본적 인권에 대해 공식적인 입장을 밝힌 문헌으로 가톨릭 포괄주의 입장을 바탕으로 기술되고 있으나, 타 종교인에게 보여주는 존중과 수용의 자세를 의미한다는 점을 강조한다. 이 선언은 모든 사람이 종교에 관해서 자신의 양심에 따라 자유로이 행동할 권리를 갖고, 종교를 믿을 때 개인의 내적 생활이나 사회 안에서 외적으로 믿는 것 역시 방해받지 않아야 하는 개인의 자유와 종교 단체의 권리를 존중해야 함을 강조하고 있다.

이때 함께 발표된 「비그리스도교에 관한 선언(Nostra Aetate)」은 비그리스도교적 종교들이 지니고 있는 종교성을 높이 평가하고[31] 그 종교적 가치를 인정하고 있다. 여기에는 "인류가 날로 더욱 긴밀히 결합되고 여러 민족들 사이의 유대가 더욱 강화되어 가는 현대"라는 표현을 통해서 세계종교에 대한 가톨릭의 새로운 시각을 잘 보여 주고 있다. 이 선언은 "인간과 인간 사이의 온갖 차별과, 혈통이나 피부색이나 사회적 조건이나 종교적 차별

---

30 『제2차 바티칸 공의회 문헌』「종교자유의 선언」(한국천주교중앙협의회, 1995), pp.613-631. 「종교자유의 선언」이 최종적으로 나오기까지는 여러 차례의 격렬한 논의가 이뤄지고 6번에 걸쳐 수정될 정도로 큰 논란을 거친 것으로 알려지고 있다.

31 「비그리스도교에 관한 선언(Nostra Aetate)」은 종교가 지니고 있는 공통의 삶의 문제의식을 다음과 같이 표현한다. "사람들은 어제도 오늘도 인간의 마음을 번민케 하는 인생의 숨은 수수께끼들의 해답을 여러 가지 종교에서 찾고 있다. 사람이란 무엇인가? 인생의 의의와 목적은 무엇인가? 선이 무엇이고 죄는 무엇인가? 고통의 원인과 목적은 무엇인가? 진실한 행복으로 가는 길은 어디 있는가? 죽음은 무엇이고 죽은 후의 심판과 판결은 어떨 것인가? 마침내 우리 자신의 기원이자 종착역이며 우리의 실존을 에워싸고 있는 형언할 수 없는 마지막 신비는 과연 무엇인가?" 『제2차 바티칸 공의회 문헌』(한국천주교중앙협의회, 1995), pp.607-608.

의 이유로써 생겨난 모든 박해를 그리스도의 뜻에 어긋나는 것으로 알아 배격하는 바이다"고 결론 맺고 있다.

3. 종교교육에서의 자유의 의미

1) 자유교육과 종교

교육은 인간의 자유로운 개성을 최대한 발현시켜주기 위한 과정이다. 교육은 사물을 있는 그대로의 모습으로 볼 수 있도록 하고 통합된 지식과 비전을 갖게 해야 한다. 이러한 교육을 위해서는 교리주입식의 교육에 의한 왜곡된 인식의 방법은 적극 피해야 할 것이다. 사물 전체를 아무런 굴절 없이 볼 수 있게 하는 데는 학습자의 자발성과 주체적 의지를 존중해야 한다.

종교교육은 인간에게 절대 자유를 얻게 하려는 데 목적을 두어야 한다. 종교교육은 인간성의 내부에 잠재되어 있는 종교적 영성을 일깨워 주는 것이다. 그리하여 인간의 영혼을 자아의 집착에서 해방시켜야 한다. 현대의 학교 교육에서의 종교의 문제도 이러한 교육의 본질을 이해하고 이를 적용시키려는 데 뜻을 두어야 한다고 본다. 이러한 의미에서 인간의 자유를 제약하려는 종교교육이나 자유로운 정신의 계발을 저해하는 교육행위는 본질적으로 비종교적이며 비교육적이라고 할 수 있다.

자유교육론자들은 학교에서의 종교교육을 부정적으로 생각해 왔다. 교리주입식 세뇌교육은 합리적 비판능력과 개방적 사고를 마비시킬 우려가 있기 때문이다.[32] 존 쉴리(John Sealey)는 "교육의 궁극적 기반은 가능한 한 객관적이며 선입견이나 교조적 사고에서부터 자유로워야 한다. 교육은 가변성이 있는 세계에 대한 이해와 지식을 젊은이들에게 어떻게 제공할 수 있는가 하는 능력에 좌우된다"[33]라고 하였다. 객관적으로 검증되지 않은 종교적 신조에 대한 맹목적 믿음을 불러일으키려는 시도를 과연 교육적이라고 할 수 있는가?[34] 교육은 교화(Indoctrination)와는 명백하게 다르다. 학교교육은 자유로운 지성의 계발을 전제로 해야 한다. 교육이란 인간을 자유롭게 하고 타고난 인간성을 완전하게 발현시키는데 목적을 두어야 한다. 이에 반하여 주입식 교화 교육은 자유로운 지성의 발달을 저해하고 독선적 편견을 심어주어 인간 사이의 장벽을 쌓는 비교육적 결과를 초래할 수 있는 것이다. 그러므로 도그마적 종교 교육은 학교에서는 자제해야 할 교육이다.

그러나 현행 종립학교에서 시행되고 있는 종교교육은 제7차 교육과정의 지침에도 불구하고 교리주입식 교육의 위험이 매우 많은 것이 사실이다. 실제로 이러한 우려는 학생 개인 신앙의 자유 침해라는 사건으로 종종 나타나고 있다.[35] 이러한 교육적 상황에서 2006년 4월에 서울시 교육청이 각급 종립학교에 내린 종교교육 지침은 교육적으로 타당한 것이었다.[36] 이

---

32 황규호, 「자유교육에서의 종교의 위치」, 『도덕교육연구』 제6집(1994), p.92 참조.
33 John Sealey. *Religious Education : Philosophical Perspectives*. (London : George Allen & Unwin, 1985), p.21.
34 Paul Hirst, H. "Education, Catechesis and Church School", *British Journal of Religious Education* (1981) 3-3, pp. 85-92 참조.
35 종교의 자유 침해사례에 대한 연구로는, 최철윤, 「종교의 자유-침해의 유형과 그 구제를 중심으로」, 『일반법학』 8(2003), pp.135-154 ; 최윤진, 「청소년 인권으로 본 학내종교자유 현황과 제도개선 과제」, 『학교종교자유 신장을 위한 법제개선 방안 세미나 자료집』(종교자유정책연구원, 2006), pp.52-65 참조할 것.
36 서울시 교육청의 '종교교육에 대한 지침공문' 세부사항은 다음과 같다. (가) 종교 과목 개설시 종교 이외의 과목을 포함해 복수로 편성. (나) 학교나 학년 단위로 한 곳에 모여 특정 종교의식 실시 금지. (다) 특정 종교의 의식 활동을 교과 내용에 포함한 지도 금지. (라) 정규 교과 시간 외 종교 활동 실시시 학생의 자율적 참여 하에 실시. (마) 창의적 재량활동 시간

지침에 나타나는 사안들은 실제로 종립학교에서 자주 일어나고 있는 일로서 사실상 개인 신앙의 자유를 침해할 소지가 있다. 그러나 당국의 이러한 지침은 신앙적 종교교육을 은연중 강조하고 있는 종립학교 재단 측에서 보면 심각한 도전이 아닐 수 없을 것이다. 특히 종교과목 외에 선택과목을 복수로 개설할 때 종교과목을 선택하는 학생들이 과연 얼마나 될 것인가 하는 우려가 크게 될 것이다. 그러므로 이 지침이 발표된 후 개신교계를 중심으로 한 사학연합은 사학의 건학이념과 정체성을 훼손시키고 종교교육의 자유를 탄압하는 위헌 소지가 있다고 주장하며 교육청에 강력한 항의와 압력을 가하는 일이 벌어졌다. 서울시 교육청 당국은 이에 대해 '종교교육에 대한 지침공문은 기존의 종교교육 지침 중에 '종교교육 과정 중 자제해야 할 점'을 예시든 것뿐이며, 이를 '반드시 지켜야 할 기준'으로는 보지 않는다고 한 발 물러섰다. 그러나 일선 학교에서 특정 종교를 강요해서는 아니 된다는 기본 원칙에는 변화가 없음을 천명하기는 하였다.[37] 그러나 교육정책 당국에서 이러한 공문을 보내고도 다시 유감을 표시한 일을 어떻게 보아야 할 것인가? 이 문제는 사학법의 재개정을 위한 사학계의

에 특정 종교 교육 금지. (바) 특별활동시 특정 종교 활동 제시 금지. (사) 수행평가 과제로 특정 종교 활동 제시 금지. (아) 학급 내 순번제로 돌아가며 종교 관련 의식 행사 금지. (자) 종교로 인한 차별 금지 사항 (학생회 임원 출마자격 제한, 의식행사 불참자에 대한 개별상담지도 및 특별 면학지도 등). 이러한 사례 외에도, 예배 강요, 헌금 강요, 성경 구입 및 휴대 강요, 교회 보내기, 개종 강요, 입학 서약 강요, 특정 음식 금지, 동아리 설립이나 학생회장 입후보 등에서의 차별, 일상생활에서의 차별, 왕따, 실기시험에서의 불합리한 차별, 각종 불이익 부과, 종교수업 거부나 예배 거부의 경우 징계 · 제적 등의 처분, 종교과목 평가시험 및 성적 반영, 실기시험에서의 불이익 부과, 타 종교인에 대한 무배려, 타종교의 비방, 각종 행사의 종교적 진행, 교내에서 선교활동 허용, 진학 유도, 지원제 학교 학생모집요강에 종교교육 불명시, 동일 재단학교로의 진학 유도 등의 사례가 보고되고 있다. 종교자유정책연구원 자료 참조 http://www.kirf.or.kr/

37 2006년 10월 서울시교육청 국정감사에서 서울시교육청의 '종교의식 자율참여 장학지도'가 한계에 봉착했음을 지적하고, '학생들의 종교자유는 종교교육의 자유보다 절대 우위에 있으며 어떤 이유로도 침해해서는 안 된다'는 의견을 공식 제기했다.

움직임과 연계되어 한국의 교육의 중요한 이슈가 되고 있다. 일부 종교계에서는 학교에서의 종교교육을 바로 세우고자 하는 교육당국의 입장을 종교교육의 자유를 침해하는 일로 보는 시각이 여전히 있다. 학내 종교행사나 종교의식에 그 종교를 믿지 않는 학생을 강제로 참여시키는 것이 과연 종교적으로 또는 교육적으로 타당한가? 아직도 학교에서 신앙적 종교교육을 당연시하는 일부 종교계의 시각 자체에 문제가 있는 것이 아닌가?

학생의 학교 선택권과 학교의 학생 선발권이 없는 상황에서 모든 학생에게 일률적인 종교교육을 실시하는 것이 위헌 소지가 있다는 주장도 제기되고 있다. 특정 종교교육이 가능해지려면 평준화 정책에서 벗어나야 한다는 것이다. 이러한 복잡한 문제에서 공교육에서의 종교교육을 분리해야 한다는 주장도 설득력이 있다.[38] 즉 공교육과 종교교육은 개인의 종교적 자유와 사상의 자유, 그리고 학문의 자유로운 신장을 위해서 반드시 분리해야 한다는 것이다. 이는 모든 종교는 특정 진리의 절대성 주장에서 벗어날 수 없는 속성이 있음을 잘 간파하고, 이의 교육적 적용이 무리한 일임을 말하고 있다.[39] 종교적 권위나 신앙에 기초한 이론을 논증과 보편성의 추구를 그 특성으로 하는 학교에서는 가르치지 말아야 한다는 것이다.

---

[38] 김용표, 「미국의 공립학교와 종교교육」, 『종교교육학연구』 제3권 (1998), pp.95-109 참조. 미국 공교육제도에서의 종교교육에 대한 입장에는 세 가지 이론으로 정리될 수 있다. 첫째는 학교교육에서의 어떠한 차원의 종교교육도 금지해야 한다는 종교교육 반대론이다. 둘째는 비종파적인 경신(敬神)교육의 부분적 허용론이다. 셋째는 특정 종파교육이 아닌 '종교적 교육'으로 인류 '공동의 신앙(common faith)'을 교육해야 한다는 입장이다.

[39] 존 듀이는 '공동의 신앙(Common Faith)'과 '종교적인 것(the religious)'의 개념을 통하여 제도적 종교로부터 자유로운 보편적 종교성 교육을 제안하였다. "Here lies one aspect of the emancipation of the religious from religion", John Dewey, *A common faith* (New Haven & London : Yale University Press, 1934), pp.9-12.

4. 종교자유의 교육적 실천

종교의 자유와 타종교에 관한 관용은 세계종교의 성자들이 한결같이 역설한 가르침이다. 또한 모든 종교인들도 원칙적으로는 종교 자유의 중요성을 주장하고 있다. 그럼에도 불구하고, 아직도 현대 세계의 도처에서 종교의 자유 침해 사례가 빈번하게 일어나는 원인은 무엇일까? 그 근본적 원인은 타종교에 대한 배타적인 교리나 감정에서 기인된 것이다. 또한 특정 종교나 이데올로기로 이익 집단화하려는 비종교적인 야집에서 비롯된다고 볼 수 있다. 그러므로 이 문제에 대한 해결 방법도 이 두 가지 측면에 대한 재조명을 통해 이루어져야 할 것이다. 본고의 결론으로서 현대의 종교자유 문제의 해결을 위한 방법적 원리로서 다음과 같은 제언을 하고자 한다.

첫째, 모든 종교인들은 자신의 교리에 대한 재해석을 통하여 배타적인 절대 진리 주장을 재검토해야 할 것이다.[40] 모든 전통과 도그마로부터도 자유로워질 때 참다운 종교의 자유를 위한 기초가 형성될 것이다. 대부분의 종교들은 기본적으로 자기 종교의 절대 진리화 작업에 몰두해 왔다. 자기 종교만이 진리를 독점하고 있으며 다른 종교에서 궁극적 구원을 얻을 수 없다는 이른바 배타주의(exclusivism)에 대한 확신은 타 종교인에 대한 편견과 차별 의식을 갖게 되고, 마침내 미움과 갈등을 일으킬 수 있는 것이다.

둘째, 참된 종교의 자유 실현을 위해서는 종교적 도그마에 대한 믿음보다는 인생과 우주에 대한 있는 그대로의 통찰과 모든 생명에 대한 평등한 사랑의 교육이 우선되어야 할 것이다. 서구 종교에서 중요시 해온 정의와

---

40 Abe Masao, 변선환 역, 『선과 현대신학』(서울 : 대원정사, 1996), pp.462-465 참조.

심판의 논리보다는 지혜와 자비의 논리가 평화교육에 더 기여할 수 있을 것이다.[41]

셋째, 여러 종교를 이해하기 위한 비교종교학 교육의 확산과 아울러 종교 간의 대화를 위한 이론과 방법의 교육이 필요하다. 세계종교의 교설에 내포되어 있는 다원주의적 요소에 대한 탐색과 함께 타 종교인에 대한 존중과 관용을 위한 이론의 체계화와 그 실천이 중요하다 할 것이다. 다원주의적 종교이해는 단순한 문화적 사회적 필요에서뿐만 아니라 성숙된 종교인이 되기 위한 필수 조건이라고 할 수 있다. 이제는 종교 간의 관용과 종교의 자유 존중의 차원을 넘어서 종교 간의 대화를 통해 세계종교의 공동기반의 탐색을 위하여 함께 노력해야 할 때가 되었다.

넷째, 종립학교 관계자들에게 종교교육의 자유의 의미와 한계에 대해 올바르게 인식시킬 필요가 있다. 대부분의 종립학교 재단관계자나 교육행정가들은 교육과 교화를 구분하지 못하고 있으며, 교리주입교육의 비종교성과 비교육성을 알지 못하고 있다. 종교교육이 학생의 종교자유를 침해하고 있다는 사실을 인정하려 하지도 않는다. 학내 학생들의 종교자유는 종교교육의 자유보다 우위에 있어야 하며 어떤 이유로도 침해해서는 아니 될 것이다. 건학이념의 실천이란 명목으로 교육이 자발적인 회심을 유도하는 데에서 벗어나 강제로 수용하도록 강요하는 종교교육은 선교적 차원에서 볼 때도 그 성과가 의심되는 미숙한 방법이 아닐 수 없다.

다섯째, 종립학교는 건학이념의 개념을 광의로 해석하는 것이 교육적이며, 장기적으로는 학교 발전에 더 큰 도움이 된다는 사실을 인식해야 한다. 사립학교에서의 종교의 자유 문제는 궁극적으로는 교단과 재단과 학교 간의 바람직한 관계와 역할을 설정하는 데서 해결될 수 있다고 본다. 이 문제에 대해 존 헨리 뉴먼(John Henry Newman)은 미국의 종교계 사립대

---

41 앞의 책, p.462.

학의 설립재단인 교단과 재단과 대학과의 관계 설정 방향을 명료하게 제시한 바 있다.[42] 종교재단은 대학은 대학의 논리대로 성장하도록 도와주는 역할로 족해야 한다는 것이다.[43] 그리하면 발전된 대학과 거기에서 배출된 인재들이 후에 종교교단에 더 큰 이익을 가져다 줄 것이라는 장기적인 비전을 생각하라는 것이다.

여섯째, 대부분 종립학교에서는 종교적 이념에 입각한 인간교육을 내세우고 있다. 이 때 종교의 개념과 교육의 개념을 확대해서 해석할 필요가 있다고 본다. 참된 종교는 전통적이고 제도화된 종교보다 더 넓은 의미가 있다. 니니안 스마트(Ninian Smart)는 종교는 "삶의 깊은 의미를 지닌 모든 것(Involving the depth of meaning in life)"[44]이라고 해석하며, "우리가 느낄 수 있는 것으로 의미심장한 가치를 지니고 있다면 삶의 그 어느 것도 종교적 의미를 지닐 수 있다"[45]고 하였다. 이러한 관점으로 본다면 학교교육의

---

42 John Henry Newman, *The Idea of a University* (New Haven & London : Yale University Press, 1996). 이 책은 1852년 출판 이래 대학교육의 성격과 목표에 지대한 영향을 미쳤다. 특히 교회와 대학과의 관계에 대한 고전으로 간주되고 있다. The Idea of a University에 대한 연구서로는 Jaroslav Pelikan, *The Idea of a University : A Reexamination* (New Haven & London : Yale University Press, 1996), 참조.

43 "대학은 보편적 지식의 전수에 있지 종교적인 수련의 기관이 아니다. 대학의 본질이 도덕이나 종교적인데 있다면 대학이 무엇 때문에 학생들을 받아야만 하는지 이해가 되지 않는다. 만약 그 목적이 종교적인 데 있다면 과학과 문학이 이 안에서 어떻게 자리 잡을지 의문이다. 대학은 본질적으로 종교의 영역이나 교회와의 관계 사이에서 완전히 독립해서 존재해야 하는 것이다. 그러나 현실적으로 교회의 원조 없이 대학을 유지하기 힘들지만, 교회는 다만 통합과 협조를 위해서만 필요할 뿐이다. 이러한 사실을 교회에서 먼저 인식하고 대학의 발전을 위해 스스로 종교적인 것과 대학사이에 거리를 두는 일에 협조할 때 대학은 그 본분의 사명을 다 할 수 있으며 그것이 바로 교회가 대학을 설립한 목적에 맞는 일인 것이다. 교회는 이런 문제에 대해 열린 마음으로 성실히 임할 필요가 있는 것이다." John Henry Newman, *The Idea of a University* (New Haven & London : Yale University Press, 1996) 서문 요약.

44 Ninian Smart & D. Holder eds, *New Movement in Religious Education* (London : Temple Smith, 1975), p.18, John Sealey, *Religious Education : Philosophical Perspectives* (London : George Allen & Unwin, 1985), pp.31-33 참조.

모든 분야가 다 종교적일 수 있을 것이다. 어떤 의미에서 '모든 교육은 종교교육'[46]이며 '제대로 된 교육은 다 종교교육'일 수 있는 것이다.

일곱째, 교육정책 당국은 종립학교에서 신앙의 자유와 종교교육의 자유가 조화를 이룰 수 있는 제도적 장치를 마련하여 시행해야 한다. 교육평준화 정책과 종교교육 간의 마찰을 해소할 방안 등을 강구해야 하며 종교교육의 자유의 범위와 기준을 제시해야 한다.[47]

지금까지 살펴본 바와 같이, 종교와 교육은 자유를 그 본질로 해야 한다. 교육은 선입견이나 교조적 사고에서부터 자유로워야 하며 학생들에게 항상 변화하는 세계에 대한 창조적 이해의 능력을 키워주려는 데 의미를 두어야 할 것이다. 다원주의 시대의 종교자유의 문제는 이제 단순한 종교적 관용의 단계를 넘어서 완전한 종교 자유의 실현을 요구하고 있다. 종교의 자유는 인간의 존엄성의 요구로서 모든 다른 자유의 지주가 되는 인간의 고유한 권리이다. 그러므로 신앙의 자유를 침해하려는 모든 시도를 막아야 하며, 종교교육의 자유도 신앙의 자유를 지키는 범위 안에서 행사되어야 할 것이다.

---

45 "Everything in life may have religious meaning if it is thought to hold sufficient depth of value", John Sealey, *Religious Education : Philosophical Perspectives* (London : George Allen & Unwin, 1985), p.33 참조.
46 위의 책, p.33.
47 평준화 틀을 유지하면서 학생의 학교선택권을 보장하는, '선지원 후추첨' 제도를 확대하거나, 평준화 제도를 국·공립학교는 유지하되 사학은 학생 선발권의 자유를 보장하는 방식을 생각해 볼 수 있다.

제2장
종교간의 대화와 종교교육

1. 들어가는 말

20세기를 휩쓸었던 강대국의 약소국가에 대한 식민지적 침탈과 두 차례의 세계 전쟁은 엄청난 인명피해와 물적 피해를 안겨주었다. 동시에 그들은 약소국가들의 전통적인 문화와 유물들 그리고 종교들에 대해서 약탈과 침탈을 자행하면서, 정신적인 유산마저도 빼앗아 버리는 일을 저질렀다. 이것은 약소국가들에 대해서 인적·물적·정신적 진공을 초래했으며, 과거의 전통적인 삶의 방식을 단절시키고, 새로운 지배질서, 곧 자본주의에 따른 새로운 지배방식에 따라가도록 요구받았다. 21세기 들어서도 세계사의 흐름은 여전히 지난 300여 년 넘게 지속되어 온 강대국의 약소국에 대한 지배가 합법적인 경로로 정치적·경제적·문화적·군사적으로 이어지고 있고, 이 과정에서 종교간 갈등이 노출되고 있다. 현대에 와서는 미국을 비롯한 서유럽의 강대국들 중심으로 '신자유주의'라는 경제구조로 세계를 지배해 나가고 있다.

거대한 세계사적 흐름의 변화 속에서, 서구 기독교는 그들의 제국적인 팽창과 맞물려 진행되면서, 제3세계의 종교들과 충돌을 벌였고, 이 과정에서 토착의 문화와 종교는 엄청난 물리력 앞에 사멸되거나 미약해질 수밖에 없는 상황이 되었으며, 이것은 종교간 갈등의 한 원인이 되었다.

지구적 차원의 지배와 억압 그리고 갈등은 그 해결을 위해서 UN과 같은 국제기구들이 지구촌 평화를 위해서 노력을 하고 있지만, 여전히 강대국가의 힘을 이겨내지 못하고 있다. 이러한 상황에서 종교계에서 지구촌 사람들에게 차이와 다양성을 인정하며 갈등과 폭력을 줄이는 노력이 공동의 선과 진리를 공유하는 '지구윤리'를 제창하면서 새로운 국면을 맞고 있다. 1960년대 이후 세계 종교계에는 서로 대화를 나누는 종교모임과 학술적 발표들이 활발해지면서 학교교육에도 영향을 주고 있다.[1] 미국을 비롯한 서구 유럽에서는 종교간 대화가 학교교육으로 이어지고, 특히 종교교육은 비록 어느 종단에서 설립된 학교라고 하더라도 주요 종교들의 역사, 사상, 문화 등을 가르치는 것으로 연결되고 있다.

한국은 1970년대 종교간 대화가 시작되었을 때는 미미했으나, 1990년대 중반 이후 학계를 중심으로 대화가 보다 활발히 진행되고 있다.[2] 하지만 여전히 한국에서 종교들은 전반적으로 보수적인 성향을 띠며, 종교간의 대화에 대해서는 높은 담을 쌓고 있는 현실이다. 그 근본적인 것은 교리적인 것이 있겠지만, 또 다른 요인은 자본주의적 사고의 교세 확장과 맞물려 있다고 볼 수 있다. 한편 가톨릭과 불교는 서로 대화를 나누고 있고, 고위 종교성직이나 학계, 그리고 시민단체 차원에서 만남이 이루어지고 있지만,[3] 대중적인 차원까지 확산되고 있지는 못하다.

---

[1] Paul F. Knitter, *No other name? a critical survey of christian attitudes toward the world religions*, Maryknoll : Orbis, 1985 ; *One earth many religions : multifaith dialogue & global responsibility*, Maryknoll : Orbis, 1995 ; John Hick & Hasan Askari, *The experience of religious diversity*, Aldershot : Gower Publishing Co., 1985 ; Gavin D'Costa, *The meeting of religions and the trinity*, Edinburgh : T&T Clark, 2000 ; R. Panikkar, *The intrareligious dialogue*, New York : Paulist Press, 1978 ; M. Forward, *Inter-religious dialogue*, Oxford : Oneworld, 2001 ; L. Swidler, John B. Cobb, P. F. Knitter, *Death or dialogue? from the age of monologue to the age of dialogue*, London : SCM Press, 1990 ; E. Hillman, *Many paths : a catholic approach to the religious pluralism*, New York : Orbis Books, 1989.

[2] 한국종교학회, 한국종교교육학회, 한국정신문화원, 종교신학연구소 중심의 학회와 동국대, 승가대, 선문대, 감신대, 한신대, 서울대, 서강대, 가톨릭대, 성공회대, 원광대, 강남대, 대진대, 성균관대 등에서 활발하게 학술활동을 벌이고 있다.

현재 한국의 각 종단에서는 많은 수의 초·중·고·대학의 사립학교들을 운영하고 있다. 이들 사학들은 학교 설립의 이념과 종교에 기초하여, 학생들에게 종교과목들을 가르치고 있다. 이것은 학생들에게 어린 시절부터 종교가 삶에서 중요한 한 몫을 담당하고 있다는 것을 일깨워주며, 종교가 가져다 주는 풍부한 삶의 경험과 철학 그리고 종교적인 심성을 알려주어 순화시키는 순기능을 담당하고 있다. 그러나 모든 학교들이 학생들에게 선택권을 주는 것이 아니라, 학교가 필수과목으로 채택하여 강제적으로 시행함으로써, 역기능을 갖는 것도 사실이다. 특히 초·중·고의 경우 지원제가 아니고 교육부 정책에 따라 타율에 의해 배정되는 방식, 그리고 학생들은 지원 전에 종교적인 성향을 알더라도 그 학교의 전체적인 호감과 교육의 수준에 맞추어 지원하기 때문에 어쩔 수 없이 학교의 종교과목과 의식에 참여해야 하는 경우가 거의 전체 학교에 이른다. 사학이 세운 대학들도 예외는 아니다. 학생들은 자기 종교와 같은 학교에 진학할 경우에는 문제가 없지만, 종교를 갖고 있지 않거나, 다른 종교를 가진 학생이 수년 간 그 학교에서 의무와 필수적으로 종교교육과 종교의식을 강요받는 것은 종교적 침해와 사상적인 침해를 받을 수 있다고 본다.

1960년대 이후 90년대 초까지 한국이 군사정부에 의한 권위주의적인 사회 분위기였다면, 90년대 이후 서서히, 그리고 2000년대 들어와 급속히 탈권위적인 전형적인 포스트 모던 사회로 변모하고 있다. 여기에 인터넷의 급속한 보급은 의사소통을 원활하게 만들고, 전 국민이 여론을 시시각각 만들어내는 새로운 분위기가 만들어지고 있다. 또한 대중매체들의 토론문화가 뿌리를 내리면서 사회가 의사소통을 해 나가는 교육의 질적 수준을 높이고 있다.

---

3 한국종교인평화회의, 한국종교연합, 한국기독교교회협의회, 평화포럼, 한국유네스코 등의 단체에서 종교간 대화를 이끌고 있다.

이러한 새로운 변화들에 대해서 유독 종교계와 학교교육은 제자리 걸음을 하거나 아예 담을 쌓고 권위주의적인 모습을 보이며 시대에 부응하지 못해 사회적 비판을 받고 있다. 그 근본 원인은 종교계 전반이 아직 유연성(flexible)을 갖지 못하고, 자기 종교의 확장에만 집중하고 있기 때문이다. 기독교 경우, 100여 년 전 한국에 들어와 학교와 병원을 세워 서구적 사고와 가치관 그리고 의술, 과학, 예술 등으로 신사고를 전파함으로써 일제의 강점기에서 계몽하고 독립주권을 갖도록 하는데 기여를 했다. 하지만 초창기에 들어온 보수적인 선교사들의 선교정책은 100여 년이 지난 오늘까지도 크게 변화 발전된 것이 없다. 여전히 그들의 방식이 학교 교육에까지 지대한 영향을 미치고 있다. 반대로 서구의 종교학교들은 오늘날 종교에 대해서 유연성을 갖고 폭넓은 지식과 경험을 가르쳐 성숙해 나가고 있는 현실에서, 한국의 종교교육의 질적인 수준을 어떻게 높이는가가 이 시기에 매우 중요한 종교교육적 과제 가운데 하나라고 본다.

이에 본 연구는 '지구윤리'를 재검토하고, 그것이 갖는 한계와 문제점을 점검함으로써, 보완해야 할 틀을 만드는 방향으로 전개하고자 한다. 그리고 세계사적 흐름을 조망하면서, 다종교 문화의 전통을 가지고 있는 한국사회, 특히 종교교육의 현실을 비판적으로 검토하며 그 대안을 찾고자 한다. 이를 위해 본 연구는 학교의 종교교육을 두 영역으로 구분하여 교과목과 종교의식으로 접근을 하며, 외국에서 학교교육에서 종교간 대화를 찾으며, 평화교육이라는 보다 넓은 틀에서 종교교육의 대안을 제시하고자 한다.

2. 지구윤리와 종교평화

1) 지구윤리에 대한 비판적 검토

지난 3, 4세기 동안 지구는 엄청난 변화를 겪었다. 유럽 중심으로 자연과학의 발달과 산업화 과정은 국가적인 부를 축적하게 하고, 자연히 서구 국가들은 제국의 성격을 띠면서, 지역의 한계를 넘어 제3세계에 대한 식민지 지배를 통해 인적·물적 착취구조를 만들었다. 그리고 제국국가들 끼리 상호 경쟁으로 1, 2차 세계대전이 일어나고, 전세계에 엄청난 희생을 가져다 주었다. 이후 현재까지 이념대립, 군비경쟁, 지역패권, 핵무기 개발, 공해, 자연에 대한 무제한 착취로 인한 환경 생태의 위기는 지구 온난화를 통해 전 세계의 곳곳이 자연 재해를 초래하는 상황으로 변하고 있다. 여기에 종교간의 갈등 또한 현실로 있으며, 이같은 상황은 한 국가의 문제로 해결할 수 없으며, 인류 전체가 지구적 차원에서 해결을 위한 방안을 모색하게 하였다.

이에 인류 모두가 공감하고 지킬 수 있는 공동의 가치와 보편적인 윤리가 가능할까라는 인식으로 세계보편윤리에 대한 구상이 대두되었다. 종교계에서는 1893년 시카고 종교의회(World Parliaments of Religions)에서 시작했다. 여기서 서로 다른 종교인들이 어떠한 도덕적 원칙을 합의할 수 있을 것이라는 희망을 가지고, 종교간에 서로 공통적이고 근원적으로 일치할 수 있는 공통분모를 만들어 세계 인류에게 제시하는 것, 곧 대부분 종교의 근원적인 일치는 도덕적 선행에 있다는 것에 의견을 모았다.[4]

---

4 마커스 부레이부룩, 「기조강연」, 『21세기를 향한 종교간 이해와 지구윤리』, 한국종교인평화회의/아시아종교인평화회의 서울평화교육센터, (서울, 1993), p.15.

1960년대 이후, 세계 종교계는 커다란 변화를 보이고 있다. 지난 2500년 넘게 서구 기독교가 기독교 신의 절대성과 다른 종교들을 우상으로 바라보던 배타적인 태도가, 제2차 바티칸 공의회를 통과하면서 포용주의로 바뀌어 나가는 흐름을 보였다.[5] 그리고 1980년대 이후부터는 이를 넘어서 다원주의 틀로 바뀌어가고 있다. 이것은 종교간에 교리적 접근이 아니라 세계가 겪은 전쟁과 폭력, 강대국과 약소국 사이에 긴장, 이념적 대립, 생태환경적인 상황들이 해결을 위한 새로운 틀을 요구하는 현실적인 상황에서 나온 것이다. 곧 자기종교만의 절대적 진리라는 주장을 내려 놓고, 종교간의 차이와 다름을 인정하고, 서로를 이해하는 시도가 대두된 것이다.

독일의 신학자인 한스 큉(Hans Küng)은 세계윤리구상(Projekt Weltethos)에서 "세계 윤리 없이는 생존이 불가능하다. 종교의 평화 없이는 세계의 평화도 없다. 또 종교의 대화 없이는 종교의 평화도 있을 수 없다"[6]고 언급했다. 이것은 1993년 시카고에서 열린 세계종교의회 100주년 기념대회에서 지구윤리 선언(A Global Ethic)으로 채택되었으며, 하나의 슬로건이 되어 빠른 확산을 가져다 주었고, 종교간 대화의 물꼬를 여는 포스트 모던 시대의 새로운 종교관이 되었다. 이 '세계윤리'(지구윤리) 개념은 지금까지 국가 안에서만 보던 시야를 세계 전체를 하나로 보고 지구촌 전체의 윤리적 책임을 말하는 개념이 되고 있다.

그에 관한 글과 논문은 한국에서도 많이 소개되고 있기 때문에, 여기서는 비판적 입장을 가져보려고 한다. 그는 크게 국가사회주의(공산주의)가 개인의 사생활을 통제하는 것, 그리고 인간의 무한한 소유욕과 소비욕을 불러일으키는 자본주의가 결국 인간을 경제적으로 옭아매기 때문에 자본

---

5 한국천주교중앙협의회, 『제2차 바티칸 공의회 문헌』(1992). 서울 : 한국천주교중앙협의회, 1992.
6 한스 큉(Hans Küng), 『세계윤리구상(Projekt Weltethos)』, 안명옥 번역(서울 : 분도출판사, 1992). (R. Piper GmbH & Co. MG, Munchen, 1990 ; Benedict Press, Waegwan, Korea 1992), p.15.

주의에 대한 비판적 입장을 보인다. 하지만 그는 대안으로 세계윤리를 제시하면서 종교 윤리를 내놓고 있다. 즉 세계사적으로 전쟁과 폭력, 자연에 대한 착취 등의 제반 현실의 문제들을 자본주의와 여전히 제국으로서 위력을 보이고 있는 서방 국가들의 정치, 경제, 문화로 전세계를 지배하는 엄청난 권력을 지적하기보다는, 새로운 종교적 이념, 곧 세계윤리를 만들어 제창하는 것으로 해결할 수 있다고 보는 것이 그의 한계인 것이다. 물론 종교학자이고 신학자이기 때문에 그러한 해결을 윤리적·도덕적으로 시도해 보는 것은 일면 타당할 수 있다. 그러나 그의 '세계윤리구상'이 전 세계 학계에 큰 영향을 미치고 있는 현실에서 그의 한계들은 그 이후에도 수정·보완될 수 있는 것이다.

그러나 한스 큉이 2003년 한국에 왔을 때, 성공회대학교에서 "국제관계의 새로운 패러다임(New Paradigm of International Relations)"이라는 주제로 강연을 했다. 그의 최근 논문이라고 할 수 있는데, 그는 이미 세계의 정치를 움직이는 실력자들과 교분들을 쌓고 있으며, IMF 등 세계경제기구들과도 대화를 나누고 있다. 그의 근현대 역사관을 부록에서 보면, 1차, 2차 세계대전이 미국에 의해서 유럽의 낡은 패러다임을 무너뜨리고 새로운 패러다임을 만들었다는 것이다. 또한 소련의 몰락, 베를린 장벽이 무너진 것도 미국에 의해서 새로운 패러다임이 만들어졌다는 것이다. 물론 이라크에 대한 미국의 명분없는 침공에 대해서는 비판을 하고 있다. 하지만 전체적으로 그의 세계관과 역사관은 다분히 단편적이고, 힘을 바탕으로 한 미국의 공헌을 추켜 세우고 있다. 반면 미국이 세계를 지배하는 고도의 전략과 전술이 전세계를 꽉 묶어 놓는 제국의 성격에 대해서는 언급이 없다. 그리고 OECD의 국가, 유럽연합 등을 민주적으로 한단계 발전한 것으로 평가하고 있다. 그의 사고는 지구윤리를 만들 때나 최근까지도 서구의 단편적인 시각을 벗어나지 못하고 있으며, 세계평화의 대안으로 '지구윤리', 그리고 그것의 핵심을 '종교평화'로 슬로건을 내세우는 것은 큰 문제가 아닐 수 없다. 자칫 서구 지배자들이 이것을 지배이념으로 내세워 이용할 수 있다고 본다.

한스 큉의 입장에 대해, 필자는 그의 슬로건이 근본적으로 강대국이 약소국을 군사적·정치적·경제적으로 여전히 지배하고 있는 것에 대해서는 언급하지 않고, 종교간의 갈등만을 해결하면 종교의 평화를 이룰 수 있다는 환상을 심어줄 수 있다며, 이것은 본질(강대국 중심의 지배질서)과 현상(종교 평화)을 뒤집어 해석하는 것이라고 비판하였다. 그에 의해 주장된 '종교간 평화'는 본질을 언급하지 않고 현상만을 주장함으로써, 본질, 곧 지배질서를 계속해서 유지해 나가는데 현상으로 나타나는 작은 걸림돌(종교간 갈등)을 제거 또는 완화시키자는 논리가 될 수 있는 것이다.

이것은 서구의 정통신학이 비정치적 흐름과 맞물려 있고, 그것은 세계대전 속에서도 독일의 본훼퍼(Dtrich Bohnhoeffer) 등 소수의 신학자를 제외한 대부분의 저명한 신학자들이 관념적인 주제들에만 매달린 것[7], 그리고 일본이 아시아를 식민지로 만들며, 세계전쟁을 일으키는 가운데서도 기독교와 불교의 대화를 선구적으로 이끌었던 교토학파[8]가 사회와 역사에 대한 비판적 역할을 하지 못하고 비역사적이고 관념적인 철학으로 일관했던 것과 일맥상통할 수 있다. 이같은 비정치적이고 상황을 배제한 기독교나 불교의 입장은 오히려 제국주의와 식민지 팽창의 입장을 강화하면서 그것을 정당화하는 지배이념으로 기여했다고 평가할 수 있다. 이것은 앞으로

---

[7] 유럽의 제국주의가 식민지 팽창을 하고, 독일이 세계대전을 일으키던 때에, 칼 바르트(Karl Barth)나 불트만(Rudolf Bultmann) 같은 신학자들은 비정치적이고 개인의 실존주의 철학에 갇혀 있었으며, 이같은 영향은 개인주의 신앙에 영향을 주고 있다.
[8] 교토학파는 불교적 토대에서 서양철학을 접맥시킨 일본의 대표적인 학파로 니시다 기타로(西田幾多郎)를 중심으로 1920년대 전후로 활발한 학술활동을 했다. 불교의 대표적인 공, 절대무 등의 사상과 서양의 에카르트, 니이체, 하이데거 등의 철학과 대화를 하고 있다. 필자는 그 내용 자체는 지금도 많은 것을 배울 만큼 훌륭한 내용이라는 것에 동감을 한다. 이에 관해 소개한 책으로는 이찬수, 『불교와 그리스도교, 깊이에서 만나다』(서울 : 다산글방, 2003)가 있다.

한국에서 종교간 대화에 있어서도 중요한 교훈이 될 수 있다고 본다.

그래서 필자는 진정 "종교간 평화가 있다면 세계 평화를 이룰 수 있겠느냐?"는 질문을 다시 던져본다. 물론 부분적인 평화는 이룰 수 있지만, 회의적이라고 본다. 이 슬로건도 정치·경제적 상황, 곧 자본주의와 신자유주의, 패권적 제국을 고려하지 않으면, 역으로 강대국의 지배논리를 정당화시켜 주는 결과를 낳을 수 있으며, 오히려 '종교간 평화'의 주제를 비역사적이고 비사회적인, 관념적인 주제로만 제한시킬 가능성이 있다고 본다. 필자는 현시대의 '종교간 평화'는 종교간 교리적 대화도 중요하지만, 반드시 오늘날 지구촌을 덮고 있는 지구화와 신자유주의[9] 경제와 함께 고려하지 않으면, 비역사적인 주제로 전락하게 될 것이며, 이것은 다시 세계의 종교들이 기존의 강대국 중심의 지배질서에 순응하게 하는 역기능을 초래할 수 있다고 본다.

2) 지구화, 신자유주의와 종교평화

필자는 지구윤리가 "종교 평화 없이 세계 평화 없다"는 슬로건이 구체적인 현실성을 갖기 위해서 지구화(Globalization)와 신자유주의라는 토대를 바탕으로 하지 않으면 추상적인 구호가 될 수 있을 뿐만 아니라, 미국과 서구유럽의 세계지배체제를 강화시켜 주는 지배논리로 갈 가능성이 있다고 본다. 지구윤리가 지구화와 신자유주의의 산물이기 때문이다. 세계시장이 지구자본을 지배하고, 개인에게 무한한 자유, 곧 사유재산권이 부여되는 신자유주의는 모든 사람들과 국가, 사회에 영향을 미치고 있다. 전 세계가 빠른 통신기술로 거대한 자본이 활발한 이동을 하면서 전 지구적

---

9 지구화와 기독교연구팀, 『지구화와 신자유주의』(서울 : 성공회대학교출판부, 2000)

으로 움직이고 있으며, 이에 따라 자본력이 취약한 약소국가들은 거대 자본의 위력에 합법적으로 이루어지는 경제적인 착취는 물론이거니와 정치적인 예속과 문화적인 예속으로 지배를 받고 있다. 이 과정에서 인간 생명과 자연 생태계는 강대국 중심의 자본주의에 의해서 지배되고 통제되면서 오히려 지구적 차원에서 생명질서를 위협받고 있다. 미국이라는 한 국가가 전세계를 지배하는 역사상 초유의 제국의 성격을 띠는 가운데, 대부분 자원과 자본주의 질서는 미국에 의해 움직이고 있다. 그럼으로써 제3세계 국가들과 민중들은 더욱 어려운 생활을 할 수밖에 없다. 종교 역시 지구화 과정에서 이용되고 있다고 지적한다. 김용복은 "종교가 신자유주의 이데올로기와 그 권력체제를 정당화하는 데 오용되고 있는 것이 사실이다. 시장세력에 의하여 종교는 자유경쟁을 위한 개인의 자유를 정당화하는 데 활용되고 있다"고 한다.[10]

또한 박승호에 따르면 "'지구화'는 자유화(탈규제), 사유화(민영화), 개방화, 유연화 등을 내용으로 하는 신자유주의 정책을 표방한다"[11]는 것이다. 이러한 신자유주의 정책은 초국적 자본, IMF, IBRD, WTO 등의 거대 자본이 국제조약을 통해 전 세계에 강요하고 있다. 그래서 자본의 이익이 1세계 국가들 중심으로 집적되게 하며, 제1세계와 제3세계의 노동자들은 노동시장의 유연함이라는 이름 아래 자본의 위력 앞에 불안정한 고용에 따라 언제든지 고사당할 위기에 놓여 있다. 결국은 1세계 국가들을 제외한 전지구적인 가난을 초래하는 합법적인 경제적 '신제국주의' 정책이며 논리인 것이다. 세계의 대부분 국가들이 초국적 헤게모니에 굴복하고 마는 것이다. 미국을 초극으로 하고 유럽과 일본을 중심으로 세계의 정치적·

---

10 김용복, 「종교사회사상」, 성공회대학교신학연구소 엮음, 『대화를 넘어 서로 배움으로』(서울 : 맑은울림, 2004), p.36.
11 박승호, 「세계화와 신자유주의」, 『지구화와 신자유주의』(서울 : 성공회대학교출판부, 2000), p.16.

경제적 · 군사적 · 문화적 관계에서 신자유주의적 시장경제가 확고한 자리를 잡아가는 것을 말하는 것이다.

이러한 지구화와 신자유주의는 논리는 작은 단위의 교회, 사찰, 학교 종교교육에까지 영향을 미치고 있다. 개인의 무한정한 자유와 사적 재산의 소유는 종교들의 기복신앙에서 합리적인 정당성을 받으며, 사회적 나눔보다는 이기적인 개인주의에 영합하는 데 더욱 앞장섬으로써, 이들로부터 헌금 내지는 시주금을 받는 데에 관심을 갖고 있다. 그래서 종교들이 보여주는 메시지는 사회정의와 생명, 평화, 자유라는 대 사회적이고 역사적인 의미보다는 개인의 행복과 물질적 축복에 초점을 맞춤으로써 비사회적이고 비역사적으로 변질되고 있다. 가령 기독교의 경우, 교회 간에 부익부 빈익빈의 양극화 현상이 커지고 있고, 서로 무한경쟁을 벌이면서 보이지 않는 정글의 법칙이 적용되고 있다. 부끄러운 일이지만 이미 상가 건물마다 한두 개의 교회들이 없는 곳이 없으며, 이들은 서로 종파가 다르다는 이유로 대화도 거의 나누지 않으며, 신에게는 절대적으로 매달린다고 하면서도, 상대를 힐난하는 경우도 종종 생기는데, 특히 지역사회를 위한 일을 위해 교파가 다른 교회들이 서로 대화를 하는 경우는 거의 찾아보기가 어려운 실정이다. 곧 교리가 다른 것도 이유가 되겠지만, 보다 근본적으로는 지역 안에서 영토 확장(territorial expansion)에 기초한 자본주의적 생존경쟁이 성직자들의 의식 안에 뿌리 깊게 자리 잡고 있기 때문이다.

그리고 무분별하게 난립해 있는 무인가 신학교, 그리고 신학대학원에서도 선교의 확장논리, 뒤집어 표현하면 자본주의의 무한논리에 사로잡혀 목회 지원자들을 매번 대거 모집함으로써 대학원과 교수들은 경제적 부를 얻는다. 과잉으로 양산되는 졸업자들은 갈 곳을 찾지 못하고, 이기적인 경쟁의 땅에 버려지고 있다. 이것은 대학의 책임이 아니기 때문에 교단의 과제로 넘기고 있다. 교회에서 살아남기 위해 목회자들은 자격미달의 외국 박사라도 갖기 위해서 해외에 엄청난 달러를 유출하고 있는 실정이다. 그리고 자격이 없는 무인가 신학교에서는 교수들의 자질들이 문제시 될 수 있으며, 교단과 교회의 권력에 절대 순종하도록 교육하고 있다. 무분별하게 양산되는 신학생 모집과 졸업 후 이들에게 무한경쟁에 뛰어들어 정글의 법칙에 뛰어들게 함으로써 목회자들은 신자유주의적인 논리에 따라 언제든지 교회에 고용과 떠남을 반복할 수 있는 여건으로 변화되어 이들이 성직자로서 갖는 권위가 떨어지고 있다. 오늘 한국 기독교는 신학교육부터 목회현장에 이르기까지 총체적으로 통제가 불가능한 상황에 와 있지만, 이해관계에 얽혀 있기 때문에 스스로 정비해 나가는 것이 현실적으로 불가능한 형편에 와 있다.

신자유주의는 학교 교육에서 경쟁을 강화시켜, 약육강식의 방향으로 내몰고 있다. 입시라는 제도는 여기서 살아남은 자만이 생존하며, 그것은 미래에 부와 명예를 가질 수 있는 수단으로 전락된 지 오래되었다. 공동체 의식은 사라지고, 학생 개인들의 철저한 이기적 경쟁심에 모든 근간이 세워짐으로써, 교육의 목적은 변질되고 쇠락하였다. 교사들 역시 제도교육의 한계를 인식하면서 어쩔 수 없이, 때로는 오히려 학생들의 경쟁의식을 고양시키는 것을 유능한 것으로 판단하고 있는 상황이다. 학교는 좋은 대학에 학생들을 보낸 숫자를 늘리기 위하여 학생들의 개성보다는 어느 과든지 합격시키는 쪽으로만 관심을 갖고 있다.

이러한 신자유주의에 영향을 받는 학교교육은 종교단체가 세운 학교의 종교교육에도 영향을 미치고 있다. 종단이 사립학교를 세운 목적은 교육목적과 함께 종교의 선교 혹은 포교가 큰 관심사이다. 이에 대한 긍정적인 의미는 많다. 어릴 때부터 종교의식을 갖도록 하여, 험난한 인생을 정신적으로 잘 버티어 나가도록 하는 훌륭한 길잡이가 될 수 있기 때문이다. 하지만 이러한 교육목적은 다소 무리가 있더라도 종교가 다르거나 없는 학생들에게 무리하게 적용시켜도 된다는 정당성을 가지면서 의무적인 참여를 요구하고 있다. 특히 과거와는 다르게 입학 평준화 정책으로 학생들의 선택권이 있는 것이 아니라, 지역 안에서 자동적으로 배정되기 때문에, 학교에서 이런 종교적인 강요는 학생들이 더욱 수용하기 어려운 여지가 있는 것이다. 이 정책은 시행된 지 30여 년 정도 되지만 한번도 문제제기조차 되지 않았다. 그것은 각 종단이 설립한 사립학교들은 자기 종교의 확장의식이 강했기 때문이었다. 종교의식과 종교과목은 모두가 예외없이 참여해야 하는 강제적인 의무가 대부분이다. 곧 울타리 안에 가두어 놓고 몇 년을 교육시키면 그 종교로 오는 학생들이 생길 것이라는 사고이다. 물론 긍정적인 부분도 있다. 하지만 여러 가지 선택권을 보여주고 교육을 하는 것과 한 가지만을 의무적으로 선택하고 교육하는 것과는 전혀 다른 것이다. 이것은 유치원부터 대학에 이르기까지 예외 없이 일어나는 현상이다. 이 부분은 다음 장에서 다루고자 한다.

이러한 한국에서 종교들의 병폐 현상들을 그동안 기복 의식에서 찾았으나, 이제는 한국사회가 세계자본주의의 중심에 놓인 만큼, 지구화와 신자유주의 논리에서 그 문제점을 찾아야 할 것이다.

3. 한국에서 종교교육의 현실

1) 교육과정의 변화

2004년 통계에 따르면 기독교계 초·중·고 학교는 198개교, 가톨릭계 학교는 79개교, 조계종계 학교는 22개교이다. 그 외에 민족종교계 학교 등이 있다. 개화기부터 설립되어 해당 종교를 가르치고 교육해 왔다. 그러나 오랜 기간동안 교육부의 권한 밖에 있으면서 학교 재량으로 교육해 왔다.

1980년 제4차 교육과정에서 정식으로 종교 과목으로 채택되었지만 체계적인 종교 교과서도 집필되지 않았다. 이후 6차 교육과정까지도 종교교육은 자기 종교 중심적이고 다른 종교에 대해서 배타적인 관점이 주류를 이루었다. 그러나 1997년 7차 교육과정에서 종교 교육과정과 종교 교과서가 편찬되었다. 그 내용은 종교교육을 더 강조하면서 특정 종교보다는 종교 일반에 대한 이해를 두었다.[12]

① 종교에 대한 폭넓고 균형 있는 지식을 습득하여 건전한 종교관을 정립하고, ② 일상생활에서 부딪히는 어려운 인생 문제를 극복할 수 있는 성숙한 신앙심을 확충하며, ③ 다른 종교를 포용하고 국가 사회의 발전에 기여할 수 있는 종교인으로서 바람직한 생활 태도를 기르는 데 있다.

이것을 분석하면, 특정 종교에만 제한받기보다는 세계의 다양한 종교를 서로 비교하여 이해하도록 했으며, 종교 공동체가 추구해야 할 기본적인 문제들, 자연과 우주, 과학과 생명에 대한 이해, 다종교 문화에 있는 한국에서 건강한 종교인으로서의 삶과 가치관, 종교 공동체의 이념, 각 종단 학교의 종교의 경전과 교리와 역사를 배우도록 하고 있다.

교육부의 종교교육에 대해서 불교계, 가톨릭계, 기독교계(예수회 장로회) 학교에서는 적극 수용하지만, 보수적인 학교들로 구성된 기독교학교연맹은 종교의 다양한 이해에 소극적이다.

한 가지 예로 고등학교 교육과정을 보면 다음과 같은 도표로 정리해 볼 수 있다.

---

12 교육부, 『고등학교 교육과정 해설 : 교양』(서울 : 대한교과서주식회사, 2001), pp.129-130.

고등학교 교육과정 해설(교육부)

영역	단원	내용(주제)	
Ⅰ.종교일반이해	1.인간과 종교	• 궁극적인 물음과 문제 • 안다는 것과 믿는다는 것	• 종교와의 만남과 문제해결 • 종교의 의의와 역할
	2. 종교경험의 이해	• 여러 가지 인생문제 • 경전과 종교 규범	• 우주관, 역사관, 생사관 • 종교 의례와 종교적 실천
Ⅱ.종교다양성의 원인과 이해	3. 서로 다른 종교적 전통	• 종교 사상과 배경 • 종교의 특성 이해	• 참된 것과 깨달음
	4. 세계 종교와 문화	• 유교와 도교 • 크리스트교	• 불교 • 이슬람교와 기타 종교
Ⅲ.종교와 관련된 인간, 자연, 공동체의 문제이해	5. 인간과 자연에 대한 종교적 이해	• 다양한 인간관 • 종교적 자연관	• 종교적 인간관 • 과학과 종교
	6. 한국 종교와 문화	• 한국 불교와 문화 • 한국 크리스트교와 문화	• 한국 유교 및 도교와 문화 • 한국 무속 신앙과 민속 종교
	7. 종교 공동체	• 공동체의 이념과 구현 • 종교간의 화해와 공존	• 종교의 사회적 기능 • 종교적 인격형성
Ⅳ.특정 종교이해	8. 특정 종교의 전통과 사상	• 경전, 교리 역사 • 한국 종교와 문화 창조	• 종교적 생활 • 나의 종교 생활 설계

　7차 교육과정에서 채택된 종교교육은 기존에 특정종교의 교리를 가르치던 교육에 획기적인 변화를 가져다 주었다. 그 내용에서 객관적이고, 종교들의 상호 이해의 폭을 넓혔으며, 종교인으로서 갖는 공동체적·사회적·세계적 책임으로까지 확대하였다. 그래서 사회인으로서 종교의 중요성을 강조함과 동시에 종교의 선택에 있어서도 학생들 스스로 판단할 수 있도록 하였다. 그리고 UN이 채택한 '세계인권선언문'도 소개하며, 한스 큉의 '지구윤리'와 종교적 평화들에 관한 주제들도 언급되고 있으며, 그 외에 생태계 파괴와 환경오염, 핵 확산금지, 인구폭발, 식량, 기아 등의 문제들도 알리고 있다. 또한 종교와 과학의 관계를 통해 자연과 생태의 주제

들도 기술하고 있다. 가톨릭에서는 종교에 바로 접근시키기보다 인터넷, 성문제, 약물중독, 죽음, 임신중절, 안락사, 인간복제 문제 등 현대적인 윤리 문제들을 강조하고, 불교, 이슬람, 유교, 기독교 등의 이웃 종교를 가르치고 있다.

이러한 1990년대 말의 초·중·고 학교들의 종교교육의 획기적인 변화는 21세기의 다양한 사회로 진입해 들어가는데 보조를 맞춘 것이며, 미래지향적인 변화이다. 이것은 학생들에게도 다양한 사고를 가져다 주었지만, 여전히 종교재단이 운영하는 사립학교의 특정한 종교에 대한 강요는 시대가 변하는 세계적이고 국내의 추세의 변화를 읽어내지 못하거나, 외면하고 전통적으로 내려온 교육방식을 고집하고 있는 실정이다. 또한 위의 내용들과 관계없이 여전히 종단 중심의 교육만을 가르치는 교육 현장이 많은 것이 현실이다.

2) 경직된 종교의식

모든 종교재단이 설립한 사학들은 종교의식을 거행한다. 기도와 묵상에서부터 그 종교의 의식을 거행한다. 일주일에 한번 또는 그 이상으로 하기도 한다. 이것은 종교교육이 단순히 지식전달의 차원이 아니라 삶 속에 체현되도록 하는 긍정적인 요인이 된다. 종교의식도 다양하게 시도하는 경우도 많다. 가급적 종교적 색채가 덜 나게 하며, 교양강좌 형식을 도입하여 종교적 거부감을 덜 갖도록 고려하는 경우가 증가하는 경향이다. 대학교에서는 충분한 재정으로 연극, 무용, 영화, 음악공연 등을 도입하기도 하지만, 초·중·고에서는 재정적인 어려움으로 다양한 시도를 하는데 한계를 가질 수밖에 없다. 대학교에서도 종교의식 시간에 다른 종교인들을 초청하는 것은 거의 상상할 수조차 없다. 개신교 대학교에서 가톨릭 신부를 초청했다가 동창회와 학과로부터 심한 압력을 받았다는 이야기도 전해진다. 개신교 목사가 불교대학원에서 특강 시간에 종교간 대화를 언급했다가, 교회로 돌아가서 홍역을 치루고, 끝내 말도 번복하고, 다시는 대화를 갖지 않는 사례도 있다. 하지만 성공회대학교에서는 채플 시간에 이웃 종교를 이해하는 시간을 마련하여 스님도 초청하고, 천도교, 개신교 목사, 시민단체에서 활동하는 사람들을 초청하여, 사회에 봉사하는 실제적인 삶의 현장을 전해 듣도록 하고 있다. 또한 획일적인 강당 참여를 강요하지 않고, 연극, 영화, 영어성경 등 다양한 선택권을 주어 참여를 유도하고 있다. 하지만 대부분 기독교 대학교는 2년, 또는 4년 전체를 출석해야만 졸업할 수 있도록 규정하고 있다. 하지만 대부분 초·중·고 학교는 졸업때까지 의무화하고 있고, 재정도 어렵기 때문에 외부강사를 초청하는 일도 쉽지 않으며, 다양한 선택권을 마련하는 것도 거의 힘들다. 오직 전체 학생들을 강당에 불러 모아, 한 번에 종교의식을 거행하고 끝내고 만다. 곧 주입식 교육의 연장에 있을 뿐이다. 학생들은 이 시간에 잠을 자는 경우가 많고, 그래서 주의를 환기시키기 위해 어떻게든 말로 재미있게 진행해 보려고 하지만, 지루함은 계속된다. 이에 반해 동국대학교는 학생들에게 의무적인 종교의식 참여는 없으며, 한 달에 한 번 있는 법회에 자유롭게 참여하도록 하고 있다.

특히 보수적인 종교적 분위기에서 자란 학생들이 다른 종교에서 의식을 거행하는데 참여하는 데에서 오는 정신적인 압박은 무척 크다고 본다. 이단시하거나 배척하는 마음이 계속 있는 한 강요된 종교의식은 그들에게 큰 상처가 될 수 있다. 하지만 다른 종교를 가진 학생들도 종교교육 시간에 지식을 배우는 것은 수용하지만, 종교의식까지 강요받는 것은 부당하다고 생각한다.

앞서 언급했듯이 7차 교육과정에서 종교에 대한 다양한 이해를 배운 초·중·고 학생들이 종교에 대한 선택을 자율적으로 원하는 것은 자연스런 현상이 될 수 있다. 과거에는 학교가 의무적으로 정해 놓으면 무조건 따르게 하는 것이었지만, 이제 변화하는 세계적인 추세에서 자율적으로 선택할 수 있는 다양한 채널을 제시해야 할 것이다. 종교가 학교의 권위를 내세워 종교의식에 의무적으로 참여시키는 것은 정신적 고통을 더 가중시킬 수 있다. 학생들은 매일 학교 교문을 나오는 순간부터 성당과 교회, 사찰, 유교, 민족종교에 이르기까지 얼마든지 접촉할 수 있는 기회가 많다. 학교에서 종교적으로 가두어 놓는다고 그것만 선택할 것이라고 볼 수는 없는 것이다.

최근 일어난 몇 가지 사건들을 보자.

서울의 기독교계 학교인 대광고(교장 탁준호)의 고3생 강의석(18)군이 종교의식 강요에 반발하여 1인 시위를 벌이다 퇴학조치가 되는 사건이 발생했다. 종교적인 건학이념에 따라 학생들에게 일정 시간의 종교수업과 의식에 참여시키는 건 당연한 권리라는 사학 측과 학교 선택권이 없는 중등학교 현실에서 모든 학생에게 특정 종교를 가르치는 것은 헌법이 보장한 종교선택의 자유를 침해하는 것이라는 학생들의 오랫동안 잠복되어온 불만이 표출된 것이다. 이것은 하나의 사건으로 보이지만 사실은 전국적으로 종교 사립 학교에서 종교 과목을 가르치며, 종교의식에 강제적으로 참여시키고 있는 실정이다.

강의석군은 "비기독교인이라도 매일 아침 학급예배 때는 번호순으로 돌아가며 기도를 해야 한다. 또 매주 수요일 전교생 예배 때도 찬송가를 부르고 사도신경을 외워야 한다. 1학년 때는 음악 수행평가로 주기도송을 요구하기도 했다. 뺑뺑이로 학교에 배정되는 상황에서 특정 종교만을 강요하는 것은 헌법에 보장된 종교의 자유를 침해하는 것"[13]이라고 주장했다.

---

13 「중고교 종교교육 인권침해 논란」, 『한국교육신문』(2004. 6. 30.)

강군은 "저는 기독교와 대립하는 게 아니라 종교를 강요하는 현실이 잘못 됐다고 말하고 있는 거예요"[14]라고 주장한다. 종교의식에 대한 강요는 아침 자습시간 예배 또는 기도가 이뤄지기도 하고, 다른 행동을 하면 맞거나 운동장에서 풀뽑기의 벌이 가해지기까지 한다.

서울시교육청 담당자는 "종교 등 교양과목은 학생 선택이 원칙이고 시험을 치르거나 성적을 낼 수도 없으며 예배 등 정규교과 외의 활동도 희망 학생에 한해야 한다"고 밝혔다. 하지만 대광고 교장은 "성경과 예배 등 종교 교육은 철학적 차원에서 이뤄지며 시험이나 강요는 없어 문제가 아니다. 다만 예배나 성경 과목을 완전 자율선택으로 하는 것은 기독교 학교의 건학 이념 자체를 부정하는 것으로 이는 종단이 결정할 문제다. 한 학생이 이를 거부한다고 해서 건학이념을 바꿀 수는 없으므로 현재로서는 학생이 전학 가는 방법 밖에는 없다"고 말했는데, 이것은 종교 사립학교의 공통적인 주장이다. 그 후 강군은 제적되었고, 다시 복학하였지만, 이를 부당하다고 문제를 제기한 교목실장 류상태 목사 역시 직위해제된 상태이다 (2004. 7. 15).

기독교계의 박경양 목사(참교육을 위한 전국 학부모회 회장)는 자신의 교회 홈 페이지에서 다음과 같이 입장을 밝히고 있다.[15]

종교행위도 종교교육도 강제적으로 행해져서는 안 된다고 생각한 이유는 우선 종교의 자유는 신앙, 종교적 행사, 종교적 집회, 결사, 선교활동의 자유를 포함하여 신앙을 가시시 않을 사유, 즉 무신앙의 자유와 종교직 행사, 종교직 집회, 결사,

---

14 강의석 군의 이같은 주장은 조선, 한겨레, 동아, 문화, 경향, 중앙, 오마이뉴스, 뉴스엔조이, 프로메테우스 등 언론에 321회 중요한 종교 소식으로 기사화되고 있다(2005년 5월 25일 현재)
15 www.peaceofchrist.net 이 내용은 KBS-TV, '정관용의 열린토론'(2004.10.1)의 대담을 발췌한 것이다.

선교활동 등을 강제 받지 않을 자유를 의미하기 때문입니다. 그런 점에서 종교의 자유는 내가 믿고 향유할 권리를 의미하는 것이지 남에게 내가 믿는 종교를 강요할 권리를 말하는 것이 아니기 때문입니다. 사람을 강제적으로 참여시킨 채 드려지는 예배는 예배의 근본정신을 훼손하는 것은 물론 예배에 대한 모독이기도 합니다. 예배는 하나님을 믿는 사람들이 마음을 모아 하나님께 경배하고 하나님과 만나는 거룩한 시간이며 행위입니다. 그런 거룩한 예배에 하나님을 믿지도 않고, 믿을 생각도 없는 사람을 강제적으로 참여시키는 것은 예배의 정신과 정면으로 배치되는 것입니다.

1998년 대법원이 채플 학점의무 규정에 대해 숭실대 학생에게, "사립대학의 장은 헌법상 보장된 대학자치권에 근거해 학생들의 신앙의 자유를 침해하지 않는 범위에서 채플을 의무화할 수 있으며 현재 대학의 채플은 종교인 양성이 목적이 아니라 보편적인 교양인 양성을 목표로 하기에 채플을 졸업요건으로 규정할 수 있다"며 원고 패소판결을 내렸다. 그리고 2004년 1월 국가인권위는 이화대생이 교내 채플 의무 수강에 반발해 제기한 진정에 대해 각하 결정을 내렸다. 2005년 3월부터 연세대 채플실 앞에서 5명이 1인 시위를 벌이고 있다.

이러한 사건들은 몇몇 학교만의 문제가 아니라 대부분의 종교 사립학교에서 언제든지 일어날 수 있는 지뢰의 뇌관과 같은 사회적 주제이다. 언론이나 종교계에서 잠시 이 사건이 일어났던 때에 이슈가 되고 나서는 후속으로 어떤 개선책이나 발전적인 논의가 진행되는 것을 듣지 못했다. 평준화 정책 이후 학생들의 선발권이 없고, 학생들 역시 자기 의도와 다르게 무차별 배정받는 현실에서 종교교육 정책은 심각한 고려를 해야 할 것이다. 무조건 사립학교의 종교적 이념만을 내세워도 안 될 것이며, 학교에서는 다양한 내용들을 가지고 학생들의 교양 수준을 높이는 차원에서 숨통을 열어주어야 할 것이다. 다양한 실험을 꾀하고 있는 성공회대 교목실장 장기용 신부는 "중간공리¹⁶를 만들어, 종교가 다르거나 믿지 않는 사람들도 자연스럽게 접근하도록 한다면 거부감없이 넓은 공감대를 만들어 낼 수 있다"고 그 대안을 제시한다. 곧 종교적 이념도 겉으로 드러내는 것이 아니라, 깊은 곳에 녹아 담겨있을 때 사람들이 받아들이고 감동을 받을 수 있다는 것이다.

4. 외국의 종교교육의 사례 : 대안을 찾아서

1) 북아일랜드 평화교육[17]

(1) 이뮤(EMU) 교육

북아일랜드는 영토로 인해 영국과 오랜 분쟁을 겪었다. 아일랜드는 가톨릭국가이며, 영국은 성공회와 개신교가 주류를 이루는데, 북아일랜드는 영토로 인해 정치적 갈등이 심했고, 따라서 가톨릭과 기독교의 갈등도 심할 수 밖에 없었다. 하지만 북아일랜드의 교사 양성기관인 스트랜밀리스

---

16 미국의 기독교사회윤리학자인 라인홀드 니이버(Reinhold Neibuhr)가 주장한 것으로 절대목표에 이르기 위해서는 그것에 도달하는 중간공리를 두어 근사치로 접근을 한다는 개념이다.
17 이 자료는 1995년 시작된 평화교육 연구모임이 만든 자료임을 밝힌다. 이 모임은 인권, 정의, 민주주의와 같은 평화교육의 이념과 원리를 가르치기 위해서는 교사들이 먼저 교실 속에서 평화활동가가 되어야 한다는 데 뜻을 같이 하고 '교실 속에서의 공존'이라는 주제를 중심으로 한국의 평화교육 모형 개발을 위해 교수와 교사들이 스스로 만든 단체이다. 이 목적을 이루기 위해 1997년에는 일본 오사카 지역의 민족갈등 현장을 찾아보기도 했다. 그리고 북아일랜드의 코리밀라 공동체가 벌이고 있는 평화운동 방법과 학교 현장에서 평화교육의 한 가지 방법으로 이뤄지고 있는 '상호이해 및 문화유산 교육'에 직접 참여하여 그 곳 사람들의 이론과 실천의 양쪽 측면을 둘러보았다.

(Stranmillis) 대학에서 '상호 이해와 문화적 유산을 위한 교육(Education for Mutual Understanding & Cultural Heritage : EMU/CH, 줄여서 [이뮤]라고 부름)'이 있는데, 이 교육은 지난 20년 동안 평화운동과 '이뮤' 프로그램을 개발해 온 퀸즈(Queen's) 대학의 노먼 리차드슨(Norman Richardson) 교수가 '수용, 공정, 상호 존중이라는 정신 속에서 차이를 받아들이면서 살 수 있도록 학습하는 것'이라는 목적을 갖고 있다.

노먼은 구체적인 내용을 다음과 같이 세분화하고 있다. ① 자신과 다른 이를 존경하도록 가르치기 ② 갈등을 창조적으로 다루고 이해하기 ③ 상호 의존성을 깨닫기 ④ 문화적 다양성을 이해하기가 그 핵심을 이룬다. 그 근본은 역시 종교적 갈등을 전제로 한 것이다.

북아일랜드의 학교는 카톨릭 계의 학교와 개신교 계의 학교가 전체의 95%를 차지하고 있다. 그래서 학생들은 다른 종교의 문화를 전혀 모르는 상태에서 교육을 받으며 자라난다는 것이다. 최근 몇 년 사이에 두 종교집단이 두 종교 출신의 학생들을 모아 가르치는 '통합학교'가 33개에 이를 만큼 늘어났지만, 아직 전체 학교수의 3%에 지나지 않는다고 한다. 하지만 1992년 정부가 법령을 만들어 교육부가 재정 지원을 하여 모든 학교에서 '이뮤'를 의무적으로 가르치도록 했다는 사실이다. 이미 사회적으로 갈등이 깊어질 대로 깊어진 두 집단 사이에서 서로 종교간 평화를 이루며, 사회적 평화를 이루어가는 교육의 현장을 보는 것이다. 그 교육적 효과는 대단히 크다. 자기들만의 문화와 종교에 익숙해진 학생들이 이 프로그램을 통해 다른 종교적 문화를 가진 아이들과 직접 만남으로 폭넓은 이해를 갖게 되었다. 곧 수업에서 자기 종교만을 알리는 것이 아니라, 다른 종교를 이해시킴으로써 성숙한 자의식을 가지게 되고, 학교 폭력도 줄어들었다는 것이다.

(2) 코리밀라 공동체(Corrymeela Community)

학교교육을 외곽에서 지원하고 있는 코리밀라 공동체(www.corrymeela.org.uk)는 기독교 정신에 바탕을 두고 카톨릭과 프로테스탄트 사이의 대립과 분열, 폭력과 정쟁을 막고 치유하기 위해 지난 33년 동안 평화를 위해 노력해온 단체이다. 현재는 4명의 상근 직원과 1백 70명의 회원, 그리고 700명의 자원봉사자가 참여하고 있는 광범위한 조직으로 성장했다. 교육과 관련하여 코리밀라의 활동은 ① 지역간 교류 프로그램을 지원하기 위한 학교 사업 ② 청소년 복지사(Youth Worker)들이 주축이 되는 청소년 사업, 그리고 ③ 신·구교도 사이의 화해를 가르치기 위한 기독교 교육으로 나눈다. 특히 이곳에서는 두 종교 집단의 학생들과 교사들이 함께 먹고 자면서 서로 연대감과 이해를 깊게 한다. 즉, 다른 관점과 차이가 있는 사람들이 직접 만나 상대방의 경험을 나누고, 서로의 가치를 증진시킨다는 것이다. 이를 위해 유대감, 소속감, 의사소통, 정치적인 문제, 갈등, 믿음 등과 같이 특정한 주제에 관해 토론을 하거나 게임 등 다양한 프로그램을 진행하면서 공동체 안에 가득한 어떤 분위기를 직접 느끼도록 하고 있다. 남을 강제하지 않고, 차이를 인정하며, 상대방을 따뜻한 눈으로 바라보는 분위기를 갖도록 한다. 예배실이 있어 아침, 저녁으로 두 번씩 기도하는 시간이 있지만, 여기에 참가하는 일은 완전히 개인의 자유이고, 또한 어떤 특정한 신을 향해 기도하는 것도 아니다.

2) 영국의 종교교육

영국은 성공회가 국가종교인 나라이다. 현재 수상의 최종 임명도, 캔터베리대주교의 임명도 여왕이 하고 있다. 영국에서 대부분의 교회가 성공회이고, 일부 가톨릭과 이슬람, 힌두교가 소수를 이루고 있다. 이에 따라 공립학교도 일반학교와 종교학교가 있는데 주로 성공회와 일부 가톨릭 학교들로 분포되며, 사립학교들도 성공회가 많다. 이슬람 지역에는 공립학교이지만 이슬람 학교가 있다. 초등학교서부터 고등학교에서 종교교육은 종교일반을 위주로 교육한다. 이것은 아마도 1960년대 이후 영국에서 활발하게 일어난 종교간 대화 운동의 결과로 보인다.[18] 그래서 성공회 학교들도 성공회 위주로 가르치지 않는다. 그 내용은 기독교, 가톨릭, 이슬람, 힌두교, 불교, 시크교 등의 특징을 가르치면서, 종교에 대한 이해의 폭을 넓히고 있다. 고3이 되면, 우리나라의 수학능력시험과 같은 GCSE 시험이 있는데, 여기서 종교과목을 선택하면, 이들 종교들에 대해서 깊은 이해들을 갖추어야만 시험을 치룰 수 있다. 성공회가 세운 학교 가운데 일주일에 한번씩 채플/미사를 보는 학교들도 있지만, 성공회 학교도 교장과 교사의 재량으로 다양하게 운영한다. 그래서 학기 시작과 끝, 중간에 특별한 절기에만 의식을 행하며, 종교적인 의무를 강제하지는 않는다. 성공회의 교인 수가 날로 줄어들어 위기를 맞고 있지만, 학교의 종교교육을 강제하지 않는다. 만약 교단 정책으로 학교에 영향을 주어 교세확장이라는 것을 염두에 둔다면 우리나라 식으로 종교교육을 더욱 강화시켰을 것이다. 하지만 이러한 결정도 학교 스스로가 판단하도록 하고 있다. 그러나 가톨릭계 초·중·고 학교에 들어갈 때는 반드시 가톨릭 성당의 사제 추천서가 필요하고, 의무적으로 학교 미사에 참여해야 한다. 입학 전에 그런 절차를 거쳤기 때문이다. 옥스퍼드, 캠브리지 대학교와 같은 명문대학들이 성공회가 세웠고 채플린이 성공회 신부들로 구성되어 있지만, 전교생 의무 채

---

18 존 힉(John Jick)은 버밍햄 대학교에서 은퇴하였으며 성공회의 다양성과 포용적인 정신에 영향을 받았으며, 종교간 대화의 세가지 범주(배타주의, 포용주의, 다원주의)를 주장한 앨런 레이스(Alan Race)도 성공회 신부로 현재도 종교간 대화를 통해 활발한 학술활동을 벌이고 있다. 그 외에도 70년대에 많은 성공회 신부들을 중심으로 현장에서 종교간 대화 운동을 벌였으며, 현재는 이슬람, 힌두, 가톨릭, 성공회 등이 많은 지역에서 정기적으로 만나 종교간 대화를 할 정도로 활발하게 전개해 나가고 있다.

플같은 것은 없다. 학생들은 단지 예배가 있는 시간에 자유롭게 참여하면 그뿐이다.

영국의 종교교육 정책은 종교에 대한 자유를 줌으로써 학생, 교사, 교장의 자발적인 결정이 존중되며, 보다 유연하고 창조적인 사고를 길러 사회에 중추적인 역할을 하도록 이끌고 있다. 한국의 종교학교들 역시 종단의 입김을 받는 것과는 대조를 이룬다.

3) 미국에서 종교교육

미국은 1960-70년대의 인권과 평화, 반전운동이 사회적으로 확산되면서, 퀘이커(Quaker)의 평화운동이 미국 사회에 많은 영향들을 주었으며, 종교간 평화에도 이러한 분위기가 반영되고 있다. 기독교 국가라고 하는 미국의 공립학교는 종교교육을 할 수 없도록 하였지만, 사립학교들은 자율성을 갖고 있다. 미국이 다인종, 다문화, 다종교를 가지고 있는 성격을 반영하듯 종교교육도 자기 종교에 속한 내용만이 아니라 다양한 종교들을 알려주며, 그 방향에서 학교가 속한 종교를 가르치며, 인생의 의미들을 폭넓게 가르치고 있다. 2005년 5월 17-18일 양일간 한국유네스코 주최로 "차이에 대한 존중을 가르치기 : 신앙, 문화, 윤리 그리고 가치를 중심으로"(Teaching Respect for Difference : Issues of Belief, Culture, Ethics and Values)라는 주제로 평화교육세미나가 서울에서 열렸다. 이 자리에서 미국에서 평화교육을 위해 힘쓰는 콜럼비아대학교 평화교육센터의 베티 리어돈(Betty A. Reardon) 명예교수는 "학교 안에서 평화를 이루기 위해서 다양한 경험들과 문화, 종교들을 나누기 위해서 교육방법들도 개발하고, 현장 방문, 대화, 주제토론 등 실제적으로 가르친다"고 말한다. 그리고 "공립학교는 종교를 단지 객관적으로 가르치며, 부모와 학생들이 종교교육을 받기를 원하면 종교재단에서 세운 사립학교에 보내기 때문에 종교로 인한 갈등이 없다"고 말한다.

4) 필리핀에서 종교교육

필리핀은 인구의 80%가 가톨릭이며, 8%의 개신교, 5%의 이슬람, 나머지 종교 및 무교로 구성되어 있다. 자연히 종교재단의 사립학교들이 많지만, 입학 때 이 학교에서 종교교육을 받겠다는 것을 조건으로 하여 입학을 하고 있다. 필리핀은 대부분 가톨릭과 기독교이기 때문에 학생과 부모들이 종교교육을 자연스럽게 받아들인다고 한다. 특별히 필리핀 남부의 민다나오(Mindanao) 지역은 광석이 풍부하고, 비옥한 고원, 방대한 열대림과 농경지, 태풍없는 기후와 풍성한 어족자원으로 인해 가난한 정착민들에게는 "젖이 풍성한 암소"로 비유되는 곳이다.[19] 그래서 역사적으로 스페인, 미국, 일본의 외세의 점령과 이에 맞서는 토착민들의 저항 등이 있어온 곳이기도 하다. 착취와 빈곤, 불안전과 폭력이 난무하는 민다나오는 사회주의계 이슬람과 정부군 사이에 총격전이 수시로 있는 위험한 곳이다. 가톨릭(950만명), 모슬림(270만명), 토착민(200만명)으로 분포되어 있는 넓은 지역이다. 이번 평화교육세미나에 초청받은 필리핀 미리암대학교 평화교육센터 소장 로레타 카스트로(Loreta Castro) 박사는 2003년부터 중·고학생들을 대상으로 가톨릭 학교와 모슬림 학교가 학교간에 대화를 하고, 직접 학생들끼리 만나서 서로 생각을 나누는 시간을 갖는다. 여기서 종교간의 차이와 다양성을 이야기하며, 수필 쓴 것을 뉴스레터에 공동으로 싣고 있다고 한다.[20]

---

[19] 박성용, 「필리핀 민다나오 원주민들의 문화·종교적 갈등 연구」, 『아시아의 종교분쟁과 평화』(서울 : 오름출판사, 2005), 85-147, p.99.
[20] 2005년 5월 20일, 성공회대학교 특강.

종교교육 시간에는 서로 다른 종교의 사상과 내용들을 가르치고 있으며, 모슬림 학교는 주말을 이용하여 학교에서 코란과 아랍어를 가르친다고 한다. 또한 "투루간(Turugan)"이라는 원주민 학교는 전통가치와 자신들이 가져야 할 인권과 권리들을 학생들에게 가르치면서, 주교와 원주민 사이에 종교 지도자들간의 모임을 통해 지역 현안 문제들에 공조를 모색하고 있다.[21]

5. 평화교육과 함께하는 종교교육 : '차이'와 '다름'을 존중하는 교육

앞 장에서 외국의 평화교육을 포함한 종교교육의 대표적인 사례들을 살펴보았다. 우리나라의 종교교육은 제7차 교육과정이 시행된 이후에야 비로소 종교교육이 체계성을 갖게 되었다. 특히 여러 종교들에 대한 이해를 넓혔다는 긍정적인 평가를 내릴 수 있겠다. 그러나 우리나라의 교육환경은 근본적으로 두 가지 문제가 있다. 첫째는 평준화에 따른 추첨배정으로 학교 선택의 자유가 없기 때문에 종교 사립학교의 경우 종교가 큰 문제가 될 수밖에 없는 여건을 들 수 있다. 둘째는 대학입시라는 치열한 경쟁 속에 있기 때문에 종교교육 자체가 부각될 수 없다는 점이다. 종교교육 내용도 심화시키는 과정보다는 다른 교육과 마찬가지로 주입식 교육으로 이루어지고 상식적인 수준에 머무르고 있다. 그래서 종교교육이 종교 본래의 목적보다는 입시지옥에서 학생들의 정신력을 더 강화시키고 도태시키지 않도록 이끄는 보조적인 역할이 되고 있음도 부인할 수 없다. 그리고 특정

---

21 박성용, 앞의 책, p.133.

종파와 교파 중심으로 종교교육이 초점을 맞추고 있어, 새롭고 다양한 사고와 종교적인 사상들을 자유롭게 이야기할 만큼 교실교육의 여건이 충분히 성숙해 있지 못하다. 만약 교사가 다양한 종교적 사고와 종교간 대화를 언급하려고 해도, 학교의 권위 속에서 자유롭게 말할 수 있지 못하다. 더 나아가서는 교단으로부터 압력도 예상되기 때문에 금기시되어 있는 형편이다.

종교교육은 공부의 한 분야이므로 받아들일 수 있지만, 종교의식은 또 다른 상황이다. 종교의식은 진리에 대해서, 신에 대해서, 혹은 성인에 대해서 자기의 경건한 마음에서 우러나오는 자발적인 종교적인 표현임에도 불구하고, 강제로 행해야 한다는 것은 매우 힘든 정신적 고통이 될 수 있다. 이러한 종교교육의 대외적인 여건들은 결국 학생들의 종교적 자유에 대한 인권에 심각한 피해를 입힐 수 있다.

이에 반해 선진국에서 종교교육은 평범한 학교들에서도 이해의 폭들을 넓게 가르치기 때문에 여유가 있으며, '평화교육'이라는 넓은 틀 안에서 종교교육이 이루어지는 경향도 확산되고 있다.[22] 곧 지구촌 평화라는 근본 인식하에 '종교간 대화와 평화'가 이루어지는 것이다. 극심한 갈등을 겪었던 북아일랜드의 가톨릭과 기독교와의 마찰 속에서도 평화교육과 종교간

---

22 Francis I. Arinze, *Religions for peace*, Darton : Todd Press, 1985 ; Carrie Gustafson & Peter Juviler, *Religion and human rights : competing claims?* New York : M. E. Sharpe, 1999 ; John B. Taylor, *Religions for human dignity and world peace*, Geneva : World Conference on Religion and Peace, 1986 ; Homer A. Jack, *World religions and world peace : the international interreligious symposium on peace*, Boston : Beacon Press, 1977 ; Jacob K. Olupona, *Religion and peace in multi-faith nigeria*, Ile-Ife : Obafemi Awolowo University Press, 1992 ; John Ferguson, *War and peace in the world's religions*, London : Sheldon Press, 1972 ; Leonard Swidler, *Religious liberty and human rghts in nations and in religions*, New York : Hippocrene Books, 1986 ; Robert Traer, *Faith in human rights : support in religious traditions for a global struggle*, Washington : Georgetown University Press, 1991 ; Arvind Sharma & Katherine K. Young, *Feminism and world religions*(New York : State University of New York Press, 1999).

평화가 정착되고 있으며, 현재에도 극단적인 유혈을 일으키는 필리핀의 민다나오 분쟁지역에서도 가톨릭 학교와 이슬람 학교가 평화 차원에서 종교간 대화가 교사와 학생들에 의해 실질적인 대화가 이루어지고 있다.

한국의 상황을 놓고 보았을 때, 종교교육은 종교들에 대한 객관적인 지식 전달의 차원에 머무는 것이 아니라, 평화교육의 틀 안에서 새롭게 방향 모색을 해야 할 것이다. 약간 범주를 넓혀 한국사회를 보았을 때, 한국에는 이미 10년 넘게 40여 만명의 외국인 근로자들이 함께 거주하고 있다. 1998년 UN 통계보고서에 의하면 전세계적으로 이주노동자가 1억 명 이상에 달한다고 한다. 그들은 자본주의와 신자유주의의 모순으로 인해 제3세계의 자국에서 떠나와 중진국 이상 국가들로 이주하는 것이다. 이러한 세계적인 추세에 따라 그들은 한국에 와 열악한 공장 작업 환경 속에서 우리나라의 경제의 한 몫을 담당하고 있다. 이들에 대한 한국민의 사회적 냉대는 심각한 수준이며, 배타적인 한국인들의 속성을 그대로 보여주고 있다. 선진국가의 백인들에 대해서는 무한한 존경심을, 그리고 아시아와 아프리카의 유색인들에 대해서는 인격 모독은 물론 물리적 고통을 주는 경우가 많이 발생하고 있다.

자연스럽게 그들도 자기들의 고유한 종교들을 가지고 들어와 종교의식을 갖는 경우가 많다. 자기들의 종교가 자신들의 정신을 지켜주는 버팀목이요 지주이기 때문이다. 그러나 이들을 둘러싸고 있는 주변에서 특히 교회들은 선교의 목적으로 이들을 하나의 선교대상으로만 상대하여, 이들의 문화와 종교적 사상들 그리고 인권피해 문제들을 이해하려는 것이 아니라, 무조건 기독교로 개종시키는 것에만 초점을 맞추고 만나는 경우가 대부분이다. 이러한 현상은 다른 종교들에서도 나타나는데, 사회교육 차원에서도 종교교육이 없다는 것을 말하며, 더 깊게는 평화교육에 대한 개념조차 없는 것이 오늘 한국의 종교계 현실이다. 한국은 이미 40만 명의 외국인들과 함께 살아가는 지구촌 환경에 놓여 있으며, 힘든 노동을 기피하고 인구가 감소하는 추세라면, 앞으로 이들의 숫자는 더욱 늘어날 수 있다.

이렇게 볼 때 한국에서 종교교육 문제는 단지 학교 안의 문제만이 아니라, 사회적인 주제가 될 수 있으며, 특히 평화교육과 연계한 종교간 대화를 적극 홍보하고 제도화시켜 나가야 할 것이다.

학교에서 배타적이고 강제적인 종교교육은 인생에서도 커다란 걸림돌로 작용할 수 있다. 다종교 문화에 있는 한국은 서로 다른 종교를 가진 배우자와 결혼하는 경우가 많이 생긴다. 이 경우, 결혼 전에도 종교가 다르기 때문에 종교적 사고가 달라 헤어지는 경우도 있고, 양쪽 집안의 완강한 자기 종교의 고집을 예상해서 결혼 전에 헤어지는 경우도 있다. 그리고 결혼을 했어도 부부간의 갈등은 물론, 시어머니와 며느리, 장인과 사위 등 가족관계에서 종교가 달라 갈등을 겪는 경우가 많다. 그래서 이혼 증가에 부정적인 기여를 하고 있다. 이것은 강제와 의무로 종교를 배운 것이 학교교육에서 끝나지 않고, 평생을 같이 보면서 살아야 하는 가족으로까지 연결된다는 것이다. 가족들은 그 관계를 깨뜨리지 않기 위해서 강요와 의무감으로 종교행위를 하는 경우로 이어지고 있다. 어렸을 때부터 자율적인 선택의 자유를 누려보지 못한 청소년들은 곧 성인이 되고, 평생 가정을 이끌고 가면서도 서로 다름과 차이를 존중할 줄 모르고, 강제적인 강요를 상대에게 요구하는 것이다. 종교에 대해서 이미 수동적인 자세로 몸에 젖어 버린 청소년기의 학생들은 가정을 꾸리고 나서도 일생을 종교로 인해 힘들게 살아야만 하는 경우가 생기는 것이다. 곧 종교가 제도교육의 문제로 인해, 가정과 사회에까지 획일적인 사고와 경직성을 요구함으로써, 종교가 진리에 대한 자유로움과 기쁨을 주기보다는 억압과 두려움의 대상이 되며, 종교로 인한 피해자가 될 수 있는 것이다.

학교에서 종교교육은 평화교육 차원에서 다시 재구성되어야 하며, 차이와 다름을 존중할 수 있는 교육적 환경을 넓게 깊게 만들어 나가는 과정이 반드시 필요하다고 본다. 그래서 지구윤리와 깊히 연계되는 자본주의, 신자유주의, 군비축소, 비핵문제, 아시아 아프리카 지역의 인권, 환경생태, 여성인권, 인종간 계층간 갈등, 생명, 평화, 종교간 갈등과 화해 등의 주제들이 함께 거론되면서, 학교의 종교교육이 보다 능동적이고 적극적인 자세가 세워진다면, 종교들간에 작은 교리적·현학적 논쟁으로 갈라지지 않고, 지역사회와 더 나아가 세계의 여러 가지 문제들에 대해서 종교간에 협력과 대화를 통해서 풀어나갈 수 있을 것이다.

6. 맺음말

지금까지 지구윤리와 종교교육을 비판적 관점에서 다루었다. 지구윤리는 더 이상 종교의 범주 안에서만 평화를 찾는 방식이 되어서는 곤란하며, 세계의 밑바닥에서 거대하게 움직여가고 있는 자본주의와 신자유주의 그리고 제국적 상황에서 함께 고려할 때 종교의 문제도 해결할 수 있다고 본다. 그리고 한국에서 종교교육은 7차 교육과정의 개선이 이루어진 후 어느 정도 종교들에 대한 객관성을 확보했지만, 실천적 과제들이 담보되지 못했으며, 지구적 주제들(global issues)과 동떨어진 교리적 이해에 제한되어 있음을 본다. 이것은 현대에도 얼마든지 종교의 역동성을 가질 수 있음에도, 과거의 역사적인 유물과 사상으로 전락시킬 수 있는 소지가 많다. 현실적으로 종단과 교단 그리고 학교의 책임있는 교장이 종교의식에 대해서 자율성을 줄 수 있을 만큼 열린 자세를 갖고 있지 못한 것이 현실이다. 이렇게 종교 권력의 핵심에 있는 지도자들의 입김을 많이 받는 종교학교의 종교교육은 현실의 문제점들을 교사와 학생들이 인식하면서도 해결할 수 있는 입지가 거의 제한받고 있는 상황이다.

　이러한 상황에서 종교교육은 그 자체로서만 풀 것이 아니라 보다 넓은 틀을 제시하는 평화교육 차원에서 접근할 필요가 있다. 종교과목에서 이러한 주제들을 개발하며, 종교의식에서도 최소한으로 의식을 줄이고, 평화 주제들을 도입하여 학생들에게 지구적 사고를 갖게 하는 교양의 수준을 끌어올리도록 할 것이다. NGO 활동을 하는 시민사회단체 활동가와 봉사자들을 초청하여 강좌를 늘리면서, 실질적인 현장교육을 배울 수 있는 기회의 폭을 넓혀야 할 것이다. 학생들이 사회봉사를 많이 하는데, 단지 대학에 가기 위한 수단이 아니라, 이러한 지구적 사고를 함으로써, 작게는 지역사회에 대한 봉사를 하지만, 지구촌 평화단체와 종교간 대화를 여는 기관들과 연결하며 작고 큰 과제들을 스스로 해결해 나가는 소양을 길러주어야 할 학교교육의 책임이 있다고 본다. 더 이상 학교의 종교교육은 자기 종교의 카테고리 안에 의무적으로 가두어 놓고, 마음껏 선교와 포교를 한다는 자만심을 버리고, 진정 피교육자의 자율적 선택을 존중하는 다양한 프로그램을 개발해야 할 것이다. 이러한 교육을 통해 학생들은 비판적 사고와 합리적 수용성을 기르며, 종교적인 깊은 대화도 나오며, 종교간의 진정한 대화를 나눔으로써 상대의 종교를 존중하는 자세를 갖게 될 것이다.

　이들이 학교를 졸업하여 곧 성인이 되어 가정을 꾸리는 이들이 가정 안에서도 차이와 다름을 존중할 수 있을 때 가정의 진정한 화목이 일어날 수 있다. 그리고 다양한 사회에서도 소외된 사람들과 한국 전통종교를 믿는 종교인들에 대해서도 세심한 배려가 필요하다. 아울러 외국인 이주자들의 인권과 그들의 종교에 대해서도 진정으로 존중할 수 있는 자세가 나와야 할 것이다. 이제 한국에서 종교교육은 단지 학교교실과 대강당의 문제가 아니다. 세계 속에서 성숙한 지도력을 발휘할 수 있는 인재를 양성할 수 있도록 그 발판을 학교가 폭넓은 터전을 마련해 주어야 할 것이다.

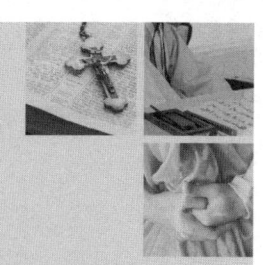

제3장
종교문화 담론의 교육적 함의

1. 종교문화 담론의 전제들

　현대의 사회를 흔히 정보화 사회, 지식기반 사회라고 부른다. 정보통신 기술의 비약적 발달로 정보와 지식이 폭발적으로 팽창하고, 이들을 무한의 속도로 유통시킬 수 있는 시대를 표현한 말이다. 우리는 이러한 기술공학적 변화들이 인간의 삶의 질을 향상시켜줄 것이라는 막연한 기대 속에서 살아가고 있다. 그러나 이러한 시대적 분위기에는 대부분 정보와 지식에 대한 피상적인 인식이 투영되어 있다. 특히 지식이라는 개념을 특정한 역사적·문화적 맥락에서 성립된 것이 아닌, 인류의 보편적이고 객관적인 산물로 간주하는 데 있다. 현대의 지식은 철저히 서구의 학문 전통에서 축적되어 왔다. 즉, 과학적 세계관에 입각한 근대 서구인들의 독특한 언어·문화·역사적 환경 등에서 산출된 특수한 사회적 가치에 불과하다. 이러한 지식을 생산하는 과학적 이성은 끊임없이 자기 아닌 다른 것을 분석하고 조작하여, 모든 대상들을 통제 가능한 양적인 것으로 환원시킨다. 따라서 이성의 산물로서의 지식은 그 자체로 가치중립적일 수도 객관적일 수도 없다. 지식은 외견상으로 객관화된 앎의 체계인 듯 보이나, 그 이면에는 세계를 대상화시키고 지배하고자 하는 인간적 소유욕이 내재하는 것이다. 특히 서구의 이성에는 자신들을 제외한 모든 것들을 수유의 대상으로 규정지어온 그들만의 역사가 내면화되어 있다. 근대 서구인들의 동양적 관심과 축적된 지식들은 대부분 식민화를 목적으로 의도된 것임은 잘 알려진 사실이다.

이제 지식은 그 자신이 주체가 되고 인간을 수단화 · 도구화시키는 반전을 거듭하고 있다. 즉 인간의 욕망을 축적하는 도구로써의 지식이 반대로 인간을 대상화시키고 있다. 이러한 지식관의 변화는 필연적으로 교육관의 변화로 이어진다. 현대사회를 '지식기반사회'라고 규정하는 것에서도 볼 수 있듯이, 지금의 현실은 인간 자신이 더 이상 이 사회의 기반이 될 수 없음을 보여주고 있다. 인간이 그 자체로서 존중되지 못하고 '인적 자원'으로서만 기능하는 것이다.[1] '신지식인' 역시 현실적 인간상을 적극적으로 반영한 것일지라도, 인간을 교환가치와 상품가치로 환원시킨 전형적인 사례임을 부정할 수 없다.[2]

인간에게서 가장 소중한 물음들은 수치화 · 계량화 · 객관화시킬 수 없다. '삶의 의미', '일상의 신비', '생의 자각' 등과 같은 것은 우리가 가장 절실하게 느끼는 본질적인 물음들임에도 불구하고 근대적 이성의 사유대상에서 제외된다. 과학적 인과성으로 포착될 수 없는 것은 가차없이 배제되는 것처럼 과학적 교수-학습의 체계 안에 이러한 물음들이 들어설 여지는 없다. 단지 가시적으로 검증될 수 있는 교수행위와 학습행위의 기계적 상호작용만이 인정될 뿐이다.[3] 따라서 교육은 깨우침과 자각의 과정이 아

---

1 한명희, 「지식기반 사회에서의 학교역할에 관한 철학적 반성」(서울 : 교육철학회, 『교육철학』 제27집, 2002), p.161.
2 인간을 선험적 주체로 놓고 인간만을 절대적 우위에 두려는 사고방식은 동서고금을 막론하고 서구의 근대라는 시기에 와서야 확고히 정착된다. 인류역사상 욕망을 긍정하는 유일한 체제인 자본주의의 융성과도 역사적 맥락을 같이한다고 볼 수 있다. 따라서 근대적 주체의 욕망을 긍정하는 모든 형태의 논의는 자본주의 소비산업의 일환으로 환원되어가고 있다. 교육에 있어서도 아동의 흥미, 욕구 등을 긍정하면서 적극적으로 활용하고자 하는 본래의 순수한 시도들은 아동을 상대로 하는 소비산업의 대상으로 변질되고 있다. 몬테소리나 프뢰벨이 근본적으로 의도한 아동의 영성(靈性)이나 신성(神性)의 자각에 대한 교육 역시, 본질적 의도와는 관련없이 학원과 교재, 문구들의 무책임한 양산을 위한 수단으로 전락되고 있다.
3 서명석, 『선문답의 탈근대 교육』(서울 : 아름다운 세상, 1999), p.16.

닌, 암기를 통한 지식의 '소유' 과정으로 전락한다. 지식이 사물에 대한 지배와 소유의 욕망을 반영하듯이 학습은 암기를 통해 그러한 지식을 소유하고자 하는 욕망을 반영하는 것이다.[4]

종교성의 함양은 이처럼 근대적 지식관이 포기한 인간 내면의 문제들을 교육의 본질로 회복하려는 시도를 의미한다. 즉, 양적인 것들을 질적으로 승화시키고, 가시적인 것에서 비가시적인 것을 읽어내는 능력의 함양이다. 대상세계에 대한 소유와 지배의 욕망이 투영된 앎이 아닌, 그것들과 소통하고 친숙해지고 교감을 얻으려는 앎으로의 회귀이다. 종교성의 자각 역시 근대적 지식교육의 주체인 이성의 편협함을 해체시키는 작업이 된다. 즉, 이성적 인간 본성의 한계를 극복하는 새로운 인격성으로의 전환을 의미한다고 볼 수 있다. 양적이고 가시적인 것들만을 담당해온 것이 근대적 이성의 기능이었다면, 종교성은 이를 보완하고 통합할 수 있는 하나의 탈근대적 대안 개념이 될 것이다.[5]

그러나 종교교육의 정당성을 일깨우는 작업들에 비해 종교교육을 교육

---

[4] 암기가 반드시 부정적이라는 의미는 아니다. 문제는 암기 자체가 아니라 암기 '위주'라는 교육현실에 있다. 암기를 학습에 필요한 조건으로 보는 것이 아니고, 절대적인 목적과 결과물로서 보는 데서 파생되는 문제이다. 지금도 학생의 평가가 얼마나 짧은 시간 내에 많은 것을 암기하느냐로 이루어지는 것은 지식을 물질화시키고 소유하고자 하는 시도들을 의미한다.

[5] 탈근대라는 말은 서구의 포스트모더니즘과는 분명히 구분되어야 한다. 포스트모더니즘은 서구의 독특한 역사와 사상에 뿌리를 둔 것으로, 주로 근대적 이성의 한계를 인식하는데서 출발한다. 따라서 그 배경적 토양을 달리하는 우리에게서의 탈근대는 서구의 포스트모더니즘과 동일한 문제의식이 될 수는 없다. 애초에 이성이라는 개념을 상정하지 않고 출발한 동양적 사유체계 내에서 이성의 폐단은 존재하지 않는다. 단지 현대에 서구의 이념적 세례를 받고 있는 우리의 현실로서는 불가피하게 포스트모더니즘적 경향을 부분적으로 수용할 수밖에 없을 것이다. 엄밀히 말해서 우리의 현실은 전근대와 근대, 탈근대적 경향이 혼재해 있다. 따라서 우리에게는 서구에서 이식된 근대적 세계관 자체에 대한 반성을 메타적으로 승화시키는 노력이 동시에 요구된다. 왜 서구의 문제의식이 우리의 문제의식과 동일시되어야 하는가에 대한 근원적 성찰이 없이는 또다른 포스트모던적 식민화로의 회귀가 될 것이다. 포스트모더니즘에 관련된 모든 이슈들은 서구의 근대적 주체중심주의, 이성중심주의에 대한 비판과 더불어 서구에 문화적 식민화되어 가는 우리의 현실에 대한 통렬한 비판과 탈피가 되어야 한다. 이정우,『가로지르기』(서울 : 산해, 2000), pp.223-229.

학적 관점에서 정초하려는 논의들은 여전히 부족하다. 교육학 전공자들조차도 종교교육이 교육적 과제라기보다는 종교적 사명으로 인식하는 것이 일반적이다. 이것은 종교교육이 여전히 교육학적 입장에서 주체적으로 수용되지 못하고 있음을 잘 드러내주고 있는 것이다.

본 연구는 종교문화 담론이 어떻게 교육학의 영역으로 포섭될 수 있는가에 대한 문제의식에서 출발한다. 이는 종교교육의 원리나 실천방안을 논의하기 이전에 선행되어야 할 교육학적 전제들을 일깨우는 작업이다. 근대 종교학적 개념인 종교와 종교교육에 따른 모순과 오해들을 지적하고, 종교성이 교육학적 인간이해의 대상이 될 수 있는가에 대해서도 함께 논의될 것이다.

2. 종교성 개념의 형성

'종교성' 개념을 명확히 이해하기 위해서는 먼저 '종교'라는 단어의 의미를 기존의 관념으로부터 환기시킬 필요가 있다. 종교라는 용어의 일상적 관념은 기독교, 불교, 이슬람교, 힌두교, 유교 등과 같은 기존의 종교교단 조직들을 전제하고 있다. 그러나 종교라는 말이 이러한 특정한 교리체계를 갖춘 상호 배타적이고 독립적인 종교단체들을 의미하기 시작한 것은 근세 이후에야 성립된 것이다. 스미스(Smith)에 따르면 '교리체계'라는 의미로서 '종교' 관념이 확고하게 형성된 것은, 활발했던 종교개혁의 움직임이 17세기에 와서 추상적인 신학적 논쟁들로 변질된 시점으로 보고 있다. 이후로 교리들을 체계화하고 보존하는 인간집단이라는 개념이 형성되었고, 18세기에 들어와서는 '종교들'이라는 상호 배타적인 이념 공동체들이 독자적인 교리 체계를 소유하고 있다는 생각이 일반화되었다. 19세기에는 역사적·전통적 차원이 혼합되면서 각각의 종교 단체들은 그 자체로 오랜 동일성을 가진 복잡한 유기체들로 간주되기에 이르렀다. 즉, 종교라는 실체적 개념은 근대의 성립과 함께 고착화되었고, 계몽주의의 주지주의적 경향이 반영됨으로써 특정화된 교리체계가 배타적으로 성립하게 된 것이다.[6]

지금까지 학자들은 '종교란 무엇인가'라는 물음을 던져두고 그 해답을 찾기 위한 다양한 방식의 정의와 설명을 시도해 왔으나 그 어느 것도 만족할 만한 합의를 이끌어내지는 못하였다. 시도된 정의들은 특정 시대와 역사적 맥락 속에서 특정 종교의 교리에 부분적인 타당성을 갖는 정도이지, 그 외의 종교집단과 종교현상들에 대한 설명으로는 부적절하다. 하나의 물음이 던져지고 그 물음을 해결하기 위한 노력이 공허해질 때 우리는 물음 그 자체를 다시 한번 재고해 볼 시점에 놓인다. 물음 그 자체가 문제시되고 무의미한 것이라면 그 물음은 과감하게 해소시켜버리는 용단이 필요하다. 이미 분석철학자들이 주장해온 것처럼 대부분의 사상사적 문제들은 문제 해결이 아닌 문제 해소가 선행되어야 한다는 것이다. 이러한 맥락에서 스미스는 '종교'라는 말이 뚜렷한 대상이 없는 왜곡된 개념이기 때문에 그 자체가 폐기되어야 할 것을 주장한다. '종교적'이라고 부를 수 있는 현상들은 의심의 여지없이 명백히 존재하지만, 이러한 현상들 자체가 명확한 실체를 이루고 있다는 관념은 근거가 없음을 의미한다.[7]

근대 이후의 종교 개념은 복잡하게 얽혀 있는 종교들간의 교리와 신앙의 문제들을 지나치게 단순화시켜 파악할 뿐만 아니라, 종교의 본질적 의

---

6 유럽전통에서도 라틴어 'religio'라는 말은 현대적 의미에서 종교를 뜻하지 않았다. 성 아우구스티누스를 비롯하여 종교개혁가인 루터, 칼빈, 쯔빙글리의 저서들은 모두 실체화된 종교라는 의미가 아니라 종교적·그리스도교적이라는 의미이거나 경건성 등을 의도한 것이다. Wilfred Cantwell Smith, *The meaning and end of religion*, 길희성 역, 『종교의 의미와 목적』(서울 : 분도출판사, 1997), pp.60-78.

7 길희성, 위의 책, p.42.

도와 목적을 왜곡시켜 왔다. 즉, 종교라는 개념이 하나의 '사물'과 같이 그 자체로 고유한 경계를 지닌 실체로 규정될 경우에는 종교 개념 자체에 심각한 왜곡을 가져올 수 있음을 의미한다. 이와 관련하여 듀이는 '종교'(religion)와 '종교적'(religious)이라는 의미는 엄밀하게 구분되어야 하며, '종교'라는 일반적 관념이 그 자체로 무의미한 것이라고 간주한다. 즉, 명사로서의 '종교'는 특정한 신앙과 실천을 행하는 단체를 의미하거나, '종교일반'이라는 추상적 전체를 지칭하게 된다.[8] 그러나 특정 단체를 지칭하거나 추상적 일반화를 의미하는 실체화된 명사적 개념은 인간이 갖는 인식적 허구에 불과하다. 오히려 종교라는 배타적이고 실체화된 관념으로의 왜곡은 여기에서 출발하고 있다. 이에 반해 '종교적'이라는 형용사는 어떤 실체를 지칭한다거나 특정 종교단체를 의미하지 않는다. 종교라는 말이 상호 배타적이고 단절된 형태의 교파나 교리를 의미한다면, 종교적이라는 말은 그러한 형식상의 경계를 넘어서 의식이 지향하는 궁극적인 상태를 의미한다고 볼 수 있다.[9]

---

8 Dewey, J., *A common faith*(New Haven : Yale university, 1969), pp.7-10.
9 베르그송은 배타적 인간의식의 특징을 설명하기 위해 고체적 사유와 액체적 사유라는 표현을 사용하였다. 인간의 지능은 본래가 모든 현상을 그 자체로 단절되고 분할 가능한 것으로 간주하려는 속성을 갖는다. 변화, 생성, 운동과 같은 것은 결코 분할 가능한 것이 아님에도 불구하고 이러한 것들을 다루고 조작하기 위해서는 고체와 같은 상태로 간주되어야만 한다. 마치 물이나 공기와 같은 것들은 자를 수 없는 것들임에도 불구하고 이들을 나누어 분석하려는 사유방식이 여기에 해당된다. 그러나 끊임없이 변화, 생성되는 사태들을 단절된 고체로서 인식하는 데는 한계를 가질 수밖에 없다. '지속적' 현상을 파악하기 위해서는 흐름으로서의 인식, 연속성으로 파악하려는 액체적 사유가 요구되는 것이다.
베르그송의 이러한 통찰은 본래 시간 인식에 대한 과학적 합리성의 한계를 지적한 것이다. 이를 단서로 언어의 통사적 구조에까지 적용시켜 본다면 종교 개념을 이해하는 데 보다 용이할 것으로 보인다. 언어에 있어서 품사적 기준으로 볼 때, 고체적 사유를 드러내는 것은 명사에 해당되고, 액체적 사유는 형용사나 동사를 의미한다고 볼 수 있다. 명사는 그 자체로서 경직된 실체로서의 의미를 갖는 반면, 형용사나 동사는 그 자체로 변화되고 움직이는 상태의 표현이다. 따라서 '종교'라는 명사적 속성의 경우도 고체적 사유의 전형적인 형태라고 할 수 있다.

이상의 의미에서 한 걸음 더 나아간다면 '종교인'과 '종교적 인간'은 분명히 구분될 수 있다. 종교인이 어떤 종교에 소속되어 해당 교리를 익히고 신앙심을 키워 나간다면, 종교적 인간은 특정 종교의 소속 여부와 상관없이 각 종교들이 추구하는 바를 스스로 내면화하고 실천해 나가는 인간이라 할 수 있을 것이다. 극단적으로 표현하면, '기독교인'이 매주 교회에 나가 교리를 익히고 기도하는 신앙인을 의미한다면 '기독교적 인간'은 교회를 나가거나 교리를 익히는 행위에 관계없이 이웃을 사랑하고 남을 돕는 인간일 것이다. 동일한 방식으로 '불교인'이 절에 다니며 불교를 신앙하는 사람이라면 '불교적 인간'은 그 소속집단에 관계 없이 자비를 베풀고 생명을 소중히 하는 인간이라고 볼 수 있다. 이처럼 종교라는 말이 배타적인 집단의식과 교리체계에 대한 귀속적 신앙을 의미하는 반면, 종교적이라는 말은 인간의 내적인 의식과 지향을 함축하게 된다. 그런 의미에서 우리의 종교적 삶에서는 배타적인 종교 개념에 따른 갈등이 거의 존재하지 않는다. 즉 유교가 중심적 전통으로 자리하고 있지만, 유교를 배타적으로 신앙한다거나 유교의 경전을 신봉하지는 않는다. 유교라는 개념 자체는 이러한 서구의 근대적 종교라는 개념에서 비껴있기 때문일 것이다. 계몽사상의 주지주의적 경향성을 반영하는 서구의 배타적이고 실체화된 종교의 개념으로는 동양적, 혹은 한국적 종교의 '종교적'인 상황을 도저히 설명할 수 없다. 그들에게는 유교신자이면서 불교신자이고, 유교적 전통을 따르면서 주말에 교회에 나가는 한국인들의 모습이 양립할 수 없는 모순적 행위로 간주된다.

그러나 종교인과 종교적 인간에 대한 구분을 이처럼 극단적인 이원적 구조화로 단정지을 수는 없을 것이다. 이 두 측면은 얼마든지 통합될 수 있고 보완될 수 있는 관계이다. 단지 종교교육적 차원에서 지향해야 인간관은 배타적 교리와 신앙에 입각한 종교인의 양성이 아니라 그러한 종교인마저 포용할 수 있는 종교적 인간이 되어야 할 것이다.

현실적 맥락에서 기성의 서구적 '종교' 개념을 완전히 폐기할 것을 합의하기란 쉽지 않다. 이미 종교라는 개념 속에 수많은 역사적 관념들이 축적되어 왔기 때문에 종교학의 영역에서 방편상으로 차용될 수밖에 없다. 문제는 이러한 근대적 의미의 종교내에서는 종교성[10] 개념이 올바로 자리할 수 없다는 데 있다. 근대적 종교 개념에서의 종교성은 곧 근대성을 의미할 뿐이다. 즉, 근대 종교학의 입장에서 각 종교들이 규정하는 인간성을 서로 단절된 독자적 의식으로 규정하는 것은 근대적 종교 개념으로부터 추출된 것이다. 기독교에서 궁극적인 것을 지향하는 인간본성으로서의 '영성'과 불교에서 인간 내면의 잠재능력으로서의 '불성'과 동학에서 인간의 무한한 가능성으로서의 '무궁성' 등은 종교성을 드러낸 개별적 사례들로 볼 수 있다. 그러나 근대 종교학의 영역에서는 이들이 발생적 연원과 맥락이 다르기 때문에 서로 다른 이념적 산물로서 간주된다. 이들을 비교하는 방향에 있어서도 '다름'을 전제한 동일성의 탐구에 있다.

교육학적 입장에서의 종교성[11]에 대한 접근은 그 출발점을 달리해야 한

---

[10] 본 연구에서 종교성은 인간 본연의 인격성이 시대와 문화에 따라 각기 다른 방식의 교리체계로 개별 종교들에 구현된 것을 의미한다. 기독교의 영성이나 불교의 불성은 인간 내면의 종교성이 특성화되어 드러난 사례로 볼 수 있다. 교육학적 입장에서 정초해야 할 종교성은 인간 본연의 내적 성향으로 간주되기 때문에 특정 종교의 교리나 종파적 산물이 될 수 없다. 현재 신문과 같은 매스컴에서 사용하는 종교성이라는 말은 반대로 '특정종교의 색채나 성향'을 의미한다. 예를 들어, "각 종교의 지도자들이 한자리에 모여 종교성을 배제하고 허심탄회하게 대화를 했다"는 식의 표현들은 완전히 다른 맥락에서 이해되어야 할 것이다.

[11] 종교성은 인지발달이나 도덕성 발달과 같은 '발달'의 개념으로 설명되어서는 안 된다. 현재 종교심리학에서 주로 다루고 있는 종교성은 주로 발달의 입장에서 설명되고 있다. 기본적으로 발달은 상위 레벨과 하위 레벨을 구분하는 종적인 위계의 방식을 취하고 있다. 즉, 하나 하나의 단계는 이전 단계보다 이후의 단계가 보다 더 높은 상위의 수준으로서, 이전의 것을 부정하거나 다른 차원으로 간주된다. 이전 혹은 그 아래 단계는 어떤 식으로든 단절되거나 절하된 상태로 부정될 수밖에 없다. 이러한 단계별, 혹은 종적 위계에 근거한 발달관은 근대적 학문관의 경향과 정확히 일치하고 있다.
그러나 종교성은 기존의 종적 위계에 근거한 획일적 발달관의 입장에서 상정된다면 종교성의 본질을 호도하게 된다. 종교성은 종적 위계나 서열에 근거한 인식의 발달이 될 수 없다.

다. 인간에 잠재해 있던 궁극적 가치로의 성향이 각기 다른 종교적 체계 내에서 촉발된 것으로 보아야 한다. 다시 말해 각 종교의 교리내에서 배타적 인간 본성을 구축했다는 것이 아니라, 인간 내면의 보편적 종교성이 각 종교들의 역사적·문화적 환경에서 독특하게 발휘된 형태라는 점이다. 영성이나 불성, 무궁성과 같은 것들은 궁극적으로 동일한 인간의식의 지향성을 의미하는 것이다. 이것은 '같음'을 전제한 차이성의 논의라는 점에 교육학적 의의가 있다.

3. 종교적 교육으로서의 종교성 함양

종교교육(religious education)은 일반적으로 종교의 교육(education of religion), 종교에 관한 교육(education about religion), 종교적 교육(religious

---

종교성의 함양은 끊임없이 인식의 질적 변환을 거치면서 확장되고 확대되어 나가는 것이기 때문에, 인식의 지평을 넓힌다는 의미에서 횡적인 수용 능력과 포용 능력의 신장이라고 볼 수 있다. 기존의 종적 위계에 근거한 인식의 편협한 발달관이 아닌, 궁극적 자아로 끊임없이 확장해 나가면서 본래의 의미로 수렴해가는 쌍방향적인 역동적 성향이라고 할 수 있다. 즉 종적 위계와 서열에 근거한 근대적 학문 패러다임에서, 횡적인 확장과 포용으로서 다양한 관점과 질적 층위들을 포섭한다는 인식의 전환을 요구하는 것이다.

기존의 발달관에 따르면 아동기는 그 자체로서 의미를 갖기보다는 이후에 발달이 요구되는, 극복되어야 하는 하나의 과정으로서 간주된다. 그러나 종교성 함양의 관점에서는 아동기를 발달의 과정이라기 보다는 종교성이 온전히 내재되어 구현되 있는 상태로 보고, 그것이 현현되기 위하여 차차 밖으로 번져 나가는, 혹은 적셔 나간다는 의미(涵養)로 보는 것이 적절할 것이다. 기독교에서 어린 아이의 마음과 같지 않으면 하늘나라에 들어갈 수 없다고 보았고, 불교에서는 깨달은 자의 얼굴은 동안(童顔)이라고 한 점을 보더라도, 모든 종교에서 동일하게 아동 혹은 아동기를 종교성이 이미 구현된 상태로 보고 있다. 이는 아동 그 자신에 종교성이 이미 내재되어 있음을 각각의 개별 종교들에서도 여실하게 드러내주는 동일한 사례일 것이다.

education)의 세 가지 형태로 구분될 수 있다.¹²

종교의 교육은 특정종교의 입장에서 교리체계의 전수와 신앙의 독려를 목적으로 이루어지는 교육이다. 주로 개별 종교집단이나 종립학교 내에서 시행되어 왔으므로 종파교육에 한정된 성격을 갖는다. 각 종교의 성립과 함께 해온 오랜 전통을 가지고 있기 때문에, 지금까지도 종교교육은 곧 종파교육이라는 인식이 강하다. 그러나 이러한 종파교육은 엄밀한 의미로 교육학적 관심의 일차적인 대상이라고 볼 수는 없다. 영어교육, 국어교육 등과 같은 교과교육을 지칭하듯이 특정 종교의 교리교육의 성격을 벗어날 수 없기 때문이다. 종교에 관한 교육은 개별종교들에 관한 지식교육을 의미한다. 종교에 관한 객관적 사실들을 교육시키는 것이므로 특정종교의 교리를 맹목적으로 주입하거나 전수하지는 않는다. 다분히 학문적 관심에 입각한 종교들에 관한 이해활동이므로 종교학 관련 내용이 중심이 된다. 이것 역시 종교교육에 대한 교육학 연구의 본질적 대상으로 보기는 어렵다.

종교적 교육¹³은 특정종교나 교리체계에 구애받지 않는 종교성의 함양에 목적을 둔다. 여기서 구애받지 않는다는 의미는 개별종교들의 교리들을 무조건 배척하는 것이 아님을 의미한다. 각각의 교리들은 모두 교육적 체계 안에 적극적으로 수용되어야 하며, 다양한 종교체험의 교육적인 사례들로서 계발되어야 한다.¹⁴ 종교교육과 종교적 교육이 반드시 양립할 수 없는

---

12 박선영, 「인격의 구조와 교육」, 한국종교교육학회 편, 『한국의 종교와 인격교육』(서울 : 아름다운 세상, 1998), pp.33-34.
13 일본은 종교적 교육을 종교적 정조(情操)교육이라고 표현하고 있다. 磯岡哲也, 「日本の宗教敎育における宗敎別比較」(서울 : 강남대학교 인문과학연구소), 『21세기 종교교육과 영성』 국제학술대회, 2001, p.41.
최근 소비자 교육과 동일한 취지에서 반사회적 교단이나 사이비 종교집단에 대한 면역성을 기르고 신비나 초능력 등에 현혹되지 않는 과학적 능력을 키우는 '종교에 대한 안전교육', 특정한 종교를 위험시하거나 차별하지 않는 '종교적 관용교육' 등의 필요성을 주장하는 경향도 보여진다. 물론 이들은 종교적 교육에 흡수될 수 있는 내용들이다.
14 박선영, 『불교와 교육』(서울 : 동국대학교역경원, 1982), pp.16-20.

것으로 이해되어서도 곤란하다. 특정 종단의 종교인 양성을 목적으로 하는 종교교육은 반드시 필요하다. 그러나 그것이 결국 종교적 교육으로 나아가지 못할 경우에는 편협하고 배타적인 맹목적 신앙인이 되는 것을 경계해야 한다는 점이다. 따라서 종교적 교육은 각기 다른 종교교육의 영역 중 하나라기 보다는 종교교육이 지향해야 할 기본조건이 되는 것이다.

  종교적 교육은 기존의 종교교육이 종파적 교리를 주입하거나 배타적 신앙을 강요해서는 안된다는 비판에서 출발해야 한다. 다른 한편으로는, 종교에 관한 지식교육이 중립적인 교육적 가치를 보장한다는 일방적인 오해도 해소시켜 나가야 한다. 종교에 대한 '신앙'을 종교에 대한 '지식'으로 대체하는 것은 최선의 교육적 대안이 될 수 없기 때문이다. 지식중심의 종교교육이 특정 종교에 대한 맹목적 주입을 막는 최소한의 소극적 노력일 수 있겠으나, 현재의 교육문제에 대한 총체적 반성으로 이어질 수 없다는 것이다. 자칫 지식중심의 학교교육의 폐단을 그대로 답습하는 일이 될 수 있다. 우리는 이미 학교에서 가르치는 도덕과목이 실제 생활의 도덕성 함양에 별다른 기여를 해오지 못한 것을 잘 알고 있다. 오히려 학교에서의 교과중심적 교육방식이 지식 내용과 실제 생활을 분리시키고, 앎과 삶을 단절시켜 왔다. 최근의 교육에 대한 대안적 반성들이 진정한 도덕교육의 실현을 위해서 도덕 과목이 폐지되어야 한다는 극단적 주장도 이러한 반성에서 기인한다.[15] 섬세하고 깊이 있는 성찰 없이 공교육에 종교교육 과목

---

[15] 도덕 교육이 중요하지 않아서가 아니라, 교육은 본질적으로 도덕 교육이기 때문에 인성교육은 모든 교과에 고루 스며들어 있어야 한다는 의미이다. 도덕성은 외부로부터 형성된 규칙을 통해 스며드는 것이 아니라 내부로부터 형성되는 것이다. 역사 교과의 경우도 단순한 사건이 연속 이상인 인간 존재와의 관련성 속에서 일깨워 주어야 함을 지적하고 있다. 즉, 객관성이 어떤 상황에서는 장점을 지닐 수도 있지만, 순수하게 객관적인 역사교육은 후일의 삶에서 세계에 대한 피상적 태도와 권태와 무관심을 낳는다. 기계적 암기에 의한 사실의 학습은 영혼을 파괴하므로, 교사는 열정을 지녀야 하며 담당 교과를 예술적으로 주조할 수 있는 능력이 있어야 한다. 박의수, 「홀리스틱교육과 슈타이너의 교육사상」(서울 : 한국 홀리

이 개설된다면, 도덕 과목과 같은 또 하나의 암기과목을 추가하는 오류를 낳게 될 것이다. 1924년 켐브리지 공동 강의 계획서에서는 "제대로 의도된 모든 교육은 종교교육이다"라고 밝히고 있다. 이는 교육에서 이루어지는 모든 것이 삶의 종교적 시각과 직결된다는 총체적 패러다임이라고 할 수 있다.[16] 그런 의미에서 종교적이라는 개념은 앞에서 밝혔듯이 기성의 근대적 종교개념으로부터 해방될 때, 다양한 교육적 영역으로의 접근이 가능해진다. 종교적 도덕교육, 종교적 윤리교육은 물론이고 각 교과교육에서의 종교적 접근이 이루어질 수 있다. 지금까지 간과되어온 물음들, 즉 영어를 통해, 수학을 통해, 생물이라는 교과들을 통해 궁극적으로 지향하고자 하는 것이 무엇인지, 그러한 과정들을 수행하는데 요구되는 태도들은 어떠해야 하는지를 물어야 하는 시점에 온 것이다.[17] 종교적이라는 말에서도 의미하듯이 이것은 특정교과의 내용이나 체계가 아닌 종교적 인식에 따른 교수법과 교육관에 관계된 것이기 때문이다.

결론적으로, 종파교육이 종교집단에서의 관심이고 종교에 관한 교육이 종교학적 연구 영역이라면, 종교적 교육은 이 두 영역들을 포괄하는 교육학적 접근이 될 것이다. 즉, 교육학적 접근으로서의 종교적 교육은 종파적 교리주입과 근대적 지식 교육에 대한 한계를 인식하고 극복해 나가려는 시도가 되어야 한다. 그러나 종교와 교육이 불가분의 관계인 것을 상식적

스틱교육 실천학회, 『홀리스틱 교육 연구』 제5집(제2호), 2001), p.184.
16 박의수, 위의 책, p.47.
17 각 교과교육의 정당성은 대부분 형식도야설에 기반하고 있다. 언어교육이 단지 내용의 습득에 있는 것이 아니라 암기 능력이라는 마음의 형식을 기르는데 있고, 수학교육이 수학문제를 푸는 데 그치지 않고 추리력과 논리적 사고를 길러줄 수 있다는 것이다. 이러한 교과 교육의 정당화를 위한 전제는 이미 숱한 비판을 받으면서도 여전히 암묵적 지지를 받고 있다. 그러나 형식도야에 대한 비판을 넘어서 보다 궁극적이고 본질적인 교육의 지향으로 한 걸음 더 나아가려면 그러한 암기능력, 추리력들이 도대체 왜, 무엇을 위해 길러져야 하는가를 한번 더 묻지 않을 수 없다. 종교적 교육의 과제는 바로 이러한 근본적인 고민 속에서 출발되어야 한다.

차원에서 누구나 공감하면서도, 교육학적 관점에서 정립하려는 시도는 거의 없다. 종교성을 새롭게 규정하고, 종교적 인간상을 정립하는 것은 여전히 종교적 교육에 대한 교육학적 과제로 남아 있다.

4. 교육종교학 성립의 필요성

근대 종교학적 입장은 종교교육이 종교와 종교과목이라는 정해진 대상에 대한 이해라고 보는 점이다. 앞서 밝혔듯이 종교교육이 특정교과에 대한 교과교육적 성격으로 오해되기 쉬운 부분이 여기에 있다. 종교적 교육은 특정한 종교, 특정한 교과에서 뿐만이 아니라 모든 교과, 모든 대상에 대한 종교적 이해 방식을 포함해야 한다. 그렇다고 종교적 이해 방식이 어떤 구조화된 틀로써의 인식은 아니다. 오히려 자각과 회심을 통해 계발되고 창조되어야 할 구성적 인식이라고 할 수 있다.

윌리암 블레이크(William Blake : "Auguries of Innocence")의 시는 종교교육적 정조를 잘 반영하고 있다.[18]

한 줌의 모래에서	To see a World
세상을 보고	in a Grain of Sand,
들꽃에서 천국을.	And a Heaven in a Wild Flower.
그대의 손바닥 안에	Hold Infinity

---

[18] 이숙종, 「인간교육에서 영성교육의 중요성」(서울 : 강남대학교 인문과학연구소, 『21세기 종교교육과 영성』, 국제학술대회, 2001), p.89 재인용.

무한을 담고   in the palm of your hand,
시간 속에 영원을.   And Eternity in an hour.

　이 간략한 몇 줄에서 유한성을 통해 무한성으로 나아가는 인간의 지향성을 느낄 수 있다. 또한 종교적 인식이 이성적 인식과 어떻게 다른지를 잘 드러내 주고 있다. 이성적 인식이 사물과 현상을 지식이라는 구조 속에 가두는 행위라면, 종교적 인식은 일상 속에서 그 자체로서 신비를 느끼면서, 한계에 처한 자신을 더 큰 존재로 이끄는 자각이 될 것이다.
　일상의 신비를 자각하는 일은 '신비주의'에 빠지는 것과는 다르다. 작은 것에서 내면의 큰 것을 발견하고, 보이는 것에서 보이지 않는 것을 느끼는 것이며, 현재의 세계관에서 더 확장된 세계관으로의 전환을 일으키는 과정이다. 따라서 허황된 것을 쫓거나 특수한 현상에 고착되는 것은 오히려 일상적 신비와 정반대의 왜곡된 허위의식이다.
　교수방식에 있어서도 일상적 신비의 자각과 새로운 세계관으로의 전환은 기존의 근대적 방식 속에서 이루어질 수 없는 부분들이다. 근대적 지식관에 근거한 언어는 주로 설명이나 해설을 통하여 전달된다. 설명과 해설은 대상에 대한 명제적 지식만을 전달할 뿐 그것을 느끼는 주체로서의 이해나 자각을 유발하지 못한다. 즉, 그 사물에 대한 자의적인 규정일 뿐, 그 자체의 창조적 인식과 그것을 대하는 인간의 감정, 느낌, 상상력, 유대감 등을 완전히 차단시키는 행위가 되기 때문이다. 따라서 근대적 교수를 탈피하고자 하는 교수방식은 설명이나 해설을 통한 폐쇄적 방식이 아닌, 지금까지 간과되어온 '은유'나 '이야기'에 더 큰 비중을 둘 수밖에 없다.[19] 은유를 통해 다양한 의미영역을 창조해내고, 이야기를 통해 자유로운 상상

19　William E. Doll, Jr., *A post-modern Perspective on Curriculum*, 김복영 역, 『교육과정과 포스트모더니즘의 시각』(서울 : 교육과학사, 1997), p.186.

력을 발현하는 것이다. 이는 근대의 표상적 인식론에서 생성적 인식론으로의 계발을 의미하며, 실증주의적 인식론이 아닌 해석학적 인식론으로의 전환을 의미한다. 근대적 언어의 인식방식이 대상세계에 대한 고정, 불변, 질서, 법칙화를 추구했다면, 새로운 시대에는 유희, 역설, 복잡, 불확정성 등으로 대체될 것이다.

그렇다면 이러한 종교적 교수방식을 통해 지향하는 '종교적 인간상'은 어떠해야 하는가를 살펴볼 필요가 있다. 교육학적인 면에서 '종교적 인간상'이란 구체적으로 '종교적으로 교육된 인간'을 말한다. 특정화된 인간상을 상정하는 것이 종교적 교육의 본래적 취지를 거스르지만, 그 방향 설정에 대한 논의는 나름대로 의미가 있을 것이다. 그런 의미에서 홀리(R. Holley)는 종교적으로 교육된 인간의 의미를 잘 표현하고 있다.

> 1. 종교적으로 교육을 받은 사람은 필요한 경우에 영적 통찰력을 발휘할 수 있고, 또한 종교 현상을 학문적으로 이해하고 있는 사람이기도 하다. …… 종교적으로 교육을 받은 사람은 인간의 영적 측면을 알고 있는 사람이다. …… 그리고 인격적인 완성은 물질적 소유, 학문적인 성취, 사회적 지위의 향상이나 정치적 출세와 관련이 있는 것이 아니고, 존재론적 가치에 애착을 가질 때에만이 이루어질 수 있는 영적 성숙이나 발달과 관련이 있다는 것을 깨달은 사람이다.[20]

홀리는 종교적 이해를 모든 사고 방식을 통합시킬 수 있는 통찰력으로 본다. 또한 삶의 영적인 측면을 모두가 공감하고 있기 때문에 종교교육은 사람들간의 의사소통 수단이라고 밝히고 있다. 따라서 그가 의미하는 종

---

20 Sealey, J., *Religious Education : Philosophical perspectives*, 강돈구 · 박진원 역, 『종교교육이론』(서울 : 서광사, 1992), p.77.

교교육은 교육의 한 측면이 아니라, 교육의 근원적 바탕인 동시에 궁극적인 인간가치를 지향하는 힘으로 보는 것이다. 이러한 종교적 인간관은 근대적 패러다임 속의 인간상과 대조를 이룬다. 근대적 합리주의는 교육에서 객관적·지적 업적만을 중요시함으로써 인간의 내면적·주관적·정신적·영적 존재로서의 존재의식이 결여되어 있다. 물론 피상적인 인간존중이라든가 이성적 존재로서의 존엄성, 인간의 권리의식도 고양시키긴 했지만, 자연과 우주, 그리고 다차원적 실재의 근원적 연관을 가진 영적 존재로서의 인식은 결여되었다. 교육에서는 문제해결능력으로써의 사고력만 강조되었을 뿐 경이감, 신비, 우주적 연관성에서 묵상이나 명상과 같은 것은 관심 외적인 것으로 제외되었다. 이러한 근대적 인간의 모습은 단순한 패러다임으로 그치는 것이 아니라 교육을 보는 시각, 신념체계, 사고방식으로 모든 교육연구와 교육정책, 그리고 크고 작은 교육실천에 침투됨으로써 협소한 교육경험 세계를 정당화 해온 것이다.[21]

종교적 인간의 양성은 현대에 우리가 직면하고 있는 공동체적·국가적·국제적 차원의 종교문제에 있어서도 반드시 필요한 조건이다. 종교다원사회에서는 종교를 문화로 환원시켜 이해하려는 문화적 이해 활동과 함께 내면의 실존적·정신적 자각을 환기시키는 교육적 노력이 우선되어야 하리라 본다. 이를 위해 종교교육학이라는 용어가 교육종교학이라는 용어로 전환되어야 할 것으로 보인다. 종교교육은 여전히 기독교 교육, 불교 교육 등과 같은 특정 종교 집단에서의 교리학습을 의미하는 것으로 인식되기 때문이다. 마치 영어교육, 수학교육 등과 같은 특정 교과의 교수체계를 일컫는 것에 비견된다.[22] 이러한 이해를 단순한 선입견의 문제로 치부

---

21 한명희, 「한국의 교육적 인간상, 그 실체는 무엇인가?」, 서울 : 한국가톨릭언론인협의회, 『제2회 가톨릭 포럼』, 2001, pp.16-17.
22 과거에 교육학을 전공한다고 하면 타전공자들로부터 반드시 돌아오는 질문이 '무슨 교육학이냐'는 것이었다. 근래에 종교교육을 연구한다고 하면 필연적으로 돌아오는 질문이 '무

할 수 없는 것은 지금까지의 연구가 교육학적 입장에서 종교에 접근했다기 보다는, 개별종교들의 포교나 선교 활동에 교육이 기능해온 것을 그대로 답습해 왔기 때문이다. 이것은 종교를 지식화된 교리의 축적된 실체로 간주하고, 이를 전수하는 것이 교육이라는 근대적 사유의 오류에 지나지 않는다. 교육적 관점에서 종교현상에 접근하고 교육현상을 종교적 입장에서 해명하는 것이 모두 교육학의 과제로 보아야 한다면, 종교교육이라는 용어는 과감하게 폐기될 수 있어야 할 것이다.

교육종교학은 종교현상에 대한 교육학적 접근과 교육현상에 대한 종교학적 접근이 쌍방향적으로 소통하면서 구성되어야 한다. '종교란 무엇인가'라는 물음은 앞에서 이미 지적했듯이 일차적 논의 대상이라고는 볼 수 없다. 오히려 '종교란 어떠해야 하는가'라는 물음을 끊임없이 반추해 내는 작업이 될 것이다. 교육적 물음은 궁극적으로 가치론적 물음을 지향할 수밖에 없기 때문이다.

5. 맺음말

근대적 주체로서의 이성은 자기 아닌 모든 것을 대상화하고 수단화시키면서 스스로를 합리화한다. 모든 것을 양화시키고 조작하여 축적하려는 이성의 활동은 끊임없이 자기증식을 정당화하는 자본의 논리를 닮아 있

슨 종교냐는 것이다. 이는 교육학을 마치 교과교육의 일부로 인식하는 일반적 오해와 마찬가지로, 종교교육을 종교에 귀속된 것으로 단정하는 일반화된 인식의 단편적 예에 불과하다.

다. 이러한 이성의 산물로서의 지식은 그 자체로서 가치중립적일 수 없고 인간중심적인 지배욕과 소유욕으로부터 자유로울 수도 없다. 정확히 말하면 근대의 이성은 인간 보편의 이성이라고 볼 수 없다. 그 이면에는 동양인을 대상화하는 서구인의 이성이며, 유색인을 주변화하는 백인의 이성이며, 약자에 대한 억압을 정당화하는 강자의 이성이 자리하고 있다. 교육은 편협한 이성에 기반한 지식의 양적 축적을 합리화하고, 그러한 축적이 다음 단계로 넘어갈 수 있는 절대적 과정임을 끊임없이 주입해온 도구인 것이다. 종교교육의 교육학적 과제는 근대적 지식교육에 대한 문제의식을 지속적으로 환기시키는 데서 시작된다. 종교성의 함양 역시 이성이 갖는 '나'라는 배타적이고 이기적인 속성에서 벗어나 '우리'라는 공동체적이고 상호관련적 인식으로의 전환에서 출발한다. 그러나 종교성이 이성과 양립할 수 없는 배타적인 인간 성향으로 오해되어서는 곤란하다. 마치 이성이라는 실체가 인간본성에 존재하듯이 또다른 종교성의 실체를 상정한다면, 인간의식의 분열을 인정하는 동시에 불완전한 인간성이 추가될 뿐이다. 즉, 이성은 자기 긍정의 전제하에 자기 확장을 정당화한다. 이성이 갖는 특성 중 하나인 반성적 사고 역시, 자기 긍정을 위한 반성일 뿐, 통렬한 자기 부정과 버림을 전제한 반성은 될 수 없다. 따라서 종교성의 자각은 이러한 이성이 철저히 자기를 부정하고 자기를 버릴 수 있을 때 비로소 생성되는 통합적이고 궁극적인 가치지향성의 자각이다. 이성의 불완전한 성향이 각성의 계기를 통해 인격적 전환을 일으키는 총체적 인간성으로의 회심回心을 의미하는 것이다. 종교교육은 각 종교들에서 추출된 교육적 함의들을 교육적 체계 내에서 가르치는 실천행위이다. 동시에 교육학적 관점에서 현재의 종교에 대한 문제들을 지속적으로 환기시켜 주어야 할 책무를 갖는다. '종교란 무엇인가'라는 질문에서 '종교란 어떠해야 하는가'라는 질문으로 나아갈 수 있는 비전을 제시하는 일이 그 하나일 것이다.

이상의 논의들을 정리하면서 후속되어야 할 연구과제는 다음과 같다.

첫째, 개별종교들에서 나타나는 종교성들, 예를 들어 기독교에서의 '영성', 불교에서의 '불성', 동학에서의 '무궁성' 등과 같은 인간의 본성을 규정하는 종교성의 방식들이 어떻게 인격적으로 수용될 수 있는가에 대한 교육학적 해명이 요구된다. 앞서 언급했듯이 종교성은 인간의식에 내재한 성향이면서 궁극적으로 지향해야 할 교육적 가치이다. 따라서, 개별 종교들에서 종교성을 정의하는 방식이 어떠한 차이를 가지며, 어떠한 범주에서 통합될 수 있는가를 교육학적 관심으로 포섭해야 할 것이다.

둘째로 종교적 경험을 교육적 경험으로 통합시켜내는 이론적 체계화가 요구된다. 일상적으로 의미하는 '교육적'이라는 말은 주로 '지식적'이거나, '교훈적'인 것을 의미할 정도로 편협한 근대적 가치를 반영하고 있다. 교육적 경험은 다양한 경험들을 통합하고 정리해내는 이론적 토대가 이루어져야 그 영역을 확장해 갈 수 있다. 종교적 경험과 밀접한 관련이 있는 도덕적 경험, 미적 경험들 역시 교육적 경험과의 관련 속에서 논의되어야 할 영역들이다.

끝으로 종교교육이 공교육에서 구현되기에는 적지 않은 어려움이 따른다. 즉, 공교육의 효율적 운영상 모든 교육은 교과를 중심으로 운영될 수밖에 없기 때문에, 종교교육이 교과에 의존하는 한 기존의 교과중심적 지식교육의 한계를 벗어날 수 없다. 종교교육이 인간의 궁극적 종교성의 발현을 목적으로 한다면 교과의 이해를 넘어선 실존적 자각을 이끌어 낼 수 있어야 한다. 이는 교과를 통한 이해와 더불어 교사의 교수법에 따른 깨우침을 무엇보다 필요로 하는 부분이다. 따라서 종교교육 목적 달성을 위한 교과의 구성, 교수의 설계, 교사관의 확립 등과 같은 실질적인 계획들이 구체적이고 종합적으로 구안되어야 한다. 체제중심의 과학적 인식론을 극복하는 것이 종교교육의 본질임에도 불구하고, 체제화된 교과나 교수법이 개발되어야 하는 교육현실적 모순을 어느 정도 감내하지 않으면 안될 것이다.

제2부

종교, 문화, 교육을 논하다

제1장	유교의례와 생명윤리	이희재
제2장	풍류신학과 한국적 기독교 종교교육의 형성	손원영
제3장	동학의 한울사상과 심경三敬의 교육문화	정혜정
제4장	훈습熏習의 기능에 대한 교육적 탐색	이지중
제5장	불교오계와 지구윤리 교육	김용표
제6장	손에 손잡고 벽을 넘어서	김도공
제7장	유교와 불교 태교관胎敎觀의 교육적 의미	예철해

제1장
유교의례와 생명윤리

1. 지구화시대의 유교와 생명존중 정신

세계는 점점 지구촌으로 좁혀지고 있고, 특정한 한 문화권에 국한되거나 특정 종교의 가치가 아닌 지구적 보편 윤리를 모색하고 있다. 이런 시점에 유교 의례를 가지고 지구 보편윤리에 접근한다는 것은 다소 무리한 발상이라 지적될 수 있을 것이다. 그러나 오늘날 인류에게 제기된 여러 가지 생명윤리의 문제들에 있어서, 인간생명의 중시를 근본정신으로 삼고 있는 유교를 통해, 그 생명의 규정이 비단 인간뿐만 아니라 모든 생태계의 생명체에도 어떻게 적용되는지 파악하는 것은 종교의 보편적 가치를 다룸에 있어 매우 의미있는 논의라 할 수 있다. 이것을 위해 한국의 유교의례에서 나타난 생명에 대한 관점이 무엇인가를 살펴보고, 거기에 나타난 지구윤리의 보편가치를 재조명해 보고자 한다.

생명윤리(Bioethics)는 1970년 미국의 생물학자이자 암 연구가인 포터(Van Rensselaer Potter)가 최초로 사용하였는데, 그는 인류 생존과 지구환경의 위기에 어떻게 대처하느냐 하는 문제를 포함한 생명 일반에 관계되는 윤리학적인 문제 설정에서 출발했다.[1] 현재는 최초의 의도와는 달리 의료에 있어서의 윤리문제로 한정된 느낌을 주지만, 애초에는 '지구환경윤리'의 일종으로서의 생명윤리를 다루었던 것이다. 포터가 사용했던 생명윤리는 지구 환경의 위기를 극복하여 인류가 살아남기 위한 과학의 의미였음을 상기할 필요가 있다.

---

1 강손근, 「생명윤리학의 성립과 그 역사적 배경」, 『대동철학』 15집, 2001, p.135 참조.

2. 유교와 유교의례

유교는 인仁을 근본정신으로 하는 공자의 가르침에서 출발하지만, 점차 국가통치의 이데올로기적 기능을 하게 된다. 다시 말해서 천인합일天人合一의 원리는 인간사회에서 봉건적 종법宗法질서의 원리로 응용되는데 이때 천天을 대변하는 자가 중국의 황제가 되고, 황제는 그의 권력의 근원으로서의 천天에 의례를 거행하며, 제후국은 종묘宗廟와 사직社稷에 의례를 거행하고 그리고 서민들은 그들의 조상에 의례를 거행하는 일대 예치禮治의 시스템을 확립하게 된다. 그리고 공자도 또한 인간 공자가 아닌 예법질서의 중심에 있는 '대성지성문선왕大成至聖文宣王'으로 문묘文廟에서 숭앙받는 제사의 대상으로 격상하였다. 공자는 황제도 경배해야 하는 존재로 신격화된 것이다. 이것은 공자의 본 뜻과는 무관하게 유교는 여러 가지 의례를 통해서 사회질서를 유지하는 이데올로기로 그 영향력을 발휘했던 것이다.

유교에 있어서 의례는 사실 유교를 구성하는 핵심적 요소다. 의례의 근원이 되는 '마땅함(宜)'이란 바로 유교의 근본 원리인 천리天理에 근거하는 것이며, 의례의 형식이 되는 절節은 이 천리를 인간 몸의 형식으로 구현한 것으로 중요한 의미를 갖는다.[2] 또한 의례는 개인이 혼자서 행하는 것만이 아니라, 사회구성원들이 공통적으로 행하는 것이기 때문에, 의례를 통해서 사람들은 다시 공동체의 정신을 유지하고 회복하기도 하였다.[3] 공동체의 공유인 만큼, 의례의 형식과 절차는 공동체의 변화에 따라 변할 수 있는 것으로 볼 수 있다. 따라서 오랜 세월 우리 한국의 전통사회에서 수행

---

2 금장태, 『유교의 사상과 의례』(서울 : 예문서원), p.205 참조.
3 이은선, 「유교적 몸의 修行과 페미니즘」, 『유교와 페미니즘』, 한국유교학회(서울 : 철학과 현실), p.127.

된 유교의례 속에 공동체의 성원들이 추구했던 삶의 원리가 배어 있는 것은 당연하다고 할 것이다.

1) 국가의례

유교의례의 전통적인 분류체제를 보면 제사 대상을 크게 천天·지地·인人으로 분류할 수 있다. 최고의 존재는 천天으로 중국의 황제만이 천단天壇에서 하늘에 제사를 올릴 수 있었다. 물론 일반인도 하늘과 별을 비롯하여 하늘에서 일어난다고 생각한 바람, 구름, 비 등을 천신天神으로 하여 숭앙할 수 있지만, 종법적 질서하에서는 황제만이 천天에 대한 공식적 의례를 거행할 수 있었다. 제후국의 국왕은 땅과 산천 등을 지지地祇로 하여 의례를 거행하고 일반인은 자신의 조상들인 인귀人鬼를 의례의 대상으로 했다.

조선왕조 때의 우리나라의 유교적 국가의례는 토지신과 곡식신을 모시는 제사직의祭社稷儀, 선왕의 신위를 모시는 향종묘의享宗廟儀가 중심에 있었고, 그 밖에 풍운뢰우風雲雷雨와 산천 및 성황을 모시는 사풍운뢰우祀風雲雷雨, 성황의城隍儀, 사영성의祀靈星儀, 제악해독의祭岳海瀆儀, 향선농의享先農儀, 향선잠의享先蠶儀 등이 있었다.

가장 중요한 유교의례로는 문선왕文宣王 공자를 모시는 석전의釋奠儀를 들 수 있다. 서울에는 성균관에서, 지방은 향교에서 이루어지는 이 의례는 공자 이하 10철十哲 72현七十二賢을 모신 대성전大成殿에서 이루어진다. 이런 향사享祀 기능과 유생에 대한 교육기능을 가진 향교는 지방관학의 중심기관으로 인재를 육성했다. 향교는 조선 성종 17년(1488)까지는 전국에 일읍일교一邑一校의 제제를 갖추게 되었다.

'문묘文廟'라고 하는 제사 영역을 갖추고 있는 이 공간에는 왕이라 할지라도 향교 앞을 행차할 경우에는 말에서 내려야 하며, 감사가 군, 현을 순

방할 때 혹은 수령이 새로운 근무지에 도착했을 때 반드시 문묘참배를 해야만 했다. 뿐만 아니라 지방관은 석전제 때에 초헌관으로 참례했다. 향교에서는 춘추의 석전과 삭망분향의 향사享祀를 통한 교화의 기능을 수행했으며, 유가적 규범을 보급했던 중요한 의례였다. 지금도 석전은 수행되고 있으나 국가적 의례라고는 볼 순 없다.

문묘에 향사되는 공자 이하의 위차位次는 고려조의 국자감과 향학에서 시행되는 것을 이었다. 대성전의 정위正位에는 '대성지성문선왕大成至聖文宣王'을 봉안하고 안자·증자·자사자·맹자 등 사성四聖을 배향하였으며 10철과 주돈이·정호·정이·소옹·장재·주희 등 제현을 종향하였고, 동·서무에는 70자를 비롯한 역대 유현儒賢 110위를 종사했다. 그 중 동국의 18현 중 정몽주 이하 15현은 조선조에 들어와서 유림들의 상소에 의해 동·서무에 종향되었다.

서울의 백악산 아래 경복궁을 중심으로 좌우에 종묘와 사직이 있으며, 성균관에 문묘가 있다. 조선시대에는 국가를 상징하는 사직과 왕조의 정통성을 나타내는 종묘는 그리고 유교의례인 문묘가 최고의 지위를 차지하고 있었던 유교의 국가의례라고 할 수 있다.

2) 가례家禮

국가의례는 천天과 종묘사직宗廟社稷 등이 대상이 되지만, 가정에서의 유교적 의례는 관혼상제冠婚喪祭라고 할 수 있다. 이것은 통과의례로 관례는 성인의례이고 혼례는 결혼의례이며 상례는 죽음의 의례이고 제례는 추도의례이다. 동서고금을 막론하고 인간사회의 어느 곳에서나 있는 의례이며, 그 의례 속에는 인간과 그 사회의 가치관이 내포되어 있다. 그래서 역사가 바뀌어 지면 의례도 변모하는 것이며, 지금도 계속변화의 과정 속에 있다.

　유교의례는 국가의례이건 가례이건 유교만의 가치관이 담긴 것은 아니다. 유교의례는 『주자가례』 등에 의해 정착화 하려고 노력했지만 조선 중기 때까지도 미흡했고, 그전에 형성되었던 민간신앙과 불교적 의례와 혼용되어 왔다.

　그러나 조선 후기에는 점차 예학禮學이 발달하면서 제례와 상례 등이 단순한 개인의 선택이 아닌 사회규범으로 공동체 통합의 의례로 강조되었다. 중종 때까지 정착화 되지 못한 가례家禮들이 점차 사대부를 중심으로 수행되었고, 서민들은 그런 의례를 거부할 수 없었다. 그럼에도 여전히 의례는 순수한 유교의례만은 아니었다. 그 이유는 유교는 종교적인 초월신이나 저승의 개념이 불분명하기 때문에 부지불식간에 기존의 의례를 차용하지 않으면 안되었던 것이기는 하지만, 기본바탕의 가치관은 유교에 바탕을 두어 온 것이므로 유교의례라고 지칭하는 것이다.

　그동안 우리나라에서는 조선시대 예송 등으로 점철된 의례논쟁으로 인해 유교의례를 낡은 가치체계나 봉건적 이데올로기가 함의된 것으로 간주하고 이에 대한 연구도 소홀했다. 유교적 의례와 절차 속에 무엇이 있는가를 해석하려는 노력이 부족했으며, 그 의의가 간과되고 무시되어 왔다.

3. 유교의례에서 본 생명관

1) 인간중심의 생명관

　동서고금을 막론하고 무고한 인명을 살해하는 것은 전쟁일 것이다. 유교는 원칙적으로 전쟁을 인명에 대한 막대한 재앙으로 경고하고, 생명을 죽이는 것은 우주적 원리에 배반하는 것이라고 하는 입장이다.

군대를 일으킨다면 반드시 하늘의 재앙이 있을 것이다. 전쟁이 일어난다면 할 수 없이 이것을 막겠지만 전쟁이 일어나지 않는 이상 스스로 시작해서는 안 된다. 천지인天地人의 도는 생육生育을 위주로 한다. 전쟁은 만물의 생육을 방지하고 이것을 죽인다. 이것은 천지인의 대도에 어긋나는 것이다. 하늘의 재앙을 받는 것도 마땅하다. 그렇기 때문에 군사를 일으켜서 하늘의 도리를 변하는 일이 없어야 하고 땅의 도리를 끊는 일이 없어야 하며 사람의 기강을 어지럽히는 일이 없어야 한다.[4]

원시유교의 핵심은 인仁이고 이 인은 인간성이자 인간애이며, 인간에게만 국한된 가치가 아니라 동물을 비롯한 여타의 생태환경에 대해서도 적용할 수 있는 생명존중의 가르침이다. 이러한 인仁의 실현은 가족으로부터 시작되어 인류에 이르는 것이기 때문에 유교에서는 가족의 가치를 그 어떤 가치보다 우선적으로 본다. 나라고 하는 개인보다는 가족공동체 속의 구성원으로서의 '우리'가 고려되어야 할 대상이다. 물론 여기에서 인仁이 가족에만 머무는 것이 아니라 결국 '수신제가'修身齊家를 바탕으로 '치국평천하'治國平天下로 나아가는 지구윤리적 차원임은 물론이다.

그러나 최고의 이상이 평천하 곧 인류라고 하는 차원이라고 할지라도, 가정을 바탕으로 하지 않으면 안 되기 때문에 한 가정의 출발이 되는 결혼의 의례를 중시했다. 여기에서 결혼적령기가 될 때 관례와 혼례의 의례가 있다. 관례와 혼례는 성인으로서 가정을 가지게 하려는 통과의례인데, 결혼의 목적 가운데 가장 큰 목적은 출산이다. 출산은 생명의 탄생을 말하

---

[4] 『예기』, 「月令」, '稱兵必天殃 兵戎不起 不可從我始 毋變天之道 毋絶地之理 毋亂人之紀 故毋儀 先於父訓 慈敎 嚴於義方.'

고, 적법한 절차를 통한 인명의 탄생은 가족공동체에 있어서는 생명의 영속을 의미했다.

이혼을 고려하지 않은 것을 원칙으로 했지만, 아이를 출산하지 못하는 아내는 결혼의 목적을 달성하지 못했기 때문에 이혼의 대상이 될 수 있었다. 여기에서 가문을 잇는 사람은 남자이기 때문에 여성 차별이 있었던 것을 부인할 수 없고, 오늘날까지도 한국인의 낙태의 원인 가운데 태아가 딸일 경우 임신중절을 시도하는 경우가 있다. 그러나 유교의 입장은 출산을 제한하기 위한 낙태는 살인과 같은 것으로 그 원인을 아들 선호사상, 혹은 유교의 탓으로 돌리는 것은 무리다.[5]

혼례의 가장 중요한 목적을 출산에 두고 있다는 것은, 한 개인의 생명이 단지 자신의 것이 아니라 조상 대대로 면면히 이어온 공동체의 생명체로서 의의를 가진다. 자신의 조상은 바로 자신의 생명의 원천으로 귀중한 의례의 대상이 된다. 자신의 생명을 이어주었고 자신은 후손으로 번성해 가는 생명의 연속선상에 있는 것이다. 조상은 생명의 뿌리로서 소중하게 받들어지는 것이 마땅하다. 그러므로 제례에 있어서 조상의 존중은 바로 자기 생명에 대한 경외이며 존중인 것이다.

유교에 있어서 인간이 생명을 가치 있고 긍정할 만한 것으로 여긴다는 증거는, 그 생명을 자신에게 부여해 준 부모와 조상에게 감사하는 것에서

---

[5] 김영진의 「유전공학과 도덕적 문제」, 『생명의료윤리』(구영모 편)(서울 : 동녘, 1999), pp.166-167 참조.
그러나 유교의 입장은 태아를 인명으로 간주하고 있고, 이미 태아도 교육의 대상으로 삼기 때문에 태교로부터 인간교육은 시작된다. "아버지는 하늘이고, 어머니는 땅이다. 하늘 곧 아버지는 정기를 베풀고 땅 곧 어머니는 몸을 낳는데, 자녀의 골기 곧 뼈대는 아버지를 닮고, 성기(性氣) 곧 성품은 어머니를 닮는다. 옛날에 현명한 여자는 임신하였을 때 태교하는 방도를 반드시 삼갔다. 그러므로 어머니의 용의는 아버지의 훈계보다 먼저이고, 어머니의 인자한 가르침은 아버지의 올바른 교훈보다 엄격하였다.(『女四書』,「女範」, '父天母地 天施地生 骨氣像父 性氣像母 上古賢明之女 有娠 胎敎之方 必愼') 이처럼 남자의 정기와 여자의 몸으로 인명이 탄생하고, 그 탄생은 아직은 세상에 나오지 않은 태아도 해당되는 것이다.

쉽게 찾을 수 있다.⁶ 바로 그런 감사의 의례가 제사인 것이다. 생명의 근원인 조상에 대한 제례는 유교의례에서 핵심적인 것이다.

2) 음식과 희생으로서의 동물

유교의 인은 모든 생명존재에 미치기보다는 인간을 중심으로 하는 경향이 뚜렷하다. 우선은 제사의례의 희생이 그 점을 잘 보여준다.

> 자공이 새 달을 고하는 데 희생으로 바치는 양을 없애려 하자, 공자께서 말씀하시기를, "자야, 너는 그 양을 아끼는가. 나는 그 예를 아낀다"라고 하였다.⁷

석전제나 사직제에서는 혈제라고 하여 익히지 않은 날고기를 공양한다. 이런 점에서 볼 때 유교의 생명관은 우선 인간의 생명을 가장 가치 있는 것으로 보고 동·식물은 그 자체로 보다는 인간을 위해 존재하는 것으로 보는 경향이 있다.

> 마굿간이 불탔거늘 공자께서 조정에서 물러 나오셔서 물으시기를, "사람이 상했느냐" 하시고 말에 대해서는 묻지 않으셨다.⁸

이런 인용문은 공자의 생명존중의 관심이 동물에까지 미치지 않는 것을 말한다. 속으로는 말의 안위에 대해 걱정을 했는지의 여부는 알 수 없지만

---

6 배종호, 「유교의 死生觀」, 『공자사상과 현대』(思社硏, 1990). 여기서 성선설이 성립되며, 복을 비는 기도와는 차원이 다르다고 함.
7 『논어』, 「팔일」 '子貢欲去告朔之餼羊 子曰 賜也 爾愛其羊 我愛其禮.'
8 『논어』, 「향당」 '廐焚 子退朝曰 傷人乎 不問馬.'

말의 생명에 대해서는 표현하지 않고 있다. 마굿간에 불이 났으면 응당 말의 생명도 물어야 할텐데 말에 대해서 묻지 않았다는 것은 동물을 결코 인간과 동렬에 두지 않는 것을 암시하고 있다. 그러나 유교의례에서 보자면 유교의 생명은 주로 우선은 인명에 해당하는 것이지, 동물에게까지는 해당되는 것은 아니다.

유교의례에서는 음식을 공양하는 것을 중시하는데, 제례에서 올리는 고기는 하늘을 상징하는 날개 달린 고기(羽), 땅에서 사는 고기(毛), 그리고 물에서 사는 고기(鱗)를 올려야 비로소 제사의 격식에 맞는다. 제수의 음식으로 반드시 있어야 할 음식은 제주가 바라보는 첫째 줄에는 과일이, 다음 줄에는 좌포우혜左脯右醯로 왼쪽에 말린 고기인 포가 있어야 하고, 오른쪽에는 육장이 있어야 한다. 셋째 줄에는 탕인데, 역시 깃 달린 고기, 털 달린 고기, 비늘 달린 고기의 탕이 있어야 한다. 넷째 줄의 음식은 적과 전으로 역시 세가지 우모린羽毛鱗이 재료가 되어야 한다. 여기에서 주로 쓰이는 동물은 깃 달린 동물로는 닭, 털 달린 동물로는 소나 돼지, 비늘 달린 생선이 쓰인다. 가례에서는 모두 익힌 고기를 사용하지만, 국가의례라고 볼 수 있는 석전제釋奠祭에서는 제사 하루 전에 제사에 쓰일 살아있는 희생이 될 동물을 살펴본다. 그 동물에 대해 세 번을 돌고 아홉 번을 돌아본 뒤 희생으로 사용한다.

석전의 제수로 쓰이는 동물로 생고기로 쓰이는 것은 시성豕腥으로 돼지이고, 양성羊腥으로 염소인데 익히지 않으며 이것은 도마(俎)에 담는다. 대나무 제기(籩)에 담는 것은 녹포鹿脯로 사슴고기를 말린 것이지만, 지금은 소고기 말린 것을 사용한다. 나무 제기(豆)에 올리는 익힌 고기는 돼지(담해)와 사슴(녹해, 지금은 쇠고기로 만듦), 토끼(토해) 그리고 조기(어해)로 만든 국물이다.[9]

---

9 『광주향교지』건, 광주 : 광주향교, pp.89-110. 진설도와 홀기를 참조할 것.

이처럼 석전제나 사직제에서는 혈제라고 하여 익히지 않은 날고기를 사용한다. 이런 점에서 볼 때 유교의 생명을 중시하기는 하지만 동물의 경우는 인간을 위한 것으로 보는 경향을 알 수 있다. 동물은 인간의 존엄과 감히 함께 비교할 수 없는 존재이고 도덕적 존재가 아닌 열등한 생명으로 취급하고 있다.

> 오직 욕심을 따른다면 인도人道가 폐하여 금수禽獸에 들어갈 것이요, 도道로써 욕심을 제재하면 천명天命을 따를 수 있다.[10]

유교의례에서는 이처럼 인간생명의 존엄함에 중점을 두고 인간과 동물의 생명에 있어서 확연한 차이를 둔다.

3) 생명에 대한 경외 -동물을 배려하는 경우-

유교에서는 금수禽獸에 대해 부정적인 말을 많이 하지만, 측은지심惻隱之心은 인간에만 적용하는 것이 아니라 금수에게도 적용하는 것이다. 짐승에 대해서도 측은한 마음으로 대하는 것이 도덕적 인간의 자세이다.

비록 동물들이 일상생활의 음식으로 먹고, 또한 의례에서 희생과 공양물로 쓰이기도 하지만, 이에 대한 살생이나 남획을 무한정 허용하는 것은 아니다. 봄 제사의 희생에 임신한 동물이나 암컷을 쓰지 않는 것은 이런 배려이다.

> 시時는 새끼를 배는 때를 이르니, 맹춘孟春에 희생은 암컷을 쓰지 말라.[11]

---

10 『詩經集傳』 권3. 「鄘風相風」, '則人道廢 而入於禽獸矣 以道制則能順命.'

맹자는 도덕정치를 설명하면서, 불쌍히 여기는 마음 혹은 차마하지 못하는 마음이야말로 인간의 양심으로 바로 그러한 인仁에 바탕을 둔 정치를 요청하면서 희생에 끌려가는 동물을 불쌍히 여기는 마음에 대해 칭찬한다.

왕께서 이를 보시고 "소가 어디로 가는가?" 하고 물으시자, 대답하기를 "장차 종鍾의 틈을 바르는 데 쓰려고 해서입니다"라고 하였습니다. 왕께서 "놓아주어라. 내가 그 두려워 벌벌 떨며 죄없이 사지死地로 나아감을 차마 볼 수 없다" 하시니, 대답하기를 "그렇다면 흔종釁鍾을 폐지하오리까?" 하자, "어찌 폐지할 수 있겠는가? 양羊으로 바꾸어 쓰라" 하셨습니다.[12]

희생으로 쓰이는 동물을 보고 측은한 마음을 일으키는 것이 인간의 떳떳한 인정이다. 소를 양으로 바꾼다고 해서 희생을 폐지하는 것은 아니지만, 그러한 측은지심 혹은 불인인지심不忍人之心[13]으로 정치를 하는 것이 도덕정치의 근본이라고 설명하는 맹자의 가르침에서는 동물에 대한 배려를 엿볼 수 있다.

그 밖에도 동물에 대한 배려는 수없이 많은 사례를 들 수 있다. 물고기를 먹고 새들을 먹고 동물을 음식으로 사용하지만, 그렇다고 해서 남획을 하는 것은 생명에 대한 경외의 마음에서 볼 때 꺼림직한 것으로 여겼다.

옛날에 그물을 반드시 네 치의 눈을 써서 고기가 한 자에 차지 못하면 팔 수 없고, 사람들이 먹을 수 없었다. 그리하여 산림山林과 천택川澤을 백성과 함께 이용하

---

11 『맹자집주』, 「양혜왕장구상」, '謂孕字之時 如孟春犧牲毋咎牝之類也.'
12 위의 책, '王見之 日 牛何之 對日 將以釁鍾. 王日 舍之 吾不忍其觳觫若無罪而就死地 對日然則廢釁鍾與 日 何可廢也 以羊易之 不識 有諸.'
13 『맹자집주』, 「공손추상」, '人皆有不忍人之心, 先王有不忍人之心 斯有不忍人之政矣.'

되 금지함이 있어서 초목草木이 잎이 떨어진 뒤에야 자귀와 도끼를 가지고 산림山林에 들어가게 하였다. 이것은 모두 정치하는 초기에 법제가 아직 미비하였으므로 우선 천지자연의 이利를 위하여 절제하고 애양愛養한다.[14]

동물들도 살고자 하는 마음은 사람과 같다. 그러나 사람은 생존하기 위해 동물을 부리고 혹은 음식으로 사용하지만, 그것은 어쩔 수 없는 것이지 생명을 경시하는 것은 결코 아니다.

군자는 금수禽獸에 대해서 산 것을 보고 차마 그 죽는 것을 보지 못하며, 죽으면서 애처롭게 울부짖는 소리를 듣고는 차마 그 고기를 먹지 못합니다. 이 때문에 군자는 푸줏간을 멀리하는 것입니다.[15]

군자는 도살장屠殺場이나 요리장料理場을 멀리하여 모든 살아 있는 동물을 몸소 죽이지 않는다.[16]

고기를 어쩔 수 없이 음식으로 먹기는 하지만, 동물을 죽이는 행위는 어진 인간에게는 괴로운 일이 되는 것이고 피해야 할 일로 인식하고 있다.

무사無事하면서도 사냥하지 않는 것을 불경不敬하다고 말하고 사냥하는데 예를 지키지 않는 것은 하늘이 낸 생물을 학대한다고 한다. 사냥할 때 천자는 사면四面을 둘러싸지 않으며, 제후는 짐승의 떼를 덮치지 않는다.[17]

---

14 「맹자집주」, 「양혜왕장구」, '古者 網罟 必用四寸之目 魚不滿尺 市不得食 山林川澤 與民共之 而有厲禁 草木零落然後 斧斤入焉 此皆爲治之初 法制未備 且因天地自然之利而撙節愛養之事也.'
15 위의 책, '君子之於禽獸也 見其生 不忍見其死 聞其聲 不忍食其肉 是以 君子遠庖廚也.'
16 「小學」, 「敬身」, '君子 遠庖廚 凡有血氣之類 弗身踐也.'
17 「예기」, 「王制」, '無事而不田 曰不敬 田不以禮 曰暴天物 天子不合圍 諸侯不掩群.'

곤충이 아직도 칩거蟄居하지 않을 때는 풀을 태워서 사냥하지 않고 새끼를 밴 것을 죽이지 않으며 갓난 것을 죽이지 않고 소굴을 뒤집어 엎어 전멸시키지 않는다.[18]

오곡五穀의 제철이 아닌 것과 과실의 익지 않은 것, 벌채하기에 적당하지 않은 때에 잡은 금수어별禽獸魚鼈을 시장에서 팔아선 안 된다.[19]

이런 내용들은 비록 동물이나 여타의 생명체들을 인간이 일상생활이나 의례에서 조차도 활용하지만, 이러한 활용이 다른 생명에 대한 살생을 찬미하는 것은 아니다. 풀과 나무는 동물의 먹이가 되지 않을 수 없다. 풀과 나무를 먹지 않는다면 동물은 생존할 수 없다. 사람은 풀과 동물을 먹이로 삼지 않을 수 없다. 풀과 동물이 음식이 되지 않는다면 사람이 생존할 수 없기 때문이다. 가족은 내가 부양해야 하는 식구이기 때문에 이웃보다도 먼저 배려하지 않을 수 없다. 이러한 차별은 어쩔 수 없는 것이다.

공자께서 낚시질로는 물고기를 잡으셨지만 그물로는 잡지 않으셨으며 줄 단 화살로 나는 새를 잡으셨지만 잠자고 있는 새를 쏘지는 않으셨다.[20]

인간과 동물의 차별성이 유교를 인간중심으로 자연파괴적 논리가 될 수는 없는 것이다. 유교는 나의 가족을 사랑하는 그 마음으로 바로 이웃을 사랑하는 것이기 때문이다. 현실은 차별이 있지만 유교의 이상은 차별을 넘어서 인류에 미치는 것이다. 만약에 차별에만 머물고 만다면 그것은 인仁이 아닌 것이다. 인간과 동물의 차별은 있지만 그것이 곧 동물을 학대하

---

18 위의 책, '昆蟲未蟄 不以火田 不 不卵 不殺胎 不殀夭 不覆巢.'
19 위의 책, '五穀不時 果實未熟 不粥於市 木不中伐 不粥於市 禽獸魚鼈 不中殺 不粥於市.'
20 『논어』, 「술이」, '子釣而不網 弋不射宿.'

는 것이 아니라는 이야기이다. 나의 가족과 이웃이 차별은 있지만 그것이 곧 이웃을 학대하는 것은 아니다. 인간을 위해서 동물을 음식으로 삼는 것을 인간중심의 논리로 삼을 수 없다. 동물을 음식으로 어쩔 수 없이 사용하는 것이지만, 생명에 대하여 신중할 것을 요청하고 있어서 인간의 생명과는 같지 않더라도 모든 생명은 인仁의 대상이 되는 것이다.

4) 몸의 존중 -상례를 중심으로-

인간이 태어나서 죽음을 맞이할 때 나타나는 생명관은 상례의 경우에 찾아 볼 수 있는데, 가장 중요한 것은 조상으로부터 이어받은 생명으로서 먼저 육신의 귀중함을 잘 보여준다.

증자가 병이 들어 제자를 불러 말하기를 "이불을 들추어 내 손발을 보아라. 시경에 몹시 두려워하고 삼감이 깊은 못에 임한 것 같으며 엷은 얼음을 디딘 것 같다 하니 이제야 내가 불효를 면했음을 알았도다"라고 하였다.[21]

죽음의 순간에 자기가 유지해온 몸이 온전히 유지된 것에 대해 안심하는 증자의 마음이야말로 유교의 생명관을 잘 드러내고 있다.
육신은 부모의 몸에서 생긴 것으로 마치 나무에 가지가 있는 것과 같은 것으로 본다. 감히 조심해야 될 대상인 것이다. 자기 몸을 조심하지 못하여 훼손하는 것은 자기의 부모를 상해하는 것이 되고, 자기의 부모를 상해하면 이것은 자기의 근본을 상해하는 것이 되는 것으로 생각한다.[22] 비록

---

21 위의 책,「泰伯」, '曾子有疾 召門弟子曰 啓予足 啓予手 詩云 戰戰兢兢 如臨深淵 如履薄氷 而今而後 吾知免夫 小子.'
22 「小學」,「敬身」, '孔子曰 君子 無不敬也 敬身 爲大 身也者 親之枝也 敢不敬與. 不能敬其身 是

시신이라 할지라도 살아있는 생명과 마찬가지로 죄를 물은 경우 관속의 시신을 꺼내 다시 베는 '부관참시剖棺斬屍'의 형벌의 경우를 들 수 있을 것이다.[23]

생명과 죽음에 대한 차이를 유교의례 속에서 찾아보자면, 우선은 죽었다고 해서 인간의 유대관계가 단절되어 버린 것은 아니다. 인간의 생명은 물리적으로는 사라지지만 그 혼백은 물리적 죽음을 넘어서서 기氣와 심心으로 살아남은 자와 교류할 수 있다는 믿음이 제례로 표현되는 것이다.

제사란 돌아가신 조상과 자손과의 교감이라고 할 수 있는데, 이미 죽은 자가 육신을 회복할 수 없지만 그 혼백魂魄이 돌아와 제사에 흠향한다는 것이 전통적인 생각이다. 여기서 혼백이란 인간의 정신인데, 사람이 죽으면 혼魂은 하늘로 올라가고 백魄은 땅으로 내려간다고 보고 있다.

> 혼기魂氣가 하늘로 돌아가고, 형백形魄이 땅으로 돌아가는 것이 죽음이다. 사람이 죽으면 열기는 위로 올라가니 혼魂이 올라간다고 하고, 하체가 점점 차가워지니 백魄이 내려간다고 하는 것이다.[24]

사람의 죽음은 이 기氣가 흩어져 돌아가버리지만 그러나 흩어져 없어져 버리는 것은 아니다. 그러므로 제사는 감응感應의 이치가 있다. 조상들이 오랜 세월이 되어 멀어져서 기氣의 유무有無를 알 수 없지만, 제사를 받드는 것은 그들의 기를 이은 자손들이다. 말하자면 하나의 기의 흐름이 있다. 이것이 생명의 근원으로서의 조상과 후손 사이의 감통感通의 이치가 있는 까닭이다.

이처럼 인간의 생명이 죽음에 이르러도 혼백이 남으며, 특히 조상으로

傷其親 傷其親 是傷其本 傷其本 枝從而亡.'
23 금장태, 위의 책, 무오사화 때의 김종직의 경우를 예로 들고 있다. p.47 참조할 것.
24 『朱子語類』卷三, 「鬼神」

부터 받은 신체와 뼈에 백魄이 남기 때문에 그 백이 곧 뼈가 남은 산소에 대한 성묘는 중요한 의례인 것이다. 죽은 자의 유체도 소중한데, 살아있는 사람의 몸의 소중함이란 재언을 필요로 하지 않는 것이다.

4. 유교의례에서 본 생명윤리

1) 임신중절, 자살, 안락사의 해석

오늘날 생명윤리에서 논란이 되고 있는 배아가 인간인가 하는 문제는 과거에는 없었던 논쟁으로 배아도 태아의 범주로 간주했으리라는 것을 추정할 수 있을 뿐이다. 그렇다면 태아는 인간인가? 이에 대한 유교의 응답은 '그렇다. 태아도 인간이다'라고 하고 있다. 임신중절을 반대하는 유교의 입장은 우선 태교胎敎의 사상일 것이다. 유교에서는 태아를 인간으로 보고 있다. 그러므로 태아를 죽이는 것은 살인이 되는 것이다. 근래에 임신중절의 원인이 유교의 남아선호 현상 때문이라고 하여 가부장적 남성위주의 문화를 비난하는 이들이 있다. 그러나 이러한 해석은 유교의 본질과는 무관한 것이다. 유교의 근본정신은 인仁이며, 인이란 인간과 인간의 자애로운 유대관계다.

만약 임신중절을 허용한다면 그것은 상도常道가 아닌 권도權道로 '물에 빠진 형수를 구하기 위해 형수의 손을 어쩔 수 없이 잡는' 것을 허용하는 비상시의 행위에 한정될 것이다. 이런 점에서 유교적 입장에서 볼 때, 우리사회의 임신중절 등의 생명 경시는 윤리적 문제로 반성을 요한다.

태아는 죽여도 상관없는 존재가 아니라 인간의 생명으로 존중되어야 한다. 한국인의 높은 낙태율은 1960년대 이후 싹튼 경제중심 논리에서 기인한 것이다. 이것은 한국의 전통일 수 없으며, 유교본래의 인간존중사상에 반하는 것이다.

다음으로는 유교적 세계관은 천명론이라는 것이다. 생명과 죽음의 문제도 인간의 의지가 아닌 천명天命의 영역인 것으로 여기에 억지로 개입하는 것은 자신의 운명에 순응하지 못한 태도로 부정적이다. 안락사와 자살의 경우도 운명에 대한 저항으로 해석될 것이다.

> 죽고 사는 것은 운명에 달려 있고, 부귀는 하늘에 달려 있다.[25]

> 시어머니는 아이를 안고 개울가에 나와 앉아서 아이를 씻기고 있다가 시어머니가 그만 실수를 하여 아이를 물에 떨어뜨려서 죽었다.…… 효부는 말하기를 "사람은 타고난 수명이 있습니다. 아이의 생명은 곧 오늘에서 다한 것이오니 어머니가 죽게 한 것이 아닙니다"라고 하였다.[26]

아이의 죽음에 대해 그것을 운명으로 받아들이는 대목에서 유교적 생명관을 잘 읽을 수 있다. 인간의 태어남과 결혼, 그리고 죽음을 운명으로 받아들이는 세계관은 모든 유교의례에서 볼 수 있는 것이다.

유교의 입장이 숙명론이라고는 볼 수 없지만, 인간이 할일을 다하지만 천명을 기다린다는 것은 오직 인간의 의지로 모든 것을 좌지우지한다는 것도 또한 아니다.[27] 유교의 윤리관은 '천인합일天人合一'이며, '존전리알인

---

25 『논어』,「안연」,'死生有命 富貴在天.'
26 『賢婦列傳』,'高松孝婦 姑抱其兒 出坐川邊 洗兒 姑失手 兒落水死 … 孝婦曰 人生有命 兒之命 是盡於今日 非姑死之也.'
27 이런 점에 대해 馮寓는 바로 운명과 인간 사이의 조화를 유교의 중용으로 해석한다. 馮寓 저, 김갑수 역,『천인관계론』(서울 : 신지서원, 1993), p.138 참조할 것.

욕존천리알인욕存天理遏人欲'의 철학이다. 이것은 천명론이며 달관達觀의 철학으로 하늘의 법칙에 순응하는 자세이다. 임신중절, 안락사 혹은 자살은 이러한 천명天命과 천리天理를 거슬리는 인욕人欲의 행위에 속하는 것이다.

2) 뇌사, 장기이식에 관한 문제

우선 뇌사란 유교적 가치관으로는 성립될 수 없다. 죽은 시신도 혼백이 깃든 소중한 생명의 연장선에서 보는데, 뇌사상태에서 호흡을 하고 장기가 운동한다면 이는 결코 죽은 존재일 수 없다. 유체는 자손들의 귀의의 대상이 되고 성묘의 대상으로 중시된다. 죽은 뼈도 존중의 대상이 되는데, 하물며 살아있는 생명의 훼손이란 불효이며 받아들일 수 없는 비윤리적 행위로 보는 것이다.

죽음에 대한 의례를 보면 뇌사란 성립되지 않는다. 인간의 마지막은 숨이 끊어지는 그 순간까지도 존엄하며, 심지어 숨이 끊어진 유체도 존중과 귀의의 대상으로 그대로 남는 것이다.

이런 차원에서 보자면 장기이식은 막대한 불효로 간주할 수 있을 것이다. 그러나 이 점에서는 유교의 인仁의 사상이 장기이식을 허용할 수 있다고 주장하기도 한다. '신체와 털과 피부는 부모에게 받은 것이어서 감히 손상하지 않는 것이 효도의 시작(身體髮膚 受之父母 不敢毁傷 孝之始也)'이라는 구절로만 장기이식의 행위를 보는 것은 문제가 있다는 것이다.

> 공자는 지사志士와 인인仁人은 삶을 구하는 것으로 인仁을 해치지 아니하며, 몸을 죽여서 인仁을 성취시킨다.[28]

---

28 『논어』, 「위령공」, '志士仁人 無求生而害仁 有殺身而成仁.'

인仁은 바로 '애인愛人'과 '살신성인殺身成仁'에 있다고 볼 수 있으므로, 오히려 자신의 장기를 타인에게 증여해서 타인의 생명을 온전하게 유지토록 해주는 것이 인仁을 몸으로써 실천하는 도리라고 이해한다.[29] 이 이론은 자살의 경우도 때에 따라서는 살신성인殺身成仁으로 수용될 여지가 있으며 실제 국가적 의리를 수호하기 위해 몸을 바친 애국적 순국도 여기에 해당된다.

그럼에도 유교의례속에 들어난 생명관은 몸을 자기 자신의 몸으로 보지 않고 면면히 이어져 내려온 공동체의 공유로 보고, 유체일지라도 그 신체를 신성시 한다는 점에서 뇌사나 장기이식을 수용하기 어렵다. 원칙적으로 신체(장기)를 기증한다는 발상 자체는 권리의 남용인 것이다. 하물며 이를 매매의 대상으로 삼을 수 없는 것이다.

3) 생명복제의 문제

1997년 영국의 로슬린 연구소에서 복제 양 돌리가 탄생한 이래로, 생명복제기술은 질병을 치료할 수 있는 새로운 기술이면서, 동시에 무정자 등의 이유로 자녀를 갖지 못한 사람들에게 생명을 줄 수 있는 첨단기술로 혹은 인류의 재난을 줄 수 있는 기술로 논란이 되고 있다. 면면히 자손의 번성을 희망하는 유교적 관점에서 정상적인 부부 사이의 생명복제기술의 적용은 유교적 가치관과 일치한다는 주장도 있다.[30] 불임부부에게 새 생명을 주는 의료기술에 대한 긍정적인 응답이라고 할 수 있다.

---

29 金世仁, 「의료기술의 발달과 유학의 역할」, 『21세기 미래사회와 유학의 역할』, 충남대학교 유학연구소.
30 최재목, 위의 논문, p.344. 심지어 정상적인 부부라도 우수한 유전자를 갖춘 2세를 '주문생산' 하는 상황도 긍정할 것이라고 전망함. 김병환, 「유가는 인간 복제를 반대 하는가」, pp.283-294 참조. 인간복제의 필요성과 정당성을 주장함. 김병환 「생명공학과 인간복제 : 유학의 응답」에서도 생명의 탄생을 돕는 복제기술은 긍정적으로 묘사함.

그러나 지금의 난치병 치료를 위한 배아복제 등을 활용한 줄기세포연구, 혹은 과학자들은 불가능한 것으로 여기지만 복제인간의 탄생은 그야말로 언젠가는 실현될 기술로 현실 속의 쟁점으로 부각되었다. 여기서 쟁점이 되는 부분은 배아(수정 후 14일 이전)의 지위에 관한 문제 등 세간의 뜨거운 관심사항이다.[31]

우선은 이러한 생명공학이 윤리적으로 큰 문제가 되지 않을 수 있다는 차원에서 실마리를 풀자면 수정란과 배아와 태아 등이 인간으로 형성되는 과정이라고 할지라도, 역시 생명의 중요성에 있어서는 차별이 있다는 점일 것이다. 풀의 생명이 중요하지만 어쩔 수 없이 동물의 먹이가 되고 동물의 생명이 중요하지만 어쩔 수 없이 인간의 음식이 되는 것과 마찬가지로 배아의 인간으로의 가능성이 경시되어서는 안 되지만 그러나 살아있는 인간과는 분명 차별이 있다는 점을 들지 않을 수 없을 것이다.

문제는 이러한 복제기술이 생명복제로 이어질 것이라는 점을 논의할 때는 보다 복잡한 윤리적 문제에 봉착하게 된다.[32] 만약 주문생산에 의한 복제인간의 탄생을 가정해서 평가하자면 복제인간의 탄생은 하나의 재난이라고 해야 할 것이다.

유교의례의 혼례의 정신으로 볼 때, 정상적인 남성과 여성의 합법적인 결혼이 아닌 방식으로 태어난 생명에 대해서는 정통이 아닌 차별이 있었다. 역사적으로 보자면 유교의례에서는 정통을 중시하고 존중하며, 격식과 절차에 의하지 않는 가계나 왕실의 계승에 대해 준엄한 논쟁이 있었다.

---

31 문제가 되는 것은 배아복제는 난자 공급처로서 여성의 몸을 상품으로 만든다는 점, 생명을 도구화한다는 점 등이다. 또한 배아도 인간의 생명인가 아닌가라는 점이 심각한 논란을 불러일으킨다.
32 진교훈, 「생명조작과 인간복제에 대한 철학적 고찰」, 『과학사상』 22호, 1997. pp.85-86. ① 수정란에서 시작되는 인간생명체 파괴와 생명경시 ② 성교에 의해 이루어지는 인간의 상호의존성 파괴 ③ 인간개체의 유일회성과 대처 불가능성의 파괴 ④ 인간사회의 근간인 결혼제도와 가정제도 와해 등

조선후기 예송에서 보여주는 장자와 서자 사이의 복제논쟁은 국가윤리와 기강확립차원에서 당파간의 치열한 정통논쟁이 있었던 것도 바로 이런 정통성의 차원이었던 것이다.

전통사회에서는 적법한 혼례를 통하지 않는 결합에 의해 태어난 자녀에 대해서는 신분적 불이익을 주었다. 왜냐하면 모든 사회질서와 공공의 안녕은 건전한 가족관계로부터 출발하기 때문이다.

적법한 의례를 치르지 않는 인간은 언제나 미성숙한 인간으로 취급받도록 구조화된 것이 유교의례이다. 혼례의 절차 없이 이루어지는 남녀의 결합은 신분적으로 승인되지 못했다. 하물며 남녀의 자연적인 결합이 아닌 인위적인 생명복제는 모든 인仁의 바탕이 되는 가족관계를 저해함으로써 사회를 어지럽힐 수 있는 재난으로 규정할 수 있을 것이다.

한국의 전통사회에서는 결혼을 하여야 비로소 성인成人으로 인정을 받았다. 만약 그렇지 않다면 성인이 되는 통과의례를 치루지 않음으로써 영원히 미성숙한 인간으로 취급을 받았던 것이다.

물론 오늘날 한국사회는 유교적 남녀유별이 영향력을 가지고 있지 않으며, 심지어는 자유롭게 성에 대해 논의하며, 심지어는 동성애자들도 당당히 자신의 주장을 펼치는 사회가 된 사회를 고려하지 않을 수 없는 다원주의 사회가 되었다.

복제양 돌리나 복제견 스누피처럼, 동물의 경우는 생명 복제가 허용될 수 있지만, 이것이 인간의 생명복제로 이어질 경우는 가족체계의 붕괴로 이어질 것이며 동물과 인간의 생명이 구별이 없는 곧, 인간존엄의 중대한 도전으로 받아들여질 수 있다.

그러므로 생명복제는 난치병 치료로 제한적으로 활용할 수 있지만, 인간복제로서는 곤란하다는 것이 유교의례 속에서 찾을 수 있는 정신이라고 하겠다.

5. 인의 적용이 생명윤리

생명윤리는 인간의 존엄성에 바탕을 둔 지구윤리의 하나이며, 오늘날 과학의 눈부신 발전에 따라 첨예한 논의의 과정 중에 있는 분야라고 할 수 있다. 유교는 선진시대 이래로 동아시아인의 가치관을 형성해 왔으며, 비록 오늘날 그 외형적 형식은 많은 변화가 있을지언정 동아시아인의 사유방식의 기층 속에 자리 잡고 있다. 더구나 유교의 입장은 지구윤리의 기조인 황금률(Golden rule)에 충실한 인仁을 근본사상으로 하고 있으며, 동시에 고정된 가치관이 아닌 무엇이 항상 마땅한가를 성찰하는 중용 또는 시중時中의 정신을 바탕으로 하기 때문에 다양한 해석의 가능성을 담지하고 있다.

역사적으로 유교는 예치주의를 정치이념과 사회질서의 근본으로 하였으며 특히 가족을 교화의 단위로 여겨 왔다. 각각의 가족이 안정될 때 사회는 안정된다고 생각하였다. 사회의 기본단위이며 경제 집단인 가족은 조상숭배를 행하는 종교집단이기도 하였다. 조상숭배를 통하여 가족은 정신적 단결을 도모하고 심리적 안정을 추구하였던 것이다. 이러한 가족적 요구와 가족을 교화의 단위로 하는 사회적 요구가 가례家禮를 중시하게 하였다. 관혼상제를 포함하는 가례는 유교의 실천논리였다.

이러한 유교적 가치관으로 볼 때 오늘날 제기된 지구적 환경위기의 하나로 볼 수 있는 생명윤리의 논쟁에 대한 유교의 입장은 어느 정도 정리될 수 있다. 오랜 세월 동안 생활 속에서 의례로 내재되어 있던 유교의 입장은 다음과 같은 것이다.

임신중절이나 안락사 혹은 자살은 천명을 거스르는 행위로 인간의 존엄에 대한 침해이다. 따라서 뇌사는 인정되지 않는다. 유교의 상례에 의하면 인간은 죽은 후에도 살아있는 생명과 마찬가지로 존경의 대상이 된다.

장기이식은 살신성인의 인의 실천으로 해석될 가능성도 있지만, 신체를 소중히 하는 차원에서는 천명에 대한 위배이며 개인의 신체를 조상과는 무관한 실존적 개인주의의 산물로 보는 것으로 간주한다.

생명복제의 경우는 수정란, 배아, 태아를 과정을 통해서 인간의 생명으로 발전한다고 하더라도 배아와 인간을 동격으로 볼 수는 없을 것이다. 그러나 인간복제로 이어질 경우 적법한 절차를 거치지 않은 것으로 또한 혼인과 가정의 존엄을 붕괴시킬 가능성이 있고, 인간과 동물의 차별을 없애버림으로써 인간의 존엄을 저하시키는 부정적인 면으로 해석할 수 있다.

과학의 발전은 새로운 인간의 질병을 극복하는 놀라운 혜택을 제공할 것으로 기대하고 있다. 그러나 개개인의 장수와 생명에 대해 유익할지라도, 유교의 사상이나 의례에 나타난 바로는 낙태, 안락사, 뇌사, 자살, 혹은 생명복제의 쟁점들은 천리에 부응하기 보다는 인욕의 차원에 속한다. 개별적 생명을 연장하게 할 지는 모르지만, 보편적 생명의 신성함을 침해할 가능성이 있기 때문에 난치병 치료 등으로 제한하지 않으면 인간의 존엄에 해를 줄 수 있는 것이다.

제2장

풍류신학과
한국적 기독교 종교교육의 형성

1. 한국인과 기독교의 만남, 그리고 풍류신학의 등장

한국인과 기독교와의 만남은 적지 않은 세월동안 끊임없이 이루어져 왔다. 가장 오래된 접촉점은 신라시대로 거슬러 올라간다. 네스토리우스(Nestorius) 파로 알려진 기독교, 곧 경교景敎가 당나라 태종 때(635년) 중국에 선교되어 중국인들에게 많은 영향을 끼쳤다. 그런데 당시 삼국통일의 대업을 꿈꾸고 있던 신라는 당나라와 정치문화적으로 매우 긴밀한 관계에 있었기 때문에 신라인들이 자연스럽게 중국의 경교와 접촉했을 것으로 기독교사학계는 보고 있다.[1] 물론 이것이 역사적인 정설로 수용되기에는 아직 미진한 점이 없지 않지만, 기독교와 한국인과의 접촉의 역사는 결코 짧지 않은 과거로 거슬러 올라간다는 것을 보여준다. 그리고 한국인과 기독교와의 또 다른 접촉은 자연스럽게 고려시대에로 이어졌다. 가톨릭교회의 교황청으로부터 몽고에 선교사로 파송된 루브르크(Guillaume de Rubruc)는 몽고의 영향력 하에 있었던 고려와의 접촉결과를 선교보고서를 통해 교황청에 알렸던 것이다. 그는 보고서에서 "카울레"(Caulej, 高麗 ; 후에 "Corée"가 됨)라는 한국의 이름을 처음으로 서방에 소개하기도 하였다.[2] 그리고 그 후

---

1 민경배, 「한국기독교회사」, 신개정판 (서울 : 연세대학교출판부, 1995), pp. 25-29.
2 W. Rubruc, *The Journey of William Rubruck to the Eastern Parts of the World*, 1253-1255, trans. by W. W. Rockhill (London : The Kakluyt Society, 1900), pp. 200-201 ; 민경배, 「한국교회사」, p. 32 재인용.

한국인과 기독교와의 만남은 일본과 중국을 통해 더 빈번히 이루어지게 되었다.

그런데 18세기 말 이전까지 한국인과 기독교의 만남이 피상적인 만남의 수준이었다면, 18세기 후반부터의 만남은 양자 사이의 보다 질적이고 인격적인 만남이라고 할 수 있다. 그것은 먼저 18세기 말 실학자들과 가톨릭교회와의 만남을 통해(1784년 이승훈의 세례), 그리고 19세기 말 개화를 열망하는 조선인들과 개신교와의 만남을 통해(1885년 언더우드와 아펜젤러 선교사 입국) 이루어지게 되었다. 그런데 유감스럽게도 조선 후기 시대에 이루어진 위와 같은 한국인과 가톨릭교회 및 개신교와의 만남은 상호 인격적인 만남이었을지언정 모두 양자 사이의 관계가 주체 대 주체로 당당하게 만났다기보다는 어쩌면 불평등적인 만남, 곧 주체와 객체로 만난 아픔의 역사였다고 말할 수 있다. 왜냐하면 가톨릭교회의 경우, 제2바티칸공의회(1962-1965)가 있기 전 가톨릭교회의 신학적 보수주의로 말미암아 선교지 문화(당시의 유교문화)를 주체가 아닌 객체로 이해하고 미신화하여 정복을 시도함으로써 그 결과 대립과 박해를 자초한 점을 부인할 수 없기 때문이다. 그것은 조선 후기 네 번에 걸친 박해(신해교난 1791, 신유교난 1801, 기해교난 1839, 병인교난 1866)에서 잘 드러난다. 그런데 한국인과 기독교 사이의 이러한 비대칭적 관계는 가톨릭교회 못지 않게 개신교에서도 진행되었다. 그래서 조선 말 한국 땅에 전래된 개신교는 대부분 미국의 보수주의적 신학에 기반을 두었기 때문에, 한국의 전통문화를 객체화하여 정복해야 할 대상으로 인식하였던 것이다. 그 결과 기독교와 한국 문화 사이의 이분화는 불가피하게 양자 사이의 갈등을 빚으면서 지금까지 이어오고 있다.

그런데 이러한 기독교와 한국 문화 사이의 비대칭적 갈등관계는 1960년대에 접어들면서 새로운 전기를 맞게 되었다. 그것은 한국문화에 대한 과거 기독교의 태도가 부적절했음을 반성하면서, 한국적 신학의 필요성이 제기되었기 때문이다. 그 대표적인 것이 소위 "토착화논쟁"[3]을 통해 제기된 한국적 신학의 등장이다. 이러한 한국적 신학은 현재 토착화신학, 민중신학, 한국문화신학 등의 이름으로 신학계에서 활발하게 연구되고 있다. 이 신학들은 모두 한국문화를 더 이상 정복되어야 할 대상이 아니라 대화의 '주체'로서 인정하면서 기독교를 기독교 되게 하는 중요한 신학적 토양으로 간주하는 공통점이 있다. 그런데 한국문화와 기독교 사이의 주체적 대화를 가능케 한 가장 결정적인 계기는 토착화신학 논쟁의 불을 집힌 유동식(1922~)의 "풍류신학"風流神學이 자리잡고 있다. 그는 한국문화의 핵심을 "풍류도"風流道로 파악하면서 그 기반 위에 기독교 신학과의 창조적 대화를 촉구하였던 것이다.

그렇다면 유동식의 풍류신학은 기본적으로 어떻게 이해될 수 있을까? 사실, 유동식의 풍류신학은 어느 한 명제로 단순화하기에는 상당한 어려움이 있다. 왜냐하면 그의 풍류신학은 그의 평생 동안 진행된 신학적 사유의 총 결집체이기 때문이다. 달리 말해 유동식의 풍류신학은 갑자기 등장한 것이 아니라 1960년대 초 토착화논쟁으로부터 시작하여 현재에 이르기까지 그의 철저한 신학적 사유를 통해 얻어진 결실로 이해될 수 있다. 비록 그의 신학에 풍류신학이란 명칭이 붙여진 것은 1983년 여름 「신학사상」 제41호의 "신학수상"란과 「신학논단」 제16집에 게재된 "풍류도와 기독교"[4]라는 논문을 통해서라고 말할 수 있지만, 그의 풍류신학의 단초는 이미 1960년대 그가 제기한 토착화신학 논쟁으로부터 시작되었던

---

3 토착화논쟁은 유동식과 전경연 사이의 논쟁적인 글에 잘 반영되어 있다. 이에 대해서는 유동식의 논문, "복음의 토착화와 한국에 있어서의 선교적 과제", 「監神學報」, 창립57주년기념호 (1962) ; "복음과 재래종교와의 대화문제", 「기독교사상」, 1962년 7월호 ; "기독교의 토착화에 대한 이해", 「기독교사상」, 1963년 4월호와, 전경연의 글, "기독교문화는 토착화할 수 있는가?" 「신세계」 1963년 3월호 ; "기독교역사를 무시한 토착화이론은 원시학의 의미", 「기독교사상」 1963년 5월호 ; 김광식, 「토착화와 해석학」 (서울 : 대한기독교서회, 1987), pp.40-44 참조.
4 유동식, "풍류도와 기독교", 「신학논단」 제16집 (연세대학교 신과대학, 1983).

것이다. 이런 점에서 유동식의 풍류신학은 그의 생애에 따른 네 번의 신학적 사유의 변화와 매우 밀접하게 연관되어 이해될 수 있다. 따라서 필자는 이 글에서 유동식의 풍류신학을 그의 신학적 사유의 발전 전개에 따라 제4기로 각각 분류한 뒤, 그 특징을 살펴보고자 한다.[5] 여기서 유동식의 풍류신학을 네 시기로 나눈 것은 그의 연구주제의 변화를 따라 구분한 것으로써 각 시기는 다음과 같다. 제1기는 토착화신학으로서의 풍류신학(1960년대), 제2기는 무속연구로서의 풍류신학(1970년대), 제3기는 풍류도와 풍류신학(1980-1990년대), 그리고 제4기는 예술신학(2000년대)으로서의 풍류신학이다.

한편, 한국에서 이루어진 기독교교육 연구는 시무어와 밀러(Jack Seymour & Donald Miller)가 제시한 주요한 다섯 가지의 연구주제(종교수업, 신앙공동체, 신앙발달, 해방, 그리고 해석)[6]라는 관점에서 볼 때, 신앙발달이나 신앙공동체 등에는 비교적 관심이 많았던 반면 '해석'의 주제에 대해서는 상대적으로 미진하였다. 특히 한국문화와 기독교 사이의 대화에는 거의 무관심했다고 해도 과언이 아니다. 비록 소수의 학자들(문동환, 장종철 등)이 기독교와 한국 전통문화 사이의 대화에 관심을 갖고 연구를 진행했지만, 그 영향력은 매우 미진하였다.[7] 따라서 '기독교 종교교육'(Christian

---

5 유동식의 풍류신학을 네 시기로 나눈 것은 그 자신의 신학적 여정을 설명한 글, "풍류신학의 여로," 「신학논단 : 한태동, 문상희, 유동식 교수 은퇴기념 논문집」 제18집 (연세대학교 신과대학, 1988)과 최근 출판된 예술신학 관련 그의 저서 「종교와 예술의 뒤안길에서 : 유동식 신학적 수필집」 (서울: 한들출판사, 2002), 그리고 「풍류도와 예술신학」 (서울 : 한들출판사, 2006)에 근거한 것이다.
6 Jack L. Seymour & Donald E. Miller, *Contemporary Approaches to Christian Education* (Nashville : Abingdon Press, 1982).
7 장종철은 토착화 신학적 관점에서 그 가능성을 탐구하였고, 문동환은 민중신학적 관점에서 연구한 바 있다. 따라서 향후 한국 기독교교육학 연구는 풍류신학을 비롯한 한국신학의 토대 위에서 보다 활발히 연구될 과제를 안고 있다. 장종철, 「하나님의 지혜 : 21세기의 교육신학탐구」(서울: 한국기독교교육학회, 2005) ; 문동환, 「아리랑고개의 교육」 (서울 : 한국신학연구소, 1985) 참조.

religious education)[8]이 기독교가 한국인들에게 주체적이고 의미있는 종교로서 자리매김하도록 돕는 교육적 활동이라고 할 때, 기독교교육현장에서 이루어지는 기독교와 한국문화 사이의 대화는 매우 중요하다. 이런 관점에서 필자는 본 논고를 통해 한국적 신학의 대표자라 말할 수 있는 유동식의 풍류신학을 각 시기별로 검토한 뒤, 그것이 한국적 기독교 종교교육의 형성에 어떠한 시사점을 제공할 수 있는지 탐색해 보려고 한다.

2. 토착화신학으로서의 풍류신학 : 제1기의 풍류신학

유동식의 풍류신학은 1960년대 이미 그 신학적 싹을 틔웠는데, 그것은 토착화신학을 통해서였다고 말할 수 있다. 그렇다면, 풍류신학의 신학적 토대라 할 수 있는 그의 토착화신학은 어떤 특징이 있는가? 토착화신학에 대한 그의 생각은 그의 논문집 「도와 로고스」(서울 : 대한기독출판사, 1978)[9]와

---

8 "기독교 종교교육"이란 용어는 미국 가톨릭계 기독교교육학자인 그룸(Thomas H. Groome)이 처음 사용한 용어로서, 기독교교육학계에서 최근 사용되는 독특한 용어이다. 즉, 기독교의 전통적인 교리를 일방적으로 전수하는데 관심을 둔 "기독교교육"(Christian education)과, 인간 경험과 이성을 중시하는 자유주의 신학적 입장에서 서서 기독교교육을 연구 및 실천하는 "종교교육"(religious education)과 구별되는 용어로서, 이 용어는 기독교의 전통과 인간의 경험 사이의 비판적인 대화를 중시하는 수정주의 신학적 입장에 선 학자들이 선호한다. 따라서 필자는 본고에서 한국문화와 기독교 사이의 비판적이고 창조적인 해석학적 대화를 선호하는 입장에 서서 기독교교육이나 종교교육이란 용어 대신 '기독교 종교교육'이라는 용어를 사용하고자 한다. 이 용어에 대한 자세한 설명은 Thomas H. Groome, *Christian Religious Education : Sharing Our Story and Vision* (San Francisco : Harper & Row, 1980), chap. 1. 참조.
9 유동식, 「도와 로고스」 (서울 : 대한기독교출판사, 1978). 이 책은 1960년대에 쓴 그의 논문을 묶어 후에 출판한 것이다.

「요한서신 주석」(서울: 대한기독교서회, 1962), 그리고 「한국종교와 기독교」(대한기독교서회, 1965) 등의 책에 잘 반영되어 있다. 이들 저서에 반영된 토착화신학으로서 풍류신학의 특징은 크게 세 가지로 설명될 수 있다.

첫째, 유동식의 풍류신학은 "계시의 다양성"에 초점을 맞춘다. 사실 그의 신학적 사유에서 가장 중요한 출발점은 하나님을 어떻게 이해하느냐 하는 것이다. 그런데 초월적인 신에 대한 기독교적 인식에 있어서 가장 전통적인 방식은 계시의 이중성에 있다. 여기서 계시의 이중성이란 일반적으로 일반계시와 특별계시로 설명된다. 먼저 일반계시란 창조주 하나님께서 창조하신 자연만물을 통해 자신을 계시하신다는 의미이고, 특별계시란 예수 그리스도를 통하여 하나님이 자신을 완전히 계시하였다는 이해이다. 그런데 이 이중적 계시의 맥락에서 전통적으로 기독교신학은 일반계시와 특별계시의 긴장관계 속에서 하나님의 계시를 이해하여 왔다고 말할 수 있다. 특히 개신교의 전통은 일반계시보다는 특별계시에 대한 절대적 우위를 강조하면서, 일반계시를 부차적인 것으로 간주하곤 하였다. 이런 상황에서 유동식은 개신교의 전통에 따라 예수 그리스도를 통한 특별계시의 중요성을 인식하면서도, 그것을 "그리스도 보편주의"라는 맥락에서 재해석함으로써 일반계시와의 변증법적 연속성을 제시했다고 말할 수 있다. 그래서 유동식은 이것을 다음과 같이 설명한다.

하나님께서는 단 하나의 길만을 열어 주신 것이 아니라 여러 가지 길을 주시었다. "하나님께서는 예전에 예언자들을 통해서 여러 번 여러 가지 모양으로 우리 조상들에게 말씀하셨다. 그러나 마지막 시대에 와서는 당신의 아들을 통해서 우리에게 말씀하신 것이다."(히1:1-2) 하나님의 말씀이 곧 도道요 계시이다. 유대인들에게는 그들의 예언자들을 통해 말씀하시고 길을 열어주셨다. 그리고 동양인들에게는 동양의 선지자들을 통해 길을 열어 주신 것이다. 불도, 유도, 노장도 등이 그것이다. 그러나 마지막 날에는 그리스도를 통해 결정적인 말씀을 하시었다. 그리스도는 여러 가지의 길을 다 포용하는 큰 길(大道)이다. "도"는 하나이지만 그것이 다양한 것은 민족마다의 경험과 문화가 다양하기 때문이다. 민족마다 하나님으로부터 받은 길에 독자성이 있게 된다.[10]

결국 계시의 다양성으로 표현되는 그리스도 보편주의는 기독교와 한국문화 사이에 놓여 있는 깊은 심연을 연결하는 다리로서 그 역할을 하게 되고, 그것은 유동식의 토착화신학을 가능케 하는 신학적 기초로서 작용한다고 말할 수 있다.

둘째, 토착화신학으로서의 유동식의 풍류신학은 요한복음에 반영된 성육신(incarnation) 기독론을 한국문화적으로 해석한 특징이 있다. 그는 요한복음 1 : 14에 나오는 "말씀이 육신이 되어"(the Word became flesh : NRSV)라는 말을 한자로 표기하여 "도성인신"道成人身으로 함으로써, 도道와 '로고스'를 동등시하였다. 즉 희랍문화권에서 로고스는 신의 자기계시 내지 신 자신을 의미한다. 그래서 로고스는 존재의 원리이고, 또한 통일의 원리이다. 물론 희랍적인 '로고스' 개념이 복음적인 그리스도 개념과 꼭 같은 것은 아니지만, 그것이 복음을 이해할 수 있는 직접적인 지평을 제공해 주는 것이 사실이다. 같은 맥락에서 유동식은 당시 희랍문화권에 복음을 전하기 위해서 예수를 소개할 때 '로고스'라는 말을 창조적으로 사용했던 것처럼, 한국인에게 어떤 개념이 그리스도를 표현할 수 있는 적절한 개념인지 탐구하게 된다. 그래서 그는 희랍의 '로고스' 개념에 해당하는 개념으로 '도'道를 제시하였다.[11] 여기서 도는 동양의 상식과 동양의 철학과 동양의 종교에 있어서 보편적인 말로써, 특히 한국인에게 도는 참된 길, 곧 인생의 참된 생명의 길을 의미한다. 우리가 흔히 도라든가 혹은 도를 닦는다고

---

10 유동식, "하늘 나그네의 사랑과 평화", 「한국종교와 한국문화」, 소석 유동식박사 고희 기념 논문집 (서울 : 한국신학연구소, 1993), p.20.
11 유동식, 「도와 로고스」 (서울 : 대한기독교출판사, 1978), p.23.

할 때 그 의미에는 이러한 철학적 혹은 종교적 의미가 들어 있다는 것이다. 특히 유동식은 도를 노자의 도덕경道德經과 연결하여 해석한 뒤, 그것은 단순한 존재가 아니라 "능동적인 창조자"라고 주장하였다. 즉 도가 희랍의 로고스나 자연법과도 같이 무인격적인 것이 아니라, 도는 "덕을 지닌 인격적 존재"로 소개하고 있다.[12] 물론 그 스스로도 도덕경의 '도'를 그리스도로 완전히 대치할 수는 없다고 인정한다. 그러나 그럼에도 불구하고, 그는 도덕경과 같은 동양의 지혜들을 활용해서 복음을 이해할 것을 주장하였던 것이다.[13] 그래서 그는 도를 로고스와 같은 수준에서 그리스도로 이해함으로써, '도' 기독론을 제시하여 주었던 것이다.

셋째, 유동식의 토착화신학은 선교의 개념을 새롭게 재개념화한 특징을 갖고 있다. 과거 유동식의 토착화론이 제기되기 전, 선교란 비기독교인이 기독교인으로 개종하도록 돕는 활동으로 이해되었다. 그런데 유동식은 앞서 언급한 "기독교적 보편주의"(Christian universalism) 혹은 "그리스도 중심적 보편주의"(Christocentric universalism)[14]라는 맥락에서 선교를 새롭게 이해하였다. 그는 선교를 다음과 같이 설명한다.

> 한국에 기독교가 들어오기 이전에도 한국은 하느님께서 구원하신 그 은혜 안에 살고 있었으며 그리스도의 복음 밑에 살고 있었다. 다시 말하면 한국에는 선교사가 들어오기 이전에도 그리스도께서는 이미 그의 일을 하고 계시었던 것이다. 그리고 현재에도 마찬가지여서 기독교인은 소수에 지나지 않는다 할지라도 그리스

---

12 앞의 책, p.25.
13 이런 점에서 최근 길희성이 기독교와 불교와의 대화를 통해 예수를 '보살'로 제시한 것은 유동식과 같은 논리의 맥락에서 시사하는 바가 크다. 이에 대한 자세한 설명은 길희성, 「보살예수 : 불교와 그리스도교의 창조적 만남」(서울 : 현암사, 2004) 참조.
14 이것은 "그리스도 이전의 크리스챤"이란 사상으로써, 선교신학자 비써트 후프트(Vissert Hooft)의 사상이다. 자세한 것은 Hooft, *No Other Name*, pp.95-102 ; 김광식, "유동식 신학의 형성과정과 전개", 「한국종교와 한국신학」, p.37 재인용.

도께서는 한국인 전체 속에 계시며 구원의 작업과 은혜를 베풀며 일하시는 것이다. 물론 그리스도의 이름 없이 숨은 형태로써(Incognito of Christ) 구원의 일을 하신다.[15]

이러한 유동식의 선교의 이해에 대하여 김광식은 칼 라너의 "익명적 기독교인"을 방불케 하는 기독교적 보편주의라고 높게 평가하였다. 즉 불교나 유교나 천도교가 그리스도를 알지 못하였으나 그리스도는 그 안에서 문화적 역사적 작업을 통하여 인간회복 혹은 인간해방과 사귐을 실현시켰다는 것이다.[16] 따라서 유동식에게 있어서 선교의 문제는 이웃종교와 어떤 관계를 갖느냐 하는 관계설정의 문제임이 드러난다. 그래서 유동식의 토착화론은 곧 선교이론임과 동시에 이웃종교와의 대화론이라고 말할 수 있다. 이런 점에서 볼 때, 유동식의 토착화이론은 선교에 대한 재개념화의 시도로써, 선교의 목적은 이웃종교인을 기독교로 개종시키는 데 있는 것이 아니라 그리스도의 사랑과 진리를 이해시켜서 그들 자신의 신앙을 재개념화시키는 데 있다고 말할 수 있다.[17] 결국 제1기에 나타난 유동식의 풍류신학의 특징은 그 신학적 토대로서 하나님의 계시의 다양성과 '도' 기독론, 그리고 그리스도 보편주의에 근거한 선교의 재개념화로 설명될 수 있다.

---

15 유동식, 「한국종교와 기독교」, p.160.
16 김광식, "유동식 신학의 형성과정과 전개", p.37.
17 유동식, 「도와 로고스」, pp.99-100.

3. 무교연구와 한국문화 : 제2기의 풍류신학

앞에서 서술한 유동식의 토착화신학은 신학적 관점, 특히 성서신학 및 선교신학적 관점에서 풍류신학의 한 축을 세우는 작업이었다면, 그의 풍류신학의 또 다른 한 축은 한국문화 자체에 대한 이해에 근거한다. 유동식은 토착화논쟁을 통해 얻어진 한국적 신학에의 가능성을 확인하고, 풍류신학의 구축을 위한 또 다른 축대를 쌓고자 시도하였다. 그것은 한국문화 자체에 대한 천착을 통해 이루어지게 되었다. 여기서 유동식은 한국문화의 가장 원초적인 영성, 곧 가장 한국적인 정신이 무엇인가에 깊이 관심을 갖게 되었다. 그런 과정에서 그는 무교연구에 집중하게 되었고, 그 연구를 통해 한국 무교의 종교적 특성을 발견하게 되었다.[18] 무교연구를 통해 드러난 성과 중 풍류신학의 형성에 기여한 특징으로 세 가지를 지적하면 다음과 같다.

첫째, 무교와 무속의 구분을 통하여 무교의 광활한 영향력을 지적한 점이다. 사실 기독교가 한국에 들어온 이후, 한국 기독교가 한국문화에 대하여 가장 경계하며 배타적인 태도를 보인 것은 기복종교로서의 '무속'巫俗에 대한 것이었다. 그런데 유동식은 무속과 '무교'巫敎의 구분이 필요하고, 동시에 한국문화 및 종교사에 무교의 영향력이 매우 크며 긍정적이라는 점을 강조하게 되었다. 좀 더 구체적으로 서술하면, 무교란 선사시대로부터 현재에 이르기까지 각양각색으로 나타났던 샤머니즘적인 종교현상 전체에 대한 총칭이고, 이에 반해 무속이란 현재 우리가 볼 수 있는 민간신앙 가운데 이른바 샤머니즘이라고 말하는 현상이다.[19] 여기서 무교와 무속의

---

18 유동식, 「한국무교의 역사와 구조」 (서울 : 연세대학교출판부, 1975).
19 한국문화신학회편, 「한국문화와 풍류신학 : 유동식신학의 조감도」 (서울 : 한들출판사, 2002), p.38.

구분은 우리의 관심을 현재 우리가 종종 목격하는 기복신앙 곧 샤마니즘적인 무속의 형태를 넘어서, 무교의 원형에 우리의 초점을 모으도록 인도한다. 그래서 선사시대 이래로 한반도에 면면히 흐르고 있는 한국문화의 핵심에 무교가 자리잡고 있음을 깨닫도록 도와준다. 그리하여 한국문화에서 무속적인 샤마니즘 곧 기복적인 형태의 샤마니즘은 역사발전 과정에서 극복의 대상일지 모르나, 수천 년 동안 변하지 않고 한국민의 가슴 속에 자리 잡고 있는 '무교적 영성'은 한국문화의 영혼으로 인식해야 한다는 점을 강조한 것이다. 이것은 한국문화의 핵심적 사상을 잘 간파한 것으로써, 후에 '풍류도'로 새롭게 해석되었던 것이다.

둘째, 유동식은 한국무교의 원형을 재구성하기 위해 시조신화와 고대제례를 검토한 뒤, 고대 한국무교의 신앙구조를 명쾌하게 제시하였다. 그는 단군신화, 주몽신화, 혁거세신화를 분석한 뒤, 이 각각의 신화는 모두 천신강림신앙, 지모신과 곡신신앙, 그리고 천지융합과 지모신앙을 그 구성요소로 갖고 있다는 점을 밝혀주었다. 그리고 그는 부여, 고구려, 예, 진한 등의 고대 제례에 대한 연구를 통해서 제례의 공통요소로서 제천의례와 광명신앙, 농경의례와 곡신신앙, 가무강신과 창조신앙임을 제시하였다. 그리고 위의 두 요소 곧 신화와 제례의 구성요소 사이의 상합을 통해 고대 한국무교의 신앙구조가 세 가지로 이해될 수 있다고 지적하였다. 그것은 "천신강림과 산신신앙", "지모地母-인간의 승화와 곡신신앙", 그리고 "천지융합과 창조신앙"이다. 이같은 무교의 신앙구조는 신라와 고려, 그리고 조선시대에 이르기까지 그대로 계승 발전되었던 것이다. 결국 유동식의 이러한 무교연구는 서양에서 전래된 기독교가 "복음의 무교적 토착화"[20]를 통하여 한국의 종교로 쉽게 자리를 잡고 또 한국 기독교의 독특성을 형성하였음을 이해하는데 큰 도움을 준다.

---

20 김광식, 「유동식 신학의 형성과정과 전개」, p.46.

셋째, 유동식의 무교연구는 무교적 영성이 한민족의 다양한 종교문화를 통해 창조적으로 발전 승화되어 왔음을 잘 보여준다. 앞서 지적한 것처럼, 한국무교의 3대 신앙구조인 천신강림과 산신신앙, 지모-인간의 승화와 곡신신앙, 그리고 천지융합과 창조신앙은 한국 땅에 존재하는 여러 고등종교를 통해 발전 전개되어 왔다. 구체적으로 설명하면, 4세기말 경부터 중국에서 유교와 불교가 들어와 한국의 문화사를 오랫동안 지배하게 되었다. 먼저 불교는 약 천 년(5-14세기)을, 그리고 유교는 약 5백 년(15-19세기)의 한국문화사를 지배하였던 것이다. 그런데 유동식에 의하면, 불교와 유교는 한국의 무교와 무관하게 발전 전개된 것이 아니라, 오히려 그와 매우 밀접한 관계 속에서 전개되었다. 즉 한국의 무교적 영성은 불교와의 교섭과 혼합, 그리고 유교와의 교섭과 혼합을 통해서 전개되어온 것이다. 이런 점에서 볼 때, 무교는 다른 종교를 매개로 해서 자신을 승화시키는 특징을 갖고 있을 뿐만 아니라, 다른 종교의 높은 이념과 융합되는 과정을 통해 새로운 종교사상을 창조해 내는 특징을 갖고 있다고 말할 수 있다. 이것은 한국무교가 무한한 포용성과 강인한 생명력, 그리고 자기승화를 통한 창조성이란 특성을 갖고 있다고 말할 수 있다.[21] 결국 유동식의 무교연구는 한국 기독교를 새롭게 해석하는 하나의 틀로 작용할 수 있다는 점을 밝혀주었고, 궁극적으로 유동식의 풍류신학을 태동시킨 중요한 한국문화적인 원천이 되었다.

---

21 한국문화신학회편, 「한국문화와 풍류신학」, p.52.

4. 풍류도와 한국적 신학 : 제3기의 풍류신학

유동식의 풍류신학의 제3기는 앞서 살핀 신학적 토대로서의 토착화신학과 한국무교의 연구를 기초로 하여, 그 양자 사이의 비판적 대화를 통해 풍류도와 풍류신학을 창조적으로 정립한 시기라고 말할 수 있다. 이것은 주로 1980년대와 1990년대에 걸쳐 이루어진 작업으로써, 「풍류신학으로의 여로」(서울 : 전망사, 1988)와 「한국신학의 광맥」(1982), 「풍류도와 한국신학」(서울 : 전망사, 1992), 그리고 「풍류도와 한국의 종교사상」(연세대학교출판부, 1999) 등의 저서를 통해 발표되었다. 이 책들은 그의 풍류신학을 비로소 체계적으로 정립한 저서들이라고 말할 수 있다. 이 저서들에 나타난 풍류신학의 주요한 특징은 다음과 같이 세 가지로 구분될 수 있다.

첫째, 유동식은 한국인의 영성을 '풍류도'로 부르면서 그것을 한국인의 영성으로 처음으로 천명한 이가 신라시대의 최치원이라고 소개하였다. 풍류도에 대한 최치원의 설명은 다음과 같다.

> 우리나라에는 깊고 오묘한 영성이 있는데, 이것을 불러 풍류도(風流道)라고 한다……이것은 유・불・선 삼교를 포함하는 것이며, 뭇 인생에 접해서는 그들을 사람되게 교화敎化하는 것이다.(國有玄妙之道曰風流……實乃包含三敎接化群生「三國史記」, 新羅本紀(第4), 振興王.)[22]

그런데 여기서 풍류도의 이해와 관련하여 유동식은 '풍류'風流의 의미를 중요하게 설명한다. 풍류라는 한자는 본래 신선도神仙道의 사상을 나타내는 말로서, 곧 자연과 인생과 예술이 혼연일체가 된 삼매경에 대한 심미적

---

22 한국문화신학회편, 「한국문화와 풍류신학 : 유동식신학의 조감도」, p.54.

표현이었다. 그런데 유동식은 최치원이 말하는 풍류란 단지 신선도를 의미하지 않고 그것을 넘어서 하나님과 인간이 하나가 되는 '신인합일'神人合一을 의미한다고 주장하였다. 그리고 그 풍류는 '포함삼교'라는 특징을 갖는데, 이에 대하여 유동식은 다음과 같이 설명한다.

> 풍류도는 실로 유·불·선 삼교를 포함한 것이라 했다. 유교의 본질은 자기를 극복하고 인간의 본성인 예禮로 돌아가는 데 있고(克己復禮), 불교의 본질 역시 아집을 버리고 인간의 본성인 '한마음'(一心) 곧 불심으로 돌아가는데 있으며(歸一心源), 도교는 인간의 거짓된 사심을 떠나 자연의 대 법도를 따라 사는 데에 그 본질이 있다(無爲自然)고 하겠다. 이런 뜻에서 삼교三敎의 본질은 다 같이 아집에 사로잡힌 자기를 부정하고 하늘이 내린 본성으로 돌아가는 데 있다고 이해된다. 본성이란 다름 아닌 하느님이 주신 성품이요, 하느님의 마음이다. 그러므로 하느님과 하나가되는 풍류도는 실로 삼교의 본질을 다 포함하게 된다……풍류도는 다른 사람들과의 윤리적 관계를 통해 사람들로 하여금 본질적인 인간으로 돌아가도록 교화한다(接化群生). 이것이 곧 우리 안에 있는 하느님의 본성이기 때문이다. 그는 널리 사람들을 이롭게 하는 분으로 믿어 왔다(弘益人間). 요컨대 풍류도의 본질은 하느님과 하나가 되어 그의 뜻을 따라 뭇 사람들과 사랑의 관계를 맺는데 있다. 이것이 한국인의 영성이요, 얼이다.[23]

이처럼, 유동식에게 있어서 한국인의 영성으로서 풍류도는 하나님이 주신 자신의 본성으로 돌아가 그 분과 하나가되는 것이요, 포함삼교의 정신을 구현하는 것이다. 그리고 그것은 사람들에 대해서는 모든 인류가 자신의 본성으로 돌아가도록 교화하는 것이다. 이것이 최치원이 말하는 풍류도의 의미이다. 그런데 여기서 유동식은 위와 같은 전통적인 풍류도 사상

---

[23] 앞의 책, p.55.

은 현대적인 우리말로 재해석될 필요가 있다고 주장하면서 다음과 같이 세가지로 각각 재해석하여 제시해 주었다. 첫째, 풍류는 '멋'으로 해석되고, 둘째, 포함삼교는 하나인 동시에 전체를 의미하는 '한'으로, 그리고 셋째, 접화군생은 '삶'의 실현으로 해석될 수 있다는 것이다.[24] 곧 풍류도는 '한 멋진 삶'의 길로서, 이 3·1구조의 실현이 한국인의 꿈이라고 그는 주장하였다. 결국 유동식은 이러한 풍류도의 이해 위에서 한국적인 기독교 신학을 정립하고자 하였고, 그는 그것을 일컬어 "풍류신학"[25]으로 불렀던 것이다.

둘째, 풍류도의 이해 위에서 제시된 유동식의 풍류신학은 1960년대 그 스스로 제시한 토착화신학의 연장선상에서 그것을 완성한 특징이 있다. 이것은 유동식이 1960년대에 본격적으로 제기한 토착화신학을 풍류신학으로 드디어 정초되었음을 의미한다. 달리 말해 토착화신학이 기독교와 한국문화 사이의 대화의 신학이라고 할 때, 1960년에 이루어진 토착화신학은 어디까지나 기독교의 복음이 '주'主이고, 한국문화는 수동적인 '종'從의 관계였다고 말할 수 있다. 그런데 1980년대에 접어들어 정립된 풍류신학은 더 이상 한국문화와 기독교 복음의 관계가 주종관계가 아니라 대등한 주체 간의 대화관계로 발전한 것이다. 그래서 유동식은 풍류신학을 통해 일방적으로 서양의 신학에 단지 한국인의 옷을 입히려 하지 않고, 오히려 한국인의 영성인 풍류도를 기반으로 예수와 하나님에 대한 이해를 새

---

24 유동식, 「풍류도와 한국신학」(서울 : 전망사, 1992), p.21.
25 이러한 풍류도의 이해 위에서 유동식은 신학의 중요한 주제인 기독론과 신론 등을 설명한다. 즉 그는 기독론에 대한 설명에서 예수 그리스도는 '풍류객'으로서, 자기부정을 매개로 하여 하나님과 하나가 된 존재로 설명한다. 그리고 그는 "풍류신학은 풍류도의 눈으로 삼위일체 신을 신앙하고 신학화하는 것"이라고 하면서, 삼위일체론에 있어서도 성서와 풍류도를 결합시켰다. 즉 기독교와 풍류도의 만남은 삼위일체적으로 이루어진다. '한'과 하나님의 만남, '멋'과 성령의 만남, '삶'과 예수 그리스도의 만남이다. 이 만남은 기독교신앙의 풍류도적 해석이다. 자세한 것은 유동식, 「풍류도와 한국신학」, pp.171ff., 특히 219 참조.

롭게 재구성한 것이다. 이런 점에서 김광식이 이러한 풍류신학을 일컬어 세속화 신학의 연장선 상에서 "성속일여聖俗―如의 신학"[26]이라고 부른 것은 의미가 있다. 왜냐하면 진정한 토착화 및 세속화[27]는 곧 성과 속이 결코 둘이 아니라 하나가 되는 것을 의미한다고 할 때, 풍류신학은 기독교의 복음과 한국문화가 결코 성과 속으로 이분화되지 않고 상호융합관계 속에서 통전화되고 있기 때문이다.

셋째, 제3기에 형성된 유동식의 풍류신학은 "대화의 신학"(theology of dialogue)으로 새롭게 자리 매김하게 되었다. 여기서 대화의 신학이란 적어도 두 가지를 의미한다. 하나는 풍류신학이 기독교 내부의 다양한 신학적 입장 사이의 대화를 위한 신학으로 작용했다는 것이요, 또 하나는 기독교뿐만 아니라 기독교를 넘어서 이웃종교와의 대화에 적극적으로 참여했다는 것이다. 좀 더 구체적으로 서술하면, 먼저 제3기에 이루어진 풍류신학은 "교회일치"(ecumenical)의 신학으로 주목을 받게 되었다. 유동식은 「한국신학의 광맥」(1982)이라는 저서를 통해 풍류도적 관점에서 한국신학계를 바라볼 때, 주로 세 가지 형태의 신학적 흐름이 있고, 그 각각은 독립된 형태로 주로 존재해 왔다고 보았다.[28] 첫째의 형태는 한국교회의 보수주의신학이다. 이것은 '한'의 초월성과 절대성에 관련지을 수 있는 하나님 중심주의의 사상이라고 말할 수 있다. 이것은 주로 현실에 절망한 이들이 하나님의 절대적 초월성에 의존하여 개인의 영적 구원을 이루려는 형태로 나타났다. 이것이 한국교회와 신학의 주류적 형태로 자리 잡고 있다. 두 번

---

26 김광식, "유동식 신학의 형성과정과 전개", pp. 46-51.
27 신학에서 말하는 세속화란 하나님께서 인간을 구원하기 위해 인간이 되신 사건을 의미한다. 이런 점에서 예수의 복음은 세속화작업이라 말할 수 있다. 여기서 세속화란 역사화요, 비종교화요, 성속일여화이다. 이런 점에서 세속화는 토착화의 원리이기도 하다. 왜냐하면 기독교 복음이 진정으로 사람을 살리는 복음이 되기 위해서는 그 문화 속에 완전히 세속화되어야 하기 때문이다. 유동식, 「도와 로고스」, pp. 190ff.
28 유동식, 「한국신학의 광맥」(서울 : 전망사, 1982).

째 형태는 민중신학으로 대변되는 사회진보주의적인 신학의 형태이다. 이것은 풍류도적 관점으로 볼 때 '삶'에 보다 큰 관심을 두는 것으로써, 한국의 과거 독재정부에 저항하면서 정치적인 역사참여를 통해 인간화에 초점을 맞춘 신앙 및 신학의 형태이다. 그리고 세 번째 형태는 토착화신학을 중심으로 한 문화적 자유주의의 사상이다. 이것은 풍류도의 '멋'에 보다 초점을 맞춘 형태로서, 기독교와 이웃종교(유교와 불교 등) 간의 대화에 관심을 갖고 있다. 그런데 여기서 유동식은 풍류도적 관점에서 볼 때 위와 같은 세 가지의 형태로 이루어진 한국의 신학들은 결코 분리될 수 없다고 주장한다. 왜냐하면 풍류도의 3·1구조, 곧 한, 멋, 삶의 통전성의 구조라는 관점에서 볼 때, 그 각각은 결코 분리될 수 없고 단지 구분될 수 있기 때문이다. 따라서 유동식은 풍류신학이란 궁극적으로 한의 신학인 보수신학, 삶의 신학인 민중신학, 그리고 멋의 신학인 토착화신학이 교회일치의 차원에서 통전적인 신학으로 자리매김 되어, 그것을 풍류신학으로 부를 수 있을 것이라고 주장하였다. 이것은 풍류도가 지금까지 논의되어온 여러 한국적 신학들을 하나로 묶는 좋은 신학적 틀이 된다는 것을 의미한다.

한편 대화의 신학으로서 제시된 풍류신학은 또한 '종교 간의 대화의 신학'으로 자리매김하게 된다. 앞에서 언급한 교회일치신학으로서의 풍류신학이 기독교 내의 다양성을 하나로 묶는 역할을 한다면, 종교 간의 대화의 문제는 기독교 밖의 다양한 종교 간의 창조적인 관계에 주목한다고 말할 수 있다. 그래서 그는 「풍류도와 한국신학」 및 「풍류도와 한국종교사」를 통해 한국의 영성인 풍류도를 실현시키기 위해 역사적으로 어떻게 다양한 종교가 서로 협력하면서 지금까지 진행되어 왔는지 설명한다. 그에 따르면, '한, 멋, 삶'의 풍류도는 한국종교사를 통해 '멋'은 문화예술적으로 전개되고, '한'은 종교형이상학적으로 진개되며, '삶'은 윤리사회적으로 전개되었다. 특히 종교사적으로 볼 때, 한국의 불교는 초월적인 '한'이 지배적이었고,[29] 한국의 유교는 현실적 '삶'의 성격이 보다 지배적이었다고 주장하면서, 한국 기독교가 서야 할 자리는 풍류도적 관점에서 볼 때, 이제 보다 더 '멋'의 종교가 되어야 하는 과제를 안고 있다고 주장하였던 것이다.[30] 이러한 유동식의 주장은 한국인의 영성인 풍류도를 실현시키기 위해, 그리고 기독교 자신을 위해서도 불교와 유교, 그리고 기독교가 함께 공존하면서 협력해야 함을 의미한다. 이런 점에서 풍류신학은 종교 간의 대화에 관심을 둔 일종의 '종교신학'으로 발전되었다고 말할 수 있다.

5. 예술신학으로서의 풍류신학 : 제4기의 풍류신학

유동식의 풍류신학의 제4기는 2000년대에 들어서서 제기된 것으로써 '예술신학'의 시기라고 말할 수 있다. 사실 유동식의 신학이 요한서신에 대한 실존주의적 해석으로부터 생겨난 토착화신학이라고 말하기엔 그의 신학은 그보다 훨씬 넓고 또한 깊다. 왜냐하면 그의 신학은 비록 일종의 토착화신학으로부터 출발하였으나 거기에 머물지 않고, 한국무교에 대한 연구를 거쳐, 교회일치신학 및 종교신학으로서의 풍류신학으로 꽃을 피웠고, 이제는 예술신학으로 그 지경을 넓혀 왔기 때문이다. 달리 말해 유동식의 풍류신학은 예술신학을 궁극적 목적으로 하여 지난 50년 동안을 쉬지않고 달려 왔다고 해도 과언이 아니다. 이런 점에서 유동식의 풍류신학

---

29 이것은 한국의 불교가 풍류도의 철학적 측면인 '한'에 보다 큰 공헌을 하였다는 점을 지적하는 것일 뿐, 불교가 풍류도의 '삶'과 '멋'의 차원을 결여했다는 것을 의미하는 것은 아니다. 이런 점에서 유동식이 원광(531-630)은 삶의 불교, 의상(625-702)은 한의 불교, 원효(617-686)는 멋의 불교를 전개하였다고 지적한 것은 의미가 있다. 그리고 이것은 같은 논리로 유교와 기독교에도 각각 적용될 수 있다. 유동식, 「풍류도와 한국신학」, pp. 255-259.
30 위의 책, p.23.

은 예술신학으로 결실하게 되었다. 그렇다면 유동식의 풍류신학으로서의 예술신학은 어떤 특징이 있는가? 여기서 필자는 세 가지를 지적하고자 한다. 첫째, 유동식은 풍류도의 개념을 미학적 관점에서 새롭게 조명한 점이다. 그는 한국인의 영성으로서의 풍류도를 "종교적 기초를 가진 미의식"[31]으로 수정한다. 앞에서 언급한 것처럼, 과거 유동식에게 있어서 풍류도의 의미는 신선도에서 강조하는 미학적인 의미보다는 하나님과의 합일이라는 풍류도의 종교적 측면을 강조한 것이 사실이다. 그런데 이 시기에 접어들면서 유동식은 풍류도의 미학적 차원에 보다 큰 관심을 두면서, 풍류도를 다음과 같이 새롭게 정의한다.

> 여기에서 사용된 '풍류'風流에는 두 가지 뜻이 들어 있다. 하나는 동양인에게 공통된 이상경에 대한 미적 개념이다. 일반적으로는 인생과 예술과 자연이 혼연일체가 된 경지를 뜻한다. 또 하나는 풍류라는 한자가 '부루'(불, 환, 하늘)라는 우리말의 이두식 표기라고 보는 데서 오는 개념이다. 곧 제천의식에서 보듯 풍류도에는 하나님을 섬기는 종교적 개념이 들어 있다. 요약한다면, 풍류도는 종교·예술적 도리요 영성이다.[32]

위의 인용문에 드러나듯이, 유동식의 풍류도의 이해는 "종교-예술적 도리요 영성"으로써, 하나님과의 합일을 의미하는 형이상학적 종교관을 전제로 한 예술적 심미관으로 이해될 수 있다. 그래서 유동식의 풍류신학에 있어서 종교와 예술은 결코 분리될 수 없는 동전의 양면과 같은 것으로 이해된다. 이런 점에서 우리가 그림과 같은 예술의 '전경'前景을 넘어서 종교적 '후경'後景을 봐야 한다는 그의 주장은 매우 시사적이다.[33] 결국 유동식

---

31 유동식, 「풍류도와 예술신학 : 유동식신학수첩」,(서울 : 한들출판사, 2006), p.22.
32 유동식, 「풍류도와 요한복음 : 유동식신학수첩2」(서울 : 한들출판사, 2007), p.21.

의 풍류신학은 풍류도에 대한 예술신학적 재해석을 통해 새롭게 거듭났다고 말할 수 있다.

둘째, 유동식의 예술신학은 신학의 주요한 주제들을 예술적 차원에서 재개념화를 시도한 특성이 있다. 우선 그는 하나님이란 누구인가라고 할 때, 그는 하나님을 "예술가"로 정의한다. 예술이란 "미적 이념의 형상화를 통해 새로운 세계를 열어가는 창조적 작업"이라고 하면서, 유동식은 먼저 예술 자체가 삼위일체의 흔적으로써 미적 이념, 창조적 작업, 그리고 예술 작품이라는 구조를 통해 이해될 수 있다고 주장한다.[34] 그리고 그런 이해 위에서 하나님은 미적 이념을 갖고 계신 예술가로서, 천지를 아름답게 창조하시고, 인간 역시 당신의 미적 이념을 형상화하는 작품으로써 창조하였다고 그는 주장한다.[35] 한편 손호현은 이와 같은 유동식의 삼위일체론적 예술관에 따른 하나님의 이해를 다시 다음과 같이 잘 요약해 준다. "성부 아버지 하나님은 미적 이념의 원천이며, 성자 하나님은 그러한 이념의 가장 완벽한 형상화이며, 성령 하나님은 인생을 그리스도의 행위예술로 다시 거듭나게 된다."[36] 이러한 진술은 무엇을 의미하는가? 그것은 예술이 인간 행위의 한 속성이 아니라 인간이 존재하기 훨씬 이전부터 존재한 하나님 자신의 존재 양식임을 보여주는 것이다. 결국 유동식은 하나님을 최초의 예술가로 새롭게 우리에게 소개해 주고 있다.

한편, 하나님이 최초의 예술가라면, 예수 그리스도는 누구인가? 이에 대하여 유동식은 예수 그리스도를 예술신학적 관점에서 새롭게 이해한다. 곧 그리스도의 탄생은 영원한 로고스가 인간이 되신 사건으로써, 위대한

---

33 유동식, 「풍류도와 예술신학」, p.114.
34 위의 책, pp.111-113.
35 위의 책, p.116.
36 손호현, "한 멋진 삶의 풍경화 : 유동식의 예술신학연구", 「문화와 신학 : 유동식의 풍류신학」 vol. 1(한국문화신학회, 2007), p.115.

하나님의 예술작품이라는 것이다. 그래서 그는 예수의 탄생을 전무후무한 예술적 사건으로 보면서 다음과 같이 주장한다. "그리스도는 실로 하나의 위대한 예술작품이요, 그의 복음은 예술이다."[37] 이런 점에서 역사적 예수는 누구인가? 예수는 "우리의 감각으로 볼 수 있는 전경이요, 영원한 로고스는 우리의 신앙적 영안으로 통찰할 수 있는 후경"[38]이라고 말할 수 있다. 곧 역사적 예수는 영원한 로고스(말씀)가 역사화한 예술적 사건인 것이다. 뿐만 아니라 예수 그리스도는 하나님의 예술작품임과 동시에 참 인간으로서 제2의 창조자, 곧 인간 예술가라고 유동식은 주장한다. 그래서 그는 예수를 다음과 같이 설명한다. 예수 그리스도는 "본래적인 인간으로 회복하게 함으로써 새로운 존재가 되게 하는 인간 예술가"[39]이다. 그리고 예수는 "죄인을 불러 하나님의 자녀로 승화시키는 최대의 예술가"[40]이다. 한편, 이러한 예수 그리스도에 대한 이해는 우리로 하여금 인간의 존재에 대해서도 새롭게 이해하도록 안내한다. 즉 인간이란 '하나님의 형상'(Imago Dei)을 지닌 존재라고 할 때, 그것은 인간이 이성적 존재라는 지성주의적 이해에 머물지 않도록 경계한다.[41] 그 대신 유동식은 예술신학적 관점에서 하나님의 형상이란 예술가를 뜻한다고 설명한다. 즉 "예술가 하나님의 형상대로" 창조된 인간도 본질적으로 "예술가"요, 그래서 인간은 "종교-예술적 존재"라는 것이다.[42] 결국 유동식은 풍류도에 대한 미학적 재해석을 통해 풍류신학의 지평을 예술신학적으로 확대했음을 보게 된다.

셋째, 유동식의 예술신학적 풍류신학의 또 다른 특징은 중세이래로 갈라진 예술과 종교를 하나로 다시 통합되어야 함을 역설하면서, 예술을 통

---

37 유동식, 「풍류도와 요한복음」, p. 47.
38 유동식, 「풍류도와 예술신학」, p. 117.
39 유동식, 「풍류도와 한국신학」, p.179.
40 위의 책, p.104.
41 손호현, "한 멋진 삶의 풍경화", p.116.
42 유동식, 「종교와 예술의 뒤안길에서」 (서울 : 한들출판사, 2002), pp.18-19.

한 세계의 '변혁'(transformation)에 큰 관심을 둔 점이다. 사실 유동식의 풍류신학은 매우 진보적이지만 결코 과격하지 않다. 그러나 그 부드러움 속에 날카로운 예리함이 숨어 있다. 그것은 그가 예술을 통해 한국사회의 변혁과 희망을 말하고 있기 때문이다. 그는 예술활동을 통해 분단한국의 통일을 보고 있고, 분단을 고착화하려는 세력에 대해서 날카로운 비판을 가함으로써 예술혼을 가진 예언자로 보여진다. 유동식은 「게르니카」(1937)와 「삶의 기쁨」(1946)이란 그림을 통해 현대 인간의 부조리를 고발하면서도 희망을 노래한 피카소를 종교적 예술가로 높이 평가한다. 또 그는 한국전쟁으로 실의에 빠진 한국사회에 「나무와 두 여인」(1962)이란 그림을 통해 희망을 보여준 박수근을 높이 평가한다. 그리고 1998년 당시 정주영 현대그룹회장이 소떼를 몰고 북한에 올라간 것과 옛 천 년을 마감하는 1999년 연말에 약 10만대의 자동차가 새천년의 해맞이를 위해 동해안으로 떠난 것은 한반도에 하나의 거대한 십자가를 이룬 행위예술적 사건으로 해석하면서, 그는 한민족이 이 '십자가'를 통해 속히 남북통일을 이루어야 한다는 희망을 노래하고 있다.[43] 결국 유동식의 예술신학적 풍류신학은 예술작품의 전경을 넘어 영원한 후경의 세계 곧 하나님의 나라를 내다보면서, 바로 지금 우리가 서 있는 이 땅을 아름다운 세계로 새롭게 창조할 과제를 우리가 안고 있음을 보여주고 있다.

43　유동식, 「풍류도와 예술신학」, pp.118-128.

6. 풍류신학과 한국적 기독교 종교교육의 형성

일찍이 밀러(Randolph C. Miller)는 신학이야말로 "기독교 종교교육학 연구의 단서(clue)"라고 주장하였다.[44] 그의 이 말은 신학이 마치 큰 바위를 움직이게 하는 지렛대와 같다는 의미로 이해될 수 있다. 그래서 신학의 위치는 기독교 종교교육학 연구의 방향을 결정하는 절대적인 단서라는 말이다. 이런 점에서 한국적 기독교 종교교육의 형성을 위해 풍류신학이 주는 시사점을 살펴보는 것은 유익한 일이다. 그렇다면 지금까지 한국에서 기독교 종교교육 연구의 방향을 움직이는 신학적 단서는 무엇이었는가? 그리고 이전의 신학과 구분되는 풍류신학의 관점에서 한국적 기독교 종교교육은 어떠한 방향성을 갖고 연구되어야 할까? 이와 관련하여 필자는 세 가지를 언급하고자 한다.

첫째, 창조적인 한국적 기독교 종교교육의 형성을 위해 한국의 교파신학과 풍류신학과의 대화가 요청된다. 지금까지 한국에서 기독교 종교교육에 영향을 끼친 신학은 한마디로 하면 '교파신학'(denominational theology)이라고 말할 수 있다. 그것은 한국의 주류 교회들이 배경을 삼고 있는 신학이기도 하다. 예컨대 한국 장로교회는 신자 면에서 한국 개신교회의 거의 절반 이상을 차지하고 있는데, 그 신학적 배경은 소위 '칼빈신학'이라고 말할 수 있다. 이 칼빈신학은 삼위일체 하나님의 초월성과 성서의 중요성, 그리고 각 개인의 소명 등에 강조점을 둔 신학으로써 한국교회의 성상에 지대한 영향을 끼쳤다. 그런데 문제는 한국의 칼빈신학이 근본주의적

---

[44] Randolph C. Miller, *The Clue to Christian Education* (New York : Charles Scribner's Sons, 1950) ; idem, *Biblical Theology and Christian Education* (New York : Charles Scribner's Sons, 1956) 참조.

신학화의 경향으로 흐른 나머지 한국문화와 관련하여 종종 배타적인 신학으로 작용하고 있다는 점이다. 그래서 칼빈신학과 장로교회는 한국문화와의 대화에 매우 소극적이었던 것이다. 이런 점에서 칼빈신학과 한국문화와의 대화, 특히 칼빈신학과 풍류신학과의 대화는 한국적 기독교 종교교육의 형성을 위해 시급히 요청된다. 또한 한국의 또 다른 주요한 교파신학은 '웨슬리신학'이라고 말할 수 있다. 한국의 웨슬리신학은 감리교회와 성결교회, 그리고 나사렛교회 등의 신학적 배경이 되고 있다. 그런데 전통적으로 웨슬리신학은 "성서와 전통, 이성과 경험"이라는 네 가지 신학적 준거를 강조하였다. 하지만 웨슬리신학을 따르는 한국교회들의 문제는 이 네 가지 신학적 준거 사이의 균형과 조화보다는, 성서와 인간의 경험만을 지나치게 강조하는 경향을 보였다는 점이다. 그래서 이들 교회들은 감정적인 부흥회와 초월적 경험에 근거한 급격한 회심만을 절대적인 신앙의 기준으로 강조하곤 하였다. 그 결과 상대적으로 교회의 전통과 인간의 합리적 이성을 중시하는 신학에 대해서는 소극적이었던 것이다. 그런데 최근 제시된 의미있는 변화는 20세기 후반에 이르러서 한국감리교회를 중심으로 웨슬리신학의 신학적 준거로써 위의 네 가지 이외에 '토착문화'의 요소를 강조하고 있다는 점이다.[45] 이것은 한국의 개신교회가 풍류신학적 관점에서 볼 때 새로운 전기를 마련한 것으로 이해될 수 있다. 왜냐하면 웨슬리신학과 풍류신학은 토착문화라는 매개를 통해 보다 창조적으로 만날 수 있기 때문이다. 결국 한국에서 기독교 종교교육이 지금까지 교파신학으로서의 칼빈신학과 웨슬리신학에 크게 의존하였다면, 앞으로 창조적인 한국적 기독교 종교교육의 형성을 위해서는 칼빈신학과 풍류신학, 웨슬리신학과 풍류신학 사이의 대화, 그리고 한국교회와 한국적 신학들과의 대

---

45 장정개정편찬위원회편, 「기독교대한감리회 교리와 장정 : 2005년」 (서울 : 기독교대한감리회홍보출판국, 2006), pp.40-43.

화가 시급히 요청된다. 이러한 대화가 이루어질 때, 비로소 한국적 신학에 근거한 한국적 기독교 종교교육이 형성될 수 있을 것이다.

둘째, 위에서 살핀 유동식의 풍류신학은 네 가지 핵심적 내용, 곧 "성서의 토착화신학적 해석, 한국문화, 풍류도의 영성, 그리고 예술"이란 요소들로 구성되어 있다고 볼 수 있는데, 그것은 각각 한국적 기독교 종교교육의 형성을 위해서도 중요한 통찰을 제공하여 준다. 우선 첫 번째 요소인 성서의 토착화신학적 해석은 한국적 기독교 종교교육의 재구성을 위한 중요한 출발점이 될 수 있다. 사실 풍류신학은 "말씀이 육신이 되신 사건"(요 1:14)에 대한 토착화신학적 성서해석으로부터 출발하였다. 이것은 풍류신학이 성서에 대한 창조적인 해석에 개방적인 태도를 허용하는 것을 의미한다. 즉 성서는 끊임없이 해석되어져야 한다는 명제를 적극적으로 수용한 것이다. 이런 점에서 한국적 기독교 종교교육의 정립을 위해서는 성서에 대한 창조적인 해석을 허용하는 열린 자세가 요청된다. 사실 지금까지 한국교회의 기독교 종교교육은 성서에 대한 해석학적 연구를 격려하기 보다는 오히려 성서의 내용을 문자적으로 전달하는 데 중점을 둔 것이 대부분이었다. 이런 점에서 한국적 기독교 종교교육의 형성을 위해서는 성서에 대한 비평적 연구 성과들을 적극적으로 수용하여 '성서교육의 패러다임'을 새롭게 바꿀 필요가 있다.[46]

두 번째 풍류신학의 요소인 '한국문화'도 같은 맥락에서 한국적 기독교 종교교육의 형성을 위한 중요한 준거가 될 수 있다. 그런데 지금까지 한국

---

[46] 이런 점에서 최근 창의적인 성서교육론을 제시한 연구들은 시사하는 바가 크다. Walter Brueggemann, *The Creative Word : Canon as Model for Biblical Education* (Philadelphia : Fortress Press, 1982) ; Marcus J. Borg, *Reading the Bible Again for the First Time : Taking the Bible Seriously but Not Literally* (New York : HarperCollins, 2001) ; Christine E. Blair, *The Art of Teaching the Bible : A Practical Guide for Adults* (Louisville, Kentucky : Geneva Press, 2001) ; John M. Brake & Karen B. Tye, *Teaching the Bible in the Church* (St. Louis, Missouri : Chalice Press, 2003) 참조.

의 기독교 종교교육학계에서 이루어진 연구들은 한국문화와 관련하여 주로 전통문화보다는 현대문화에 관심을 갖는 경향을 보였다. 그래서 최근 어린이 및 청소년들이 향유하는 현재의 문화에 초점을 맞추어서 대중문화나 인터넷 문화 등에 관심을 보여주었던 것이다. 그런데 한국문화란 한국인들이 단순히 현재 향유하는 문화만도 아니고 또한 과거에 살았던 전통문화만도 아니다. 오히려 한국문화란 그 양자를 포함하면서 그 둘 사이의 창조적인 대화를 통해 새로운 문화를 창조하는 작업이라고 말할 수 있다. 이런 점에서 한국적 기독교 종교교육은 한국문화에 대한 보다 포괄적인 관심을 갖고 연구될 필요가 있다. 특히 한국의 전통문화, 특히 이웃종교와의 대화에 보다 진지하게 임함으로써 새로운 한국적 기독교 종교교육의 지평을 넓힐 수 있을 것이다.

세 번째 풍류신학의 요소인 '풍류도의 영성'은 한국적 기독교 종교교육의 형성에 큰 지평을 제공할 수 있다. 유동식의 풍류신학이 한국신학에 제공한 중요한 기여 중 하나는 한국인의 영성으로 '풍류도'를 제시한 것이다. 그런데 사실은 그것을 넘어서 한국인의 영성 그 자체가 무엇인지에 대해 관심을 갖도록 만든 것이다. 달리 말해 한국인의 영성이 무엇이냐에 대한 대답을 얻는 것도 중요하지만, 그 못지 않게 중요한 것은 한국인의 영성에 대하여 끊임없이 질문을 제기하는 것이다. 이것은 한국적 기독교 종교교육에도 적용될 수 있다. 그래서 유동식의 주장에 따라 풍류도를 위한 기독교 종교교육, 곧 "한 멋진 삶"을 위한 기독교 종교교육을 수행할 필요가 있고, 그러한 실천을 통해 기독교 종교교육이 한국인에게 의미를 주는 교육으로 자리를 잡을 수 있을 것이다. 그런데 그 못지 않게 중요한 것은 거기서 좀 더 나아가 한국인의 영성이 '풍류도'라는 용어 이외의 또 다른 언어, 곧 '한', '아리랑' 등과 같은 언어를 찾아서 그것을 통해 한국인의 영성을 추적해 가는 것이다. 결국 이러한 과정을 통해 한국적 기독교 종교교육이 형성되고, 또 한국인의 영성의 지평도 확대될 수 있을 것이다.

그리고 네 번째 풍류신학의 요소인 '예술'은 한국적 기독교 종교교육의 형성에 매우 의미있는 통찰을 제공한다. 사실 중세 때까지만 하더라도 종교와 예술의 관계는 동전의 양면처럼 매우 밀접한 관계였다. 그러나 그 후 종교와 예술의 분리현상은 가속화되어 현재에 이르게 되었다. 그리고 그 같은 분리 현상은 기독교 종교교육 분야에도 예외없이 적용되어 암기와 교리교육 중심의 기독교 종교교육으로 오랫동안 이루어졌던 것이다. 특히 신학적으로 볼 때, 개신교회는 우상타파 정신에 따라 음악과 같은 청각예술에 대해서는 비교적 관용적인 태도를 보였지만, 미술이나 조각 등의 시각 및 조형예술에 대해서는 매우 비판적인 전통을 갖고 있었다. 그런데 최근 이러한 문제점을 인식하면서 기독교 종교교육 분야에서 예술교육의 필요성이 다시 조금씩 강조되고 있다. 특히 교육에서 '상상력'(imagination)의 중요성[47]이 점차 인식되고, 또 다중지능이론(multiple intelligence theory)[48]과 같은 새로운 인지이론들이 등장하면서 기독교 종교교육에서의 예술교육의 필요성이 제기되고 있다. 따라서 앞으로 기독교 종교교육은 예술교육의 차원에서 더욱 활성화될 필요가 있고, 그런 점에서 기독교 종교교육은 예술신학으로서의 풍류신학을 중요한 신학적 기초로 활용할 수 있을 것이다. 결국 한국적 기독교 종교교육의 정립은 유동식의 풍류신학적 맥락에서 볼 때, "창조적 성서해석, 한국문화, 한국인의 영성, 그리고 예술"이라는 네 가지의 구성요소가 조화롭게 연구될 때 형성될 수 있을 것이다.

셋째, 풍류신학은 한국적 기독교 종교교육의 형성을 위해 교육의 구성요소에 대한 유익한 통찰을 제공한다. 일반적으로 교육의 구성요소는 교

---

47 교육의 영역에서 '상상력'과 관련하여 주목할 말한 저서로는 Elliot W. Eisner, *The Educational Imagination* (New York : Macmillian Publishing Co., 1979) ; Maria Harris, *Teaching and Religious Imagination : An Essay in the Theology of Teaching* (San Francisco : Harper & Row, 1987) 참조.
48 Howard Gardner, *Frames of Mind : The Theory of Multiple Intelligences* (New York : Basics Books, 1983).

육목적과 교육목표, 교사, 학습자, 교수-학습과정, 교육방법, 교육환경, 교육과정, 그리고 교육평가 등으로 이루어진다. 그렇다면, 풍류신학의 관점에서 기독교 종교교육을 고려할 때, 이 각각의 구성요소는 풍류신학적 성찰이 필요하다.[49] 예컨대, 교육목적은 풍류도라는 차원에서 "한 멋진 삶"이라는 교육목적을 고려할 수 있고, 동시에 교육목표로는 포함삼교包含三敎, 접화군생接化群生, 그리고 예술적 영성藝術的 靈性을 설정할 수 있다. 교사와 학습자상으로는 풍류신학에서 강조하는 하나님의 형상으로서의 창조적 예술인으로서의 인간이해, 그리고 그리스도를 풍류도인으로 해석했던 것을 고려해 볼 수 있을 것이다. 그리고 교육과정과 교육환경에 대해서는 풍류도인을 키우기 위한 교육과정으로써 신라시대에 운영되었던 "화랑도의 교육과정"을 기독교 전통과의 대화를 통해서 새롭게 검토할 수 있다. 결국 풍류신학은 한국적 기독교 종교교육의 형성을 위한 준거의 틀로써 활용되어 교육의 여러 구성요소를 비판적으로 성찰하도록 도와준다.

7. 맺음말

유동식의 풍류신학은 모두 네 번에 걸친 연구주제의 확장을 통해 완성되었다고 말할 수 있다. 그것은 그리스도 중심적 보편주의에 따른 토착화신학으로부터 출발하여, 한국의 무교 연구를 통해 한국적 영성이 풍류도라는 점을 파악하게 되고, 그 양자 간의 창조적 승합을 통하여 풍류신학을

---

[49] 이에 대한 간단한 언급은 손원영, "풍류도의 영성과 기독교교육의 새 방향", 「문화와 신학 : 유동식의 풍류신학」, vol. 1 (한국문화신학회, 2007), pp.213-222 참조.

이룬 것이다. 그리고 그 풍류신학은 궁극적으로 예술신학으로 결실을 맺은 것이다. 결국 유동식의 풍류신학은 토착화신학, 한국의 문화, 풍류도, 그리고 예술이라는 네 가지 핵심적 내용을 구성요소로 하여 이루어진 신학으로써, 기독교 복음과 한국문화 사이의 상호 주체적인 대화의 결실이라고 말할 수 있다. 그렇다면 한국적 기독교 종교교육의 형성이라는 중요한 과제를 안고 있는 한국 기독교 종교교육학계에서는 유동식의 풍류신학으로부터 많은 시사점을 받을 수 있을 것이다. 그것은 먼저 교파신학(칼빈신학 및 웨슬리신학 등)의 한계를 넘어서 한국적 신학 특히 풍류신학 등과 보다 더 활발한 대화를 시도하는 것이다. 그리고 유동식이 풍류신학의 형성과정에서 진지하게 탐구한 네 가지 연구주제들을 기독교 종교교육의 관점에서도 함께 적극적으로 검토하고, 더 나아가 풍류신학적 관점에서 교육의 제 구성요소들을 진지하게 성찰하는 것이다. 그런 과정에서 한국인을 위한(for) 한국인에 의한(by) 그리고 한국인의(of) 기독교 종교교육이 형성될 수 있을 것이다.

제3장
동학의 한울사상과 삼경三敬의 교육문화

1. 들어가는 말

　오늘날 교육의 현장은 필요 이상의 경쟁 논리로 관철되고 있다. 현재의 교육문화가 대립·분리·경쟁으로부터 함께 사는 자로서의 인간다움을 배양하는 교육문화로 바뀔 필요가 있다. 물론 이는 현대 산업사회의 시장 메카니즘을 부정적으로 보는 것이지만 그 기술적·실제적·지적 성취를 모조리 거부해야 한다는 것을 뜻하진 않는다. 오히려 이러한 성취를 전일적이고 거시적인 전망과 전일체적 합리성에 비추어 재평가해야 하고, 그 성취가 갖는 가치들은 보다 큰 하나 속에 통합해야 할 필요가 있다는 것이다.
　본 연구는 동학의 한울사상을 통해 현대 교육문화의 대세가 되고 있는 개인중심적이고 소유지배적인 문화를 넘어서는 한 대안으로서 전일적·생태중심적 교육문화를 모색하고자 한 것이다. 이는 다음과 같은 목표를 가진다.
　첫째, 동학의 한울이라는 용어를 검토하여 대아大我로서의 존재 이해의 지평을 넓히고자 한다. 한울이라는 용어에는 우리 모두가 서로 연결된 '전체', 또는 '무궁'이라는 의미가 있다. 한울이라 부를 때 거기에는 우주 전체 생명이 있고 살아 움직이는 무궁한 근원적 힘이 우리 안에서 불려지고 있는 것이다. 인간이 곧 한울이라 했을 때 그 인내천의 한울은 곧 대아大我를 의미하게 된다.
　둘째, 인간과 한울의 관계를 다각도로 접근하여 한울의 의미를 실제적으로 검토하고자 한다. 이는 벨(Kirsten Erin Bell)이 천도교인들을 대상으로 조사한 사례 연구를 빌려오고자 한다. 참고로 말하면 벨은 몇 안되는 외국인 동학연구자로 한국에 들어와 직접 연구를 수행한 사람이다. 그는 이 연구로 호주의 제임스 쿡 대학(James Cook University)에서 박사학위를 취득했다.

셋째, 동학의 한울사상은 인간으로 하여금 한울과 합하여 한울로 사는 대아를 지향하고 있는데 여기에는 성경신誠敬信 혹은 삼경三敬의 수련이 수반된다. 천도교에 오면 이는 오관의 수련형태로 정착되는데 그 삼경과 오관의 수련문화를 살펴보고자 한다.

동학은 흔히 유불도 삼교합일의 도라 지칭되지만 천도교 시대에 오면 무엇보다 불교적 사유 틀이 강하게 자리잡게 된다. 그러면서도 인간이 내재적 초월로서 한울님을 위하고 한울님과 합해가는 삶의 노력을 요구하고 있다. 동학의 이러한 삶의 양식은 삼경의 문화를 형성하여 왔고 한울·인간·자연을 한 몸으로 하여 서로를 위하는 공동체적인 인간다움의 문화로서 지금도 살아 있다. 죽어가는 농촌, 늘어가는 소비의 욕망, 경쟁과 대립으로 인한 타자에 대한 무형·유형의 폭력 등 황폐해가는 현대 사회와 인간 심성을 바로 잡을 대안적 교육문화가 동학에서도 나올 수 있지 않을까 생각한다.

2. 동학의 한울사상

1) 한울님의 의미

동학이 하놀님·하나님을 한울로 표기한 것은 1910년대 초반부터로 말해지고 있다. 이는 당시 기독교의 신(神, God)이 갖는 내용적 의미와 구분 짓고자 하는 의도가 컸다. 기독교가 갖는 창조주로서의 인격신적이고 이원론적인 신 개념과 달리 동학은 만물이 하나인 전일자(Totality)로서의 한울을 강조한 것이다. 한울은 한 울타리로 천지만물과 모든 존재를 "한울"로 하는 근원자를 지칭하는 말이다.

한울이라는 어의를 살펴보면 '한'은 일대一大라는 뜻이요 '울'은 울타리라는 울이다. 동포와 세계 전체를 포용한 울이고 나아가 전 우주를 포용한 울이도 될 수 있다. 이 한울이라는 말은 전 우주를 들어 칭하는 한울이다. 우주 간의 무기물, 유기물, 날고 뛰는 동물, 식물, 우주의 별, 티끌세계 모든 것을 포용한 울이라는 뜻이다. 수운은 일찍이 『용담유사』「흥비가」에서 "무궁한 이 울 속에 무궁한 나 아닌가!(Am I not eternal in this eternal universe!)"라고 말했다. 이는 다음과 같은 의미를 갖는다.

첫째, 무궁한 이 울은 곧 한울을 가리키는 것으로 무궁은 한을 의미한 말이며 한은 크다는 뜻이다. 한울이란 공간상·시간상 모든 것을 포용하는 무궁이다. 과거·현재·미래의 범위를 총합한 우주 전체를 가르쳐 울이라 말한다. 한울은 만물을 포섭하고 그 활동과 힘이 무궁함을 의미한다.[1]

둘째, 한울은 곧 큰 나, 대아大我라는 뜻이다. 기독교의 God처럼 인격적 신을 지칭하는 말이 아니라 한울은 부분에 대한 전적全的이라는 의미이며 소아에 대한 대아를 이름한다. 한 개인이 전체를 생각할 때 이를 대아라 부를 수 있다. 개체아(소아)와 대아(한울)는 근본에서 동일한 것으로 소아는 대아에 융합일치될 수 있다.

셋째, 한울은 전체적 표현을 이름한 것이다. 만물이 한울로부터 창조된 것이 아니라 한울 자체의 자율에 따른 스스로의 표현이다. 동학의 관점에서 볼 때 생명도 끝도 없다. 항상 생멸해 왔던 것이다. 만물 생성에 대해서

---

1 이돈화, 『東學之人生觀』(천도교중앙총부, 1972) 31, p.299.

동학은 "조화造化"라는 말을 쓴다. 이 역시 이전에 없었던 것이 생겨나는 창조물이 아니다. 수운은 이 조화를 "무위이화(無爲而化, natural becoming)"라고 설명했다. 모든 만물은 전체성인 '한울의 표현'이요 '한울의 드러남'이다.[2]

넷째, 한울은 만유의 성장이다.[3] 해월은 천지가 부모라 하였다.[4] 여기서 천지는 곧 전체(Totality, Total Body), 한울을 의미한다. 이돈화는 동질의 종種은 상호부조로 한울을 기르고 이질의 종種은 이천식천以天食天으로서 종속種屬과 종속의 연대적 성장발전을 도모한다고 했다.[5] 인간은 한울 생명 혹은 전체 생명의 진화로서 생성된 것이다. 한울님의 전체성이 전체 그대로 만유개체 중에 비추어 있고 만 개체가 다 같이 한울을 생성한다. 그러나 인내천이라 특히 말하는 것은 한울의 전체성이 인간에서 완전히 표현된 것을 지칭한다. 사람은 자기 본래성인 한울님의 전체성을 나타내기 위해 무궁으로부터 무궁으로 흘러간다.[6] 한울은 전체, 무궁, 대아, 근원, 주재성, 생성 등의 의미를 담고 있다.

2) 하나님과 한울님

수운은 『동경대전』 「논학문」에서 '서학은 우리 도와 같은 듯하나 이치에 다름이 있다'고 했다. 특히 수운은 그 당시 서양의 자본제국주의의 침략을 목도하면서 서학 자체에 대한 의구심을 갖았다. '우리 도는 무위이화라

---

2 Yong Choon Kim, *The Ch'ondogyo concept of man : an Essence of Korean Thought*, (Seoul : Pan Korea Book Corporation, 1978), p.13, 참고.
3 이돈화, 『新人哲學』, 京城 : 天道敎中央宗理院信道觀, 1931 pp.1-3.
4 『해월신사법설』, 「천지부모」.
5 이돈화, 『新人哲學』, 위의 책, p.57.
6 이돈화, 『東學之人生觀』, 앞의 책, p.300.

그 마음을 지키고 그 기운을 바르게 하고 한울님 성품을 거느리고 한울님의 가르침을 받으면 자연한 가운데 화해 나는 것이다. 서양 사람은 말에 차례가 없고 글에 순서가 없으며 도무지 한울님을 위하는 단서가 없고 다만 제 몸만을 위하여 빌 따름이다. 도는 허무한 데 가깝고 학은 한울님 위하는 것이 아니니 어찌 다름이 없다고 하겠는가'라는 것이다.

이돈화는 한울님을 하나님으로부터 구분하고 있다.

> 현재의 계급은 경제로부터 생겼지만 계급의 먼 역사는 경제보다 하나님에게 연원한다. 성직제도의 기원은 곧 계급의 기원이다. 사람들이 하나님이라 하는 위대한 대상을 피안에 놓고 하나님과 친·불친의 관계를 제도로 지어놓아 하나님과 친근한 자는 지배계급이 되고 하나님과 불친한 자는 천인賤人이 되게 되었다. 이는 서양뿐만 아니라 동양의 정치제도 역시 똑같이 적용된다. 나라의 임금을 천자라 하여 하나님과 친자 관계를 맺어 놓고 그 다음 차례로 질서 정연히 천자와 친근한 자가 봉건적 귀족이 되고 그와 인연이 먼 일반 민중은 하향천민이라 하여 모든 압박과 착취를 하여 왔다. 사람과 사람이 연결하는 맛으로 산 것이 아니요 사람과 사람이 누르는 멋으로 살아 왔다. 이것이 곧 계급의 하나님이다.[7]

전쟁과 계급은 하나님과 사람과 모든 자연을 부분 부분 갈라 놓고 '나는 네가 아니요 너는 내가 아니라' 하는 고립적 종교문화에서 생긴 것이라고 그는 말한다. 하나님은 인격적 신이며 전제적 신이며 만물과 인연을 끊은 신이며 인간계와 천상계를 구별한 신을 지칭한다. 한편 한울이라는 말에는 천지만물을 연통하는 의미가 있으며 자연과 인간의 연대책임을 의미한 것이며 사람과 사물의 상호부조를 의미한 것이다. 이는 고립(대립)·배제의 의미가 아니라 전적全的·친회의 의미이다. 천지가 한 몸, 한 '나'라는

---

7 조남현 편,『시대정신에 합일된 사람性 주의(이돈화)』(서울 : 범우, 2007), pp.392-393.

말이다. 이는 불교에서도 말하는 '천상천하유아독존'을 의미하기도 한다. 하늘을 가리켜 땅을 가리켜 어느 것 하나 '나' 아님이 없는 것이다.

동학에서 형성된 아동유희로서 "도리도리 각궁 건지곤지 젬젬"이 있다. 어른들은 자라나는 아이들로 하여금 인간의 도리가 자신이 무궁한 한울임을 깨닫는 각궁(覺弓)에 있음을 암암리에 표현한 것이다. 건지곤지는 왼손의 중심을 눌러 하늘을 가리키고(乾指) 오른 손의 중심을 눌러 땅을 가리키는 (坤指) 것이다. 그리고 손가락을 모아 젬젬(諸+口)이라 했다. 이는 하늘, 땅, 인간이 모두 하나라는 것을 가르친 것이다. 붓다가 하늘을 가리키고 땅을 가리켜 어느 것 하나 나 아님이 없다고 한 천상천하유아독존과 무엇이 다를까? 이는 분명 불교가 동학에 미친 영향으로 보아야 할 것이다.

한울님 하고 부를 때에는 초목도 들어야 옳고 강산도 들어야 옳고 금수도 들어야 옳다. 사람은 물론이다. 이러한 의미에 있어서 한울의 문화라는 것은 인간 전체의 행복을 의미한 것이며 인간으로부터 계급과 차별을 일소한 연대책임의 문화를 의미한다.[8]

3) 한울과 인간의 관계

인간과 한울을 나누지 않는 동학은 인간과 한울의 관계를 다양하게 접근하고 있다. 먼저 주목할 것은 천도교의 궁을기인데 이는 인간이 한울과 합한 것을 역동적으로 상징한다. 여기서 붉은 색은 인간을, 흰 색은 한울을 표상한 것으로 인간과 한울의 무궁한 관계를 나타낸다. 그리고 가운데 태극은 한울 본성을 표시하고 두 개의 강낭콩 모양은 인간 마음을 표현한다.

---

8 조남현 편, 앞의 책, pp.394-396.

그림 1 궁을기

궁을기는 인간과 한울이 보다 큰 하나로 통합하는 천인일체적 표현이다. 궁을ㄹ乙은 곧 인간 마음으로 마음은 궁천을인ㄹ天乙人 즉 천인합일된 표상을 상징하고 태극太極은 마음이 만리를 구비하였다는 표상이다. 이 모두 인내천의 표징이라 할 것이다.[9]

K. E. Bell이 천도교인들을 상대로 조사한 연구에 의하면 이러한 천인일체의 표징은 인간, 한울, 우주로 개념 지어 다음의 여섯 가지로 제시될 수 있다.[10]

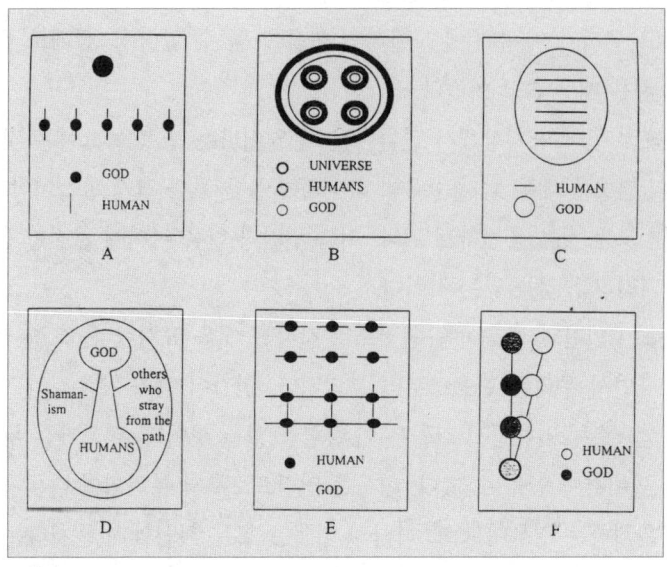

그림 2

---

[9] 이돈화 저, 조남현 편, 『시대성신에 합일된 사람性 주의』(서울 : 범우, 2007), p.43.
[10] Kirsten Erin Bell, Entrancing Tensions : an anthropological Exploration of the Korean Religion of chondogyo, (degree of Doc. of Philosophy in James Cook University, 2000), p.69.

그림A : 한울은 각자의 인간 안에 존재하고 동시에 한울은 인간으로부터 구분·분리된다. 이는 초월적 창조자로서 한울과 구분되는 것으로서 인간 내재적 한울을 강조하는 것이다.

그림B : 가장 큰 원은 우주를 나타내고 안쪽의 원은 한울을 표시한다. 한울은 우주 안에 내재적·범신적 존재로서 인식되고 있다. 동시에 각 개인과 사물은 한울을 포함하고 있는 존재를 강조하는 것이다.

그림C : 인간과 한울의 관계를 보다 일원적으로 나타내고 있다. 한울의 큰 원 안에 둘러싸인 인간을 묘사하고 있다. 이는 모든 만물 안에 내재하는 범신적 한울을 그린 것이다.

그림D : 인내천의 개념을 설명한 것이다. 인내천은 우리가 완전에 이를 수 있고 우리가 이 수준에 도달하면 한울이 될 수 있다. 그럼에도 불구하고 그 길은 매우 좁고 어렵다.

그림E : 천국이 지상에서 만들어질 때 일어나는 변형을 보이는 것이다. 각자의 한울은 매우 작지만 우리 각자의 한울을 보다 크게 만들어야 한다. 그러면 모든 것을 통전하게 된다. 이는 인간과 한울 사이에 완전한 통합이 있게 되리라는 것을 믿는 것이다.

그림F : 인간과 한울이 근원적으로 같다는 것을 표시한다. 그러나 시간이 지나면서 우리는 한울로부터 분리된다. 인간이 점차 세속적이고 오염된 세상으로 몰입하면서 그들은 이 통합을 잃을 것이다. 여기에는 두 가지의 한울 이론이 있을 수 있다. 한울은 인간으로부터 분리되어 다른 장소에 홀로 존재하는 경우이고 또 하나의 한울은 모든 사람에게 존재하는 한울이다. 동학의 한울은 이러한 두 유형의 혼합이다. 한울은 인간 마음 바깥에 그리고 안에 동시에 존재한다.[11]

한울의 초월적 경험은 수련을 통해 가능하고 이는 자연과 분리되었던

---

11 앞의 책., pp.70-71.

자신이 자연의 한 부분이 되어 보다 큰 우주와 하나됨을 느끼게 한다. 이때 인간은 사인여천에 이르고 강령을 경험한다. 사람들은 강령을 경험할 때 흔히 세 가지를 느낀다고 한다. 1) 자기 자신 안에 한울을 가졌음을 느끼고 한울과 다르지 않음을 느낀다. 2) 모든 것이 평등하게 보인다. 3) 모든 것이 위대해 보인다는 것이다.[12]

3. 한울 문화교육

교육은 자신의 사회가 산출한 정신적·물질적 소산의 총체적 문화를 선별하여 가르치는 것이다. 한 집단의 문화에는 개성이 있고 자기 연속성을 지키고자 한다. 문화교육은 객관적 문화를 내면화하는 것으로 ① 감화感化의 차원과 ② 이해理解의 차원이 있다. 감화는 무의식적으로 문화가 내면화되는 것이다. 이해는 문화에 대하여 인간 자신이 의식적이고 자각적인 경우를 말한다.

일반적으로 문화교육은 학습자 자신의 공감과 반감과의 갈등 가운데 그들의 이해에 기초하여 내면화가 행해진다. 사회적 차원에 있어서 문화와 인간과의 교섭과정은 무의식적으로 행해지는 것이 많고 일상생활 가운데서 자연히 몸에 만들어지는 것이 많다. 인간은 자기형성을 이루면서 거꾸로 자기가 소속하여 있는 사회의 성격을 변화시켜 간다. 물론 사회의 성격은 자신 한 사람의 힘에 의해 변화하는 것이 아니다. 그 사회에 속하여 있는 많은 사람들의 힘의 요인들에 의해 변화한다.[13]

---

[12] 앞의 책., p.71.

현재 우리의 문화는 서구근대문화의 연장으로서 신자유주의적 체제하의 문화라 할 것이다. 소비와 경쟁, 욕망의 실현이 무의식적으로 내면화되는 사회문화라 할 것이다. 이는 시대적으로 거슬러 올라가면 근대문화의 후속이다.

데카르트는 우리 자신을 자연의 주인, 소유자로 보았다. 자신의 보존과 욕구를 위해 자연을 인간의 효율과 편리함을 위해 지배한다. 이와 같은 기술산업사회에서는 과도한 선전과 광고가 상품의 생산과 소비를 증가시키기 위해 디자인되고 파괴적 욕구와 잘못된 욕구를 불러일으킨다.[14]

그러나 동양의 문화는 ① 자연의 세련이 문화이고 자연과 문화는 서구사회처럼 대립개념이 아니다. ② 감성적 미와 심정의 순수함을 존중하는 문화가 형성된다. ③ 복잡한 내용의 것을 단순화하고 단순한 것이 복잡한 의미를 상징하는 예술이나 종교를 산출한다. ④ 합리적 정신이 없는 것은 아니지만 그것은 서구에서의 합리주의와는 달리 선험적 성격을 지니지 않고 경험주의라든가 사실주의라든가 하는 용어로 표현되는 합리주의이다. ⑤ 실천성이나 실리성을 존중하고 순수한 지적 관조를 존중하는 정신이 형성되어 있다. ⑥ 마음의 마땅한 바에 대해서는 예리하게 물으면서도 그것은 유심적인 의미로의 물질에 대립하는 이원론에 입각한 것이 아니라 마음을 순화하는 것을 통해 실재를 파악한다. ⑦ 이와 같이 마음을 대하는 방식에서 서구의 근대적 자아와는 달리 자아를 소멸하는 것이 자아를 살리는 길이라고 생각한다. 이와 같은 문화는 주로 불교에 의해 형성된 것이다.[15]

동학 전통의 한울문화 역시 생명 중심적 평등의 문화로 모든 생명체가 전체를 담고 있고 서로 연결되어 있는 대아적 문화이다. 모든 것은 보다

---

13 源了圓, 『文化と人間形成』(東京 : 第一法規, 1982), 13-15頁.
14 Bill Devall, *Deep Ecology*(Gibbs Smith, Publisher, Utah, 1985), pp.67-68.
15 源了圓, 『文化と人間形成』, 위의 책, pp.49-50.

큰 대아적 실현 안에서의 자기실현에 도달하는 삶과 권리를 갖는다. 근대의 지배적 세계관과 대아적 생태적 세계관을 빌(Bill Devall)은 다음과 같이 비교했다.[16]

세계관의 비교

지배적 세계관	대아적 세계관
• 자연 지배	• 자연과 조화
• 인간을 위한 자원으로서 자연환경	• 모든 자연은 생명평등의 고유성을 갖는다.
• 인구성장을 위한 물질적 경제적 성장	• 단순한 물질적 욕구 : 물질적 목표는 보다 큰 자기 실현의 목적에 봉사한다.
• 풍부한 자원이 보존되어 있다는 믿음	• 지구 공급은 한정되어 있다.
• 최고의 기술적 진보와 해결	• 적절한 기술, 지배하지 않는 과학
• 소비주의	• 충분한만큼의 리싸이클(recycle)
• 국가 중심의 사회	• 소수 전통/생명 지역

한 사회의 문화는 세계를 보는 눈을 제공한다. 지배적 세계관은 타자를 자신과 분리·대립시킬 뿐이다. 그러나 생명은 억천만의 개체생명으로 분화되기 이전에 한 덩어리였다. 개체생명으로 분화된 이후에도 역시 한 덩어리로 연결되어 가지고 사는 것이다. 본래 살았다는 것은 본체생명과 연계를 가졌다는 것을 말하는 것이다. 그와 반대로 죽었다는 것은 본체생명과 연계가 끊어졌다는 것을 의미한다. 마치 방안에 전등이 켜졌다는 것은 발전소의 전기와 연결이 되었기 때문이며 전등이 꺼졌다는 것은 연결이 끊어졌기 때문인 것과 같은 것이다. 이렇게 한 덩어리로 연결된 일체의 원리에서는 분리라는 개념을 거부한다.[17] 대아의 원리는 지배의 사고방식과는 상반된 각도에서 출발하는 것이다.

---

16 Bill Devall, 앞의 책, p.69.
17 백세명, 『하나로 가는 길』(일신사, 1968), pp.10-11.

4. 한울과 삼경의 교육문화

1) 삼경의 한울 문화교육

　삼경의 한울문화라는 것은 우주와 인간, 세계와 인간을 내적으로 결합하는 교육문화를 이름이다. 동학에 있어 인간실현은 한울과 일체가 되어 그 덕이 합할 때를 말한다. 인간의 본질은 전체의 관심인 한울의 의지와 나의 개인적 의지가 하나 될 때 얻어지는 상태이다. 반대로 악덕은 전체로서 한울의 관심과 하나됨을 구하지 않고 인간 자신의 이기적인 관심으로서 특징지어진다. 악인은 작은 사람 즉 소인小人이라 불려지고 선인善人은 정성스럽고 진실한 인간, 천주라 불려진다. 한울과 합하는 것이 인간 최고의 목표가 된다. 그리고 이를 일상 삶에서 이루어나가는 가운데 표현되는 것이 한울의 문화이다.
　인간이 한울을 모셨지만 누구나 다 모셨다고 하지 않는 것은 인간이 한울을 위하지 않고 자신과 한울을 분리시키기 때문이다. 동학은 인간이 한울과 합하는 방법을 성경신으로 제시했다. 이는 해월에게서도 그대로 계승되는데 그는 이를 삼경三敬으로 구체화시켰다. 사람마다 마음을 공경하면(敬心) 기혈이 크게 화하고, 사람을 공경하면(敬人), 모든 사람이 와서 모이며, 사람마다 물건을 소중히 하면(物敬) 만상이 움직인다.
　특히 해월은 '경천'敬天을 '경심'敬心으로도 말한다. 자기 안의 한울님은 결국 '심'心이기 때문이다. 그러므로 해월은 '향아설위'와 더불어 '경심'을 말한다. 그리고 이 모든 것은 믿음에서 시작된다. 마음을 믿는 것은 곧 한울을 믿는 것이고 한울을 믿는 것은 곧 마음을 믿는 것이다. 마음으로 믿으면 정성, 공경은 자연 그 가운데 있다.[18]
　인간 스스로가 한울마음을 지키고자 하는 마음 닦음과 한울마음에 대한 공경 그리고 인간과 사물을 접하여 한울 마음의 행함을 실천하는 것이다. 사람은 한울로 말미암아 한울이요 사람은 한울로 말미암아 사람이다. 한울을 모시고 사람이 되었고 사람을 의지하여 한울이 있다.[19]

경천은 내마음을 공경함이다. 경천함으로써 인오人吾동포 물오物吾동포의 전적全的 진리를 깨달을 수 있다. 경천함으로써 세상을 위하여 의무를 다할 마음이 생길 수 있다. 그러므로 경천은 모든 진리 가운데 중추가 된다.

경인은 곧 경천이다. 경천은 경인의 행위에 의지하여 효과가 나타난다. 또한 사람은 사람을 공경함으로 도덕의 최고 경지가 못되고 물건을 공경함에까지 이르러야 한울과 하나될 수 있다. 자연만물과 인간 역시 분리될 수 없기 때문이다.

인간은 기본적으로 세 가지 도덕적 책임이 있다. 한울, 인간, 자연이다. 한울, 인간, 자연을 공경한다는 것은 절대적 일원론의 견지로부터 보아 하나인 실재의 입장이다. 한울과 인간을 공경하는 것은 한울의 덕과 하나가 되는 것이다. 그리고 인간을 공경과 평등과 정의로 인간을 대하고 섬기는 것이다. 경물이란 자연을 돌보고 깨끗하게 유지하며 자연이 주는 음식과 희생에 감사를 느끼는 것이다.

자연 세계를 사랑하고 돌봄과 보호에 의해 인류는 인간 생존뿐만 아니라 예술적 문화적 가치를 위해서 보다 많은 은혜를 입는다. 모든 자연에 대한 경물은 우주에 대한 공경이다. 자연 없이 인간 생명은 존재할 수 없다. 인간 생명은 자연의 자비와 덕에 의존한다. 이러한 공경 속에서 사연은 인간 생명의 요구를 위한 돌봄과 음식을 공급하는 일종의 부모로 여겨진다. 인간과 자연은 일원론적 견지로부터 통합체이고 서로 분리될 수 없

---

18 정혜정, 『동학 · 천도교의 교육사상과 실천』(혜안, 2001), pp.297-298.
19 誠天生, 「교리문답」, 『천도교회월보』, 1920.6.

다. 자연은 인간 생명의 원천이다.

백세명은 천도란 우주 생명의 발달 법칙을 의미한다고 설명한다.[20] 우주 본체는 거대한 하나의 생명체이다. 동학에 있어서 죽음은 생명 전체의 발달을 위한 하나의 과정으로서 낡은 것이 새로운 것으로 교환·변화되는 것을 의미한다. 이는 인간 몸의 생명 발달을 위해 인간 몸 안에서 오래된 세포가 새로운 세포로 계속 교체되는 것과 같다.

우주를 나와 한 몸으로 하여 우주중심을 되찾는 전일적 존재로서의 양태가 곧 동학이 추구하는 삼경의 문화로 이는 인간 자신이 세계 전체임을 깨닫는 것에서 시작한다. 즉 자신이 한울님임을 자각하는 것이다. 해월은 "인간이 물욕을 제거하고 도리를 환하게 깨달으면 지극한 한울이 지기와 화하여 지극한 성인聖人에 이르는데 이 천지만물 모두가 곧 나(我)"[21]라고 말한다. 삼경의 교육문화는 천지를 나와 한 몸, 한 마음으로 결합하는 생활양식이다.

한울은 천지부모이다. 해월은 천지만물과 인간이 하나임을 '천지부모'를 통해서 민중들에게 설명했다. 부모의 포태가 곧 천지의 포태로 사람들은 부모의 포태는 알아도 천지의 포태는 모른다고 호소한다. 사람이 어렸을 때 먹는 젖이나 자라서 먹는 곡식 모두가 천지의 젖이다. 따라서 인간은 부모의 은혜에 감사하는 것처럼 인간은 오곡으로 길러준 천지에게 감사한다.[22]

이와 같이 "천지는 곧 한울"[23]로 한울은 사람을 떠날 수 없고 사람은 한울을 떠날 수 없다. 인간과 천지만물은 분리될 수 없는 것으로 세계는 하나가 된다. 인간은 자연과의 생명공동체 속에서 우주를 자기 한 몸으로 하

---

20 백세명, 『동학사상과 천도교』(서울 : 동학사, 1956), p.86.
21 『해월신사법설』, 수도법.
22 『해월신사법설』, 天地父母.
23 『해월신사법설』, 도결, "天地父母 네 글자는 모두 한울天 한 字이다."

는 행위가 우주생성이다. 그러므로 나의 마음과 기운이 바르면 천지의 마음과 기운도 바르다.

천지공심天地公心의 한울아로 살면서 행위 하는 모든 것이 이 한울을 위하여 사는 것이다. 한울을 공경하는 이유가 여기에 있다. 한울을 공경하는 것은 곧 자기에게 행위한 것이 된다. 그리고 한울 공경(敬天)은 구체적으로 사람과 사물에 대한 공경으로 표현된다.

경천은 허공을 향하여 초월자 신神을 공경하는 것이 아니요 오직 내마음을 공경함이다. 내 마음을 공경한다는 것은 천지를 공경하는 것이요 전일체로서의 한울마음을 지키는 것이다. 내 마음을 공경치 않는 것은 천지를 공경하지 않음이다. 사람은 경천, 즉 경심敬心을 통해 천지만물이 모두 하나라는 전체적 진리를 체험한다. 그 진리에 입각하기에 세상을 위해 살 수 있다. 세상을 위한다는 것은 구체적으로 사람을 위하는 행위에서 드러난다. 한울이 사람을 떠나 따로 있지 않기에 사람을 버리고 한울을 공경한다는 것은 물을 버리고 갈증을 해소하고자 함과 같다. 이러한 한울 공경은 사물 공경으로까지 나가야 완전하다. 어느 것 하나 한울 아님이 없고 나 아님이 없기 때문이다.[24]

이돈화는 해월의 삼경三敬의 경천敬天을 해석하여 이는 우주의 대법성大法性에 대해 경외심을 갖는 것이라 했다. 이로부터 인간 자신은 자기의 품성을 키우고 우주와 하나될 수 있다는 것이다. 또한 경인敬人이란 한울(神)과 인간을 둘로 보지 않는 것이고, 경물敬物이란 인간 자체가 자연과 사회적 작용의 총화로부터 유지되기에 자연은 인간성을 이루는 한 부분이 된다 하였다. 자연(物)을 공경한다는 것은 자연에 의해 조건지어지는 인간임을 간파하는 것이기도 하다. 그러므로 경물은 사람성의 본원을 공경하는 것과 같다. 경물까지 가고서야 경천했다 할 수 있는 것이다. 동학은 천지

---

24 『해월신사법설』, 三敬.

만물과 총친화總親和 총경애總敬愛함으로써 경천의 최대원칙을 삼는다.[25]

결국 동학에서 말하는 동귀일체란 인간과 한울, 인간과 자연, 인간과 사회가 분리되지 않는 하나된 한울세계로 돌아감이다. 인간은 끊임없는 허위의식에 사로잡혀 분리와 대립 속에서 사물을 보고 자아(ego)를 무한히 확대시키고자 골몰한다. 그러나 동학은 이 허위의식을 타파하고 자신이 곧 전체 한울임을 깨달아 한울님을 위하라고 말한다. 이를 위한 구체적 실천으로 주문, 심고 등은 삼경의 문화를 내면화시키는 교육이라 할 것이다.[26]

2) 오관五款의 수련문화

동학의 수련법은 오관으로 대표된다. 이 오관을 통해 한울의 문화를 만들어가는 것이다. 오관은 주문, 기도, 청수, 성미, 시일을 말한다.

첫째, 인간은 주문을 외울 때 마음이 진리를 향해 열리고 한울의 영과 하나된다.

둘째, 심고는 진리와 정의 안에서 자신의 생명을 새롭게 하여 살고자 고백하고 영감을 일으키기 위해 한울을 향해 하는 말이다.

셋째, 청수는 매일 아침 가정에서 심고와 함께 모시는 수행이다. 청수는 맑고 순수함의 상징이다. 청수를 대할 때에 시천주 내유신령인 진아를 관조·회복한다.

넷째, 성미는 인간 생명을 위한 감사의 상징과 마찬가지로 인간과 한울에게 자신을 헌신하는 진실한 믿음을 상징한다.

---

25 이돈화, 수도의 요체(속), 『신인간』 180, 1943. 9.
26 정혜정, 『동학의 한울교육사상』(서울 : 모시는 사람들, 2007), pp.150-155.

다섯째, 시일은 몸과 정신을 정화하고 마음을 새롭게 하며 인격을 한울과 하나된 높은 차원 안으로 발달시킨다.

(1) 주문의 수련

김기전에 의하면 주문을 외우려 할 때 제일 먼저 가져야 할 자세는 이 송주에 대한 의욕이다. 즉 어떻게 하든지 이 주문 속에 쓰여 있는 그대로의 지기와 감응하여 내유신령을 증험하고 체득해 보겠다는 강한 의욕이 필요하다. 21자 주문의 체험은 곧 시천주의 체험이요 시천주의 체험은 곧 내유신령의 무궁생명의 체득이다. 지극히 경건한 마음으로써 일체를 차단하고 오로지 한울님을 모시는 한울님뿐인 세계에 드는 것이다. 심고를 행하여 수심정기하고 눈감고 손을 맞잡고 똑바로 앉아서 일단 주문을 외우기 시작한 때에는 그야말로 신심부동身心不動의 깊은 정定(深侍定)에 들어간다.

> 심고(주문)로써 먼저 한울님에게 귀명몰아歸命沒我가 되었다가 다시 송주심고에서 완전득력을 하게 되면 몰아 가운데 다시 진아가 갱생하여 천즉아天卽我, 아즉천我卽天의 새로운 경지가 개척되게 된다.[27]

현송이든 묵념이든 여기에서 중요한 것은 구절구절 주문의 뜻을 일념으로 생각하는 그것이다. 주문을 외는 비결이 여기에 있다. '지기금지 원위대강 시천주 조화정 영세불망만사지'를 구절구절 빼지 말고 뜻을 생각하면서 읽되 그 외우는 율조나 호흡에 있어서도 이리저리 변동하지 말고 꼭 한 모양으로 일사불란하게 그것을 되풀이하는 것이다. 그리하면 한 반시간 내지 한 시간 안에 무슨 모양으로나 약간의 증험이 있게 된다.

---

27 이돈화, 앞의 책. 『신인간』 180, 1943. 9.

송주시에 반드시 구절구절 그 뜻을 생각하고 한 모양으로 되풀이하되 그것을 엄격히 지키는 것은 주문을 외우는 자체의 첫째가 정신통일이기 때문이다. 정신을 통일하되 내유신령의 한울님께로 통일하자는 것이다. 한울님께로 통일만 되면, 곧 한울님의 세계에 들기만 하면 한울님과의 일체가 열리는 것이다. 그런데 이 정신통일은 생각(念)을 엄정하게 되풀이하는 것밖에 더 이상 가는 묘법은 없다. 동학에서 주문을 외는 것은 한울님과 합정合定되기 위한 정신통일이므로 한울님 위하는 주문의 뜻을 되풀이함으로써 나의 일념을 통일집중한다는 것이다.

도를 닦는 중에 제일 곤란한 것은 이 잡념이다. 주문을 읽을 때에 꼭꼭 주문 뜻을 생각한다 할지라도 그만 어느 사이에 또 잡념이 들어올 것이다. 대개 주문의 뜻은 대체요 또 같은 뜻을 반복하는 것이므로 자극이 적으나 잡념은 구체적이요 새록새록 지어지는 것이므로 우리의 마음을 빼앗으려 하는 것이다.

그러므로 이런 때에는 주문의 뜻을 생각하되 그 대체만을 생각하지 말고 아주 구체적으로 생각하되 지기금지라 하면 허령창창 무사불섭 무사불명까지를 생각하고 시천주라 하면 적어도 내유신령 외유기화까지를 생각해야 한다. 그리하면 나의 생각(念)은 차츰 본길로 들어서서 그 주문생각이 점차로 간단해지며 필경 주문생각을 잊어버리는 정신통일의 지경 즉 무아의 지경에 들어서는 것이다. 이 무아의 지경은 곧 한울님과 합정하는 경지인데 이 경지가 가까워지려 하는 때에는 벌써 지기가 몸에 내리기 시작한다. 여기에서 점차로 더 나아가서 완전히 무아지경에 들면 여기에서는 한울이 체득되고 한울님의 그 도, 그 지혜가 비추인다. 주문을 정성스럽게 공부하는 가운데 접령 상태는 반드시 만나게 되는데 그 지경이 심히 묘하다.[28]

---

[28] 김기전, 「주문은 어떻게 외울까」, 『신인간』 164, 1942. 3.

(2) 심고의 수련

심고는 수운에 의해 기초지어진 것으로 한울과 합하기 위한 자기교육법이다. 음식을 먹기 전에, 잠들기 전에 출입할 때 모든 일을 행할 때, 모든 순간에 언어를 사용하지 않고 마음에 고하는 것이다. 심고는 기독교처럼 말로 표현할 수 있는 인격신과 대상의 개념을 한정짓는 대다수 기독교인의 기도와 다르다. 또한 의사 소통의 의미나 말을 즐기지 않는 명상과도 다르다. 심고는 마치 어린아이가 부모에게 건네는 말처럼 인간이 오직 마음 안에 있는 한울에게 말하는 것이다. 멀리 있는 신에게가 아니라 자신 안에 있는 자신의 한울님에게 고하는 것이다. 이는 자신의 한울을 믿는 신앙 안에서 인간의 친숙한 관계를 표현한다. 따라서 심고는 한울과 하나되는 신앙을 갖는 데 있어 중요하다.

동학은 이러한 믿음 체계에서의 심고 문화를 갖기에 의식儀式에 있어 우상이나 모상을 만들지 않는다. 그러므로 예배·제사를 자신에게 드리는 향아설위의 의식을 제기한다. 인간의 마음이 한울과 결합하도록 열릴 때 결합이 신비하게 일어난다. 인간 자신의 마음 안에 진정한 신앙이 일어날 때 한울이 발견된다. 작은 나는 궁극적으로 더 큰 나에 관심갖는 것이고 인간으로서 나가 한울로서 나를 섬기는 것이다. 그 때 나는 한울(神), 근원적 나가 된다.[29]

수운은 "도가 무엇인지 알지 못하겠거든 내가 나를 위하는 것이오 다른 것이 아니니라"[30]고 사람들에게 가르쳤다. 이 역시 인간과 한울의 합하는 원리를 설명한 것이다. 내가 나를 위한다는 것은 두 가지로 갈리서 생각할 수 있을 것이다. 하나는 개인의 작은 나가 전체의 큰 나를 위하는 것으로 보는 것과 다른 하나는 개인의 작은 나가 도로 개인의 작은 나를 위하는

---

29 Yong Choon Kim, 앞의 책, pp.100-102.
30 『동경대전』, 八節.

것으로 보는 것이다.³¹

공심아公心我는 천아신아성아天我神我聖我이며 사심아私心我는 비천아非天我 비신아非神我 비성아非聖我니라. 공심아는 능히 개인을 선량케 일가를 흥왕케 사회를 문명케 천하를 태평케 하나니 사심아를 버리고 공심아를 취하라. 유일 천도天道는 전체아全體我를 아我하는 자니 시아是我는 공심아니라.³²

나의 마음이 한울마음으로 합일됨이 전일全一이요 진정한 자아획득은 무궁아이다. 경천의 궁극적 지향은 무궁아의 획득이다. 무궁한 한울에 귀의하고 그를 신뢰하고 그와 더불어 교섭하고 그와 더불어 융합할 때 여기서 인간자아의 진면목을 볼 수 있고 이로부터 인간다운 문화와 사회를 이룰 수 있다.³³

5. 맺음말

동학의 한울은 공간상·시간상 모든 것을 포용하는 무궁이요, 부분에 대한 전체로서 대아이며, 만물은 한울의 표현이다. 해월은 천지가 부모라 하였다. 여기서 천지는 곧 전체(Totality, Total Body), 한울을 의미한다. 궁을기의 상징처럼 인간과 한울이 하나로 통합되어 있는 천인일체인 것이다.

---

31 백세명, 『동학사상과 천도교』(서울 : 동학사, 단기4289년), p.116.
32 우종현, 我, 『천도교회월보』 80, 1917.3.15.
33 김추강, 「수도에 대한 요령 몇 가지」, 『신인간』 106, 1936. 10.

삼경의 한울문화라는 것은 우주와 인간, 한울과 인간을 내적으로 결합하는 문화를 이름이다. 동학에 있어 인간실현은 한울과 일체가 되어 그 덕이 합할 때를 말한다. 인간의 본질은 전체의 관심인 한울의 의지와 나의 개인적 의지가 하나됨을 얻을 때 얻어지는 상태이다. 반대로 악덕은 전체로서 한울의 관심과 하나됨을 구하지 않고 인간 자신의 이기적인 관심으로서 특징지어진다. 악인은 작은 사람 즉 소인이라 불려지고 선인善人은 정성스럽고 진실한 인간, 천주라 불려진다. 한울과 합하는 것이 인간 최고의 목표가 된다. 그리고 이를 일상 삶에서 이루어나가는 가운데 표현되는 것이 한울의 문화이다.

  우리 자신과 세계를 한울로 이해할 때 만세는 일생이 되고 만물은 한 몸이 된다. 이러한 세계이해를 가르치고 표현하는 문화가 현재의 교육에서 필요하다.

제4장

훈습熏習의 기능에 대한 교육적 탐색

1. 훈습에 의한 인간 재구성

　교육은 인간형성을 위한 실천적 과정過程이라 할 수 있다. 이때 인간형성이란 인간의 자기존재에 관한 이해의 구성이라는 뜻으로 해석할 수 있다면, 교육은 인간이 자신의 본래적인 존재 가능성을 반성적으로 성찰하고 그것의 구체적인 실현을 위해 관계하는 일이 된다. 이 세계 속의 어떤 것이든지 간에 그것의 의미는 그것을 지각하는 우리의 눈에 의해 해석되어 드러나는 것이라면, 삶 속에 존재하고 있는 수많은 대상사물들에 대해 그렇게 여기고 있는 우리(나)는 누구이며 그렇게 여기게 된 연유는 어디에서 비롯된 것일까? 이러한 물음에 관한 반성적 성찰은 한 인간의 자기존재에 관한 이해를 가능케 하는 것이자 또한 그 이해의 구성과정이라고 할 수 있다. 그렇다면 인간형성을 위한 실천적 과정過程으로서의 교육이란 곧 인간의 자기존재에 관한 이해의 구성과정으로 파악할 수 있게 된다.
　그런데 불교 철학의 유식학唯識學[1]적 관점에 따르면, 인간에게 있어 이러한 일체의 이해, 즉 앎은 심신의 통일체로서의 식(識, vijñapti)[2]이 그 바탕이

1　유식이 논리에 관한 불교 철학을 말한다. 이에 의하면 인간의 일체의 세계이해의 근거는 자신의 마음 외에 달리 그 바탕을 갖지 않는다. 본 연구자가 수텍스트로 삼은 것은, 眞諦 역의 『攝大乘論釋』, 大正新修大藏經 제31권, pp.152-270 이다(앞으로 '『攝論釋』, p.162, 下段.'의 형식으로 표기함).
2　유식(唯識, vijñaptimātratā)이라는 경우의 識의 산스크리트 원어는 vijñāna가 아니라

됨으로써 이루어진다. 식이 그러한 이해의 씨앗이 됨으로써 세계에 대한 우리의 앎이 이루어진다는 것이다. 그리고 이 식은 또한 훈습熏習에 의해 재구성된다. 훈습의 기능을 교육적으로 해석하고자 하는 접점은 여기에 있다. 즉, 인간의 모든 앎의 바탕으로써의 식이 훈습을 통해 새로이 구성된다는 것은 한 인간의 자기존재에 대한 이해의 구성이 곧 훈습에 의해 바뀌어 달라질 수 있다는 것을 의미하는 것이자, 우리의 존재방식이 훈습에 의해 결정될 수 있음을 뜻하는 것이기 때문이다. 훈습의 기능에 대해 교육적 해석 및 그 실천을 위한 기획의 필요성은 이러한 맥락에서 제기될 수 있다.

여기서 식[3]은 우리가 흔히 마음이라고 부르는 것으로서 유식학에서는 이를 아리야식 또는 종자식이라 이름한다.[4] 일반적으로 말해 주관적 마음상태를 의미[5]하는 것으로서, 인간의 세계이해로써의 앎이란 이 식이 바탕이 됨으로써 가능하다는 것이 유식학적인 해명이다. 구체적으로 말하자면 인간의 세계에 대한 이해는 자신의 마음이 그 인식의 씨앗이 됨으로써 가능하다는 것이다.

그런데 여기서 훈습이라는 것은 인간의 마음인 이 식이 새로이 구성되고 변이되는 것을 말한다. 인간의 마음은 욕구欲求 등과 더불어 동시에 생

---

vijñapti이다. 고려대장경을 비롯하여 동북아에 유통되고 있는 대장경에서는 vijñāna와 vijñapti를 모두 識으로 번역하고 있는데, vijñāna엔 대상을 인식하는 작용의 의미가 더 강하다면 vijñapti는 'vijñāna=분별작용'에 의해 대상이 나타난 결과라는 의미가 강조되는 용어이다(이지수, 「안혜의 석에 따른 유식삽십송의 이해」, 서울 : 불교문화연구원, 『불교학보』제35집, 1998, p.17). 상세한 것은 上田義文, 『攝大乘論講讀』(東京 : 春秋社, 昭和 57年)을 참조하기 바람.

3 유식학은 식(vijñapti)을 8가지의 심층적 구조로 나누어 해명한다. 眼·耳·鼻·舌·身 다섯 가지의 식을 前五識(vijñāna)이라 하고, 나머지 心·意·識(vijñāna)을 각각 제8·제7·제6 식으로 이름한다. 이 가운데 心은 본식, 意는 말나식, 識은 의식을 말한다.
4 산스크리트어 ālaya를 음사한 것이다. 이를 종자식이라고 부르는 것은 이것이 인간의 앎의 씨앗이라는 의미이다. 제Ⅱ장에서 자세히 설명할 것이다.
5 한자경, 『唯識無境』(서울 : 예문서원, 2000), p.11.

기고 동시에 없어지는 것인데, 이러한 마음씀이 거듭되면 이 마음씀 자체가 곧 마음을 달리 변화시키는 원인이 된다. 유식학은 이를 훈습이라고 말한다.[6] 마치 하얀 옷감이 울긋불긋한 색깔로 염색이 되고 나면, 나중엔 그 색깔이 그 옷의 성격을 나타내게 되는 것처럼, 인간의 마음은 자신과 삶의 세계에 대한 거듭되는 마음씀으로 말미암아 다른 성격으로 변하게 마련이다. 훈습이란 이와 같이 마음의 움직임, 즉 마음씀으로 인하여 우리 스스로의 마음이 바뀌어 달라지는 것을 뜻한다.[7] 이 말은 인간의 마음이 하나의 가능성으로 존재하지만, 동시에 하나의 이미 결정된 경향적 사실성으로 존재하는 그런 이중적 존재임을 우리에게 알려주고 있다.[8] 우리는 이미 훈습으로 말미암아 자신만의 일정한 세계이해의 경향성을 가지고 있으며, 이러한 경향성은 또한 늘 앞으로의 삶에서 지속적으로 이루어질 훈습에 의해 새로이 바뀔 가능성을 안고 있다는 것이다. 달리 말하면 우리가 자신과 세계에 대해 어떠한 태도를 가지고 있고 또한 어떠한 태도를 가지게 되느냐에 따라 훈습은 그 기능을 달리 하게 되고, 우리의 세계이해의 바탕인 식도 전혀 다르게 구성될 수 있다. 자연스럽게 그 세계이해의 성격은 매우 차별적으로 다르게 드러날 수 있다는 것이다. 우리는 여기서 우리의 존재방식에 있어서 훈습의 기능이 갖는 맛을 느낄 수 있다.

이렇듯 인간의 세계이해와 자기존재에 대한 이해의 구성이 훈습에 의해 재구성된다는 것은, 자신과 세계의 존재방식이 훈습에 의해 바뀌어 달라

---

6 『攝論釋』, p.162, 下段. "是心與欲等同生同滅 彼數數生 爲心變異生因…(中略)…是名熏習."
7 훈습은 인간의 식이 식 자체의 마음씀, 즉 연기에 의해 변이되는 것을 말하는 것이므로, 보는 시각에 따라 다양하게 이름을 붙일 수 있다. 원효는 대승기신론 소·별기에서 훈습의 종류를 크게 두 가지로 구분하고 있다. 染法熏習과 淨法熏習이 그것인데, 염법훈습은 增長念熏習과 增長取熏習으로 정법훈습은 自體相熏習과 用熏習으로 구분하고 있다(원효 찬,「대승기신론 소기회본 권4」(서울 : 동국대학교출판부, 2002),「한국불교전서」제1책, pp.767-770). 본 논고에서는 편의상 희론훈습과 문훈습으로 나누어 고찰하고자 한다.
8 김형효, 『하이데거와 마음의 철학』(서울 : 청계, 2000), p.41 참조.

진다는 것을 의미한다. 그렇다면 이러한 훈습에 의한 식의 변화 과정은 인간형성의 과정으로서의 교육에 매우 근본적인 문제들을 제기함을 알 수 있다. 교육이란 인간의 자기존재에 관한 이해의 구성과정으로 파악될 수 있기 때문에, 이러한 훈습의 기능에 대한 교육적 탐구는 교육적 실천과 기획을 위한 중요한 단초가 될 수 있다.

한편 훈습은 그 방향에 따라 크게 두 가지로 나누어 볼 수 있다. 하나는 희론훈습戱論熏習[9]의 방향이고, 다른 하나는 문훈습聞熏習의 방향이다. 희론훈습의 뜻은, 언어적으로 드러난 대상의 실재성을 견지하는 입장에서 이루어지는 훈습을 말하는 것이다. 그리고 문훈습은, "들은 것을 바르게 사유하는 마음이 지속되면, 이 마음이 곧 자신의 마음을 명료하게 구성하는 원인이 된다."[10]라는 해명으로 보아 언어적으로 드러난 경계의 본질을 깊이 사유하여 그것의 원래 의미를 깨달음으로써 구성되는 훈습임을 알 수 있다. 우선 여기서 우리가 주목해 보아야 할 것은 훈습의 중심엔 언어의 문제가 놓여 있다는 것이다. 그것은 문훈습의 기본적 방향이 '들은 것을 거듭 바르게 사유하는 것'이라는 해명에서도 확인할 수 있다.[11]

그렇다면 훈습에 의한 식의 구성은 언어와 어떠한 관계가 있을까. 인간은 언어를 바탕으로 삼아 사유할 수 있다는 점에서, 인간의 자기존재에 관한 이해의 구성은 언어가 매체가 되어 이루어지는 과정過程일 수밖에 없다. 그렇다면 언어는 인간의 존재방식에 밀접한 관계가 있다는 말이 된다. 특히 언어는 우리가 후천적으로 배워 익히는 것이라는 점에서 인간형성 과정으로서 교육에 직접적인 영향을 미치는 것으로 이해할 수 있다. 그렇다

---

9 인간은 반드시 언어로 생각할 수 있다. 따라서 세계에 대한 인식도 언어가 가지고 있는 의미로서 이루어지는 것이라 할 수 있다. 유식학은 이를 意言分別이라고 한다. 戱論熏習이란 언어적으로 드러난 인식의 대상을 실재하는 것으로 견지하는 입장에서 이루어지는 훈습을 말한다. 제Ⅳ장에서 자세히 다룰 것이다.
10 『攝論釋』, p.162, 中段. "數思所聞共心生滅 彼數數生爲心明了生因."
11 『攝論釋』, p.240, 上段. "此熏習後生正思惟 是正思惟從聞他正說起 故稱有言."

면 우리는 교육적 관점에서 언어의 본질을 어떻게 이해해야 할까. 그리고 또한 어떻게 이러한 언어의 본질에 대한 학습자들의 이해를 위한 교육적 기획을 꾀할 것인가 등을 탐구해 볼 필요가 있을 것이다. 이러한 맥락에서 본 연구는 훈습의 기능을 유식학의 언어적 관점을 중심으로 삼아 이를 크게 두 가지의 훈습적 갈래, 즉 희론훈습과 문훈습을 중심으로 고찰하여 그 의미를 교육적으로 해석하고 아울러 이에 관한 교육적 실천의 가능성을 탐색하고자 한다.

그런 뜻에서 이 글은 다음과 같은 내용 및 순서로 전개된다. 첫째, 훈습이 인간의 인식에 갖는 의미를 해명함으로써, 그에 따른 인간의 존재방식을 해명한다. 둘째, 마음과 언어 그리고 마음씀으로서의 연기와의 상호관계성을 검토함으로써 식의 구성에 있어서 언어가 갖는 지위를 밝힌다. 셋째, 훈습의 방향은 언어의 성격을 어떻게 이해하느냐에 따라 희론훈습과 문훈습의 방향으로 달라지는 것임을 구명究明한다. 넷째, 문훈습이 이루어질 수 있는 조건을 논의하고, 이를 문훈습을 위한 교육적 실천의 차원에서 고찰한다. 마지막으로는 이 글에서 다루었던 내용을 중심으로 문훈습이 제기하는 교육적 의미와 향후 과제들을 논의한다.

2. 훈습과 인간의 존재방식

앞서 살펴본 바와 같이 일반적으로 식이란 일체의 주관적 마음 상태를 의미한다.[12] 이것은 흔히 우리가 아리야식 또는 종자식으로 부르는 것으로

---

12 한자경, 앞의 책, p.11.

서, 한 인간의 '심신心身의 통일체'[13]로서의 식을 말하는 것이다. 인간의 일체의 세계이해로서의 앎은 이 식이 씨앗으로서의 바탕이 되어 이루어진다는 뜻에서, 이 식을 '모든 식[14]의 근본'이라고 한다.

이 식을 '모든 식'이 자신의 바탕(因)으로 삼기 때문에 모든 식의 근본이라 한다. 마치 나무의 뿌리와 같이 싹, 마디, 가지 그리고 잎들이 바탕을 삼는 것이어서, 나무의 뿌리라고도 말하는 것이다. 만약 이 뿌리를 떠난다면 싹 등이 이루어지지 않는다. 이 식이 여타의 식의 근본이 되는 것도 역시 이와 같다.[15]

여기서 '모든 식'이라는 것은 우리의 의식에 드러나는 모든 앎을 뜻한다. 그것은 눈으로 봄으로써, 귀로 들음으로써, 코로 냄새를 맡음으로써, 혀로 맛을 봄으로써, 몸으로 느낌으로써 그리고 의식으로 무언가를 추억하고 상상하고 논리적으로 생각함으로써 이루어지는 그 모든 앎은 vijñapti로서의 이 식이 바탕이 됨으로써 이루어질 수 있다는 것이다.[16] 인간은 '모

---

13 유식학에 의하면 이 식[vijñapti]은 본식(本識) 또는 본식식(本識識)이라고도 불린다. 그리고 이 아리야식(我梨耶識), 아타나식(我陀那識)이라고도 한다. 아리야식은 인간의 모든 인식현상의 뿌리이자 그것이 간직되고 머무는 일체 종자식이며, 아타나식은 인간의 육체적 생리 및 감각기관들 집지(執持)하는 식이다. 살아 있는 인간의 신체가 사체처럼 검거나, 붓거나, 허물어지지 않는 것은 아타나식이 다섯 가지 감각기관들의 뿌리를 놓치지 않고 잡아 지니고 있기 때문인데, 이 아타나식이 작용하고 있다는 것은 육체가 생리활동을 영위하고 있음을 의미하는 것이다. (『섭론석』, p.157, 中段 ; 上田義文(1977), 『大乘佛敎の思想』, 東京 : 第三文化社, pp.121-123 참조).
14 唯識學은 인간의 마음인 식을 그 기능에 따라 8가지로 세분화하여 해명한다. 안식, 이식, 비식, 설식, 신식, 의식, 말나식 그리고 아리야식이다. 앞의 다섯 가지 식을 前五識이라 하고 말나식을 제7식이라 부르며 아리야식은 제8식이라 한다. 말나식은 染汚識이라고도 하는데 이 식은 인간의 탐욕을 주관하는 마음이며, 제8식은 달리 아타나식이라고 하는데 이것은 인간의 식을 몸과 마음의 통일체로 표현하는 이름으로서 인간의 감각기관과 생리적 작용을 주관하는 식을 말한다.
15 『攝論釋』, p.160, 中段. "此識爲一切識因故 是諸識根本 譬如樹根 芽節枝葉等所依止說名樹根 若離此根芽等不成 此識爲餘識根本亦爾."

든 식의 근본'인 이 식을 바탕으로 삼아 안식眼識, 이식耳識, 비식鼻識, 설식舌識, 신식身識 그리고 의식意識을 가질 수 있다는 것이다. 마치 나무의 싹, 마디, 가지 그리고 잎들이 그 뿌리를 바탕으로 삼는 것과 같이 인간의 일체의 인식은 이 식이 바탕이 된다는 것이다. 이처럼 유식학은 인간의 인식현상의 근원을 심신의 통일체로서의 식을 세워 해명한다. 그래서 이 식을 "모든 인식현상(法)이 바탕을 삼고 간직되고 머무는 일체 종자식"[17]이라고 하고, 모든 인식현상은 이 식을 근본으로 삼아 마치 물의 흐름 또는 거울의 표면에 드러나는 상과 같이 현상하는 것이라고 설명한다.

> 이 본식[아리야식]도 마치 물의 흐름 및 거울의 표면과 같다. 이 본식에 의하여 안식을 일으킬 수 있는 연緣이 하나가 있어서 표면에 도달한다면 곧 하나의 안식이 일어나고, 내지는 식을 일으킬 수 있는 인이 다섯 개가 있어서 도달한다면 곧 다섯 가지 식이 일어난다.[18]

위의 설명에서 "이 본식에 의하여 안식을 일으킬 수 있는 연緣이 하나가 있어서 표면에 도달한다면 곧 하나의 안식이 일어나고"라는 뜻은, 우리가 눈으로 어떤 대상사물을 지각할 수 있는 것은 이미 이 본식엔 이미 눈에 의한 안식眼識, 귀에 의한 이식耳識, 코에 의한 비식鼻識, 혀에 의한 설식舌識, 그리고 피부에 의한 신식身識의 종자가 저장되어 있기 때문에 가능하다는 뜻이다. 예컨데 영화를 본다는 것은 청각과 시각의 연緣, 두 개가 동시에 본식에 도달하게 되는 것이고, 따라서 이식과 안식이 동시에 일어나는 것

---

16 인간은 '모든 식의 근본'이 이 식을 바탕으로 삼아 안식, 이식, 비식, 설식, 신식 그리고 의식을 가질 수 있다는 것이다.
17 『攝論釋』, p.157, 上段. "諸法依藏住 一切種子識."
18 『攝論釋』, p.157, 下段. "此本識猶如水流及鏡面 依此本識 若有一能起眼識緣至 則一眼識起 乃至若有五能起識因至則五識起."

이라 할 수 있다. 사랑하는 사람과 같이 앉아 팝콘을 함께 먹고 있다면, 코에 의한 후각과 피부에 의한 촉각, 그리고 혀에 의한 설각에 의해 비식, 설식 그리고 신식도 함께 일어날 수 있을 것이다. 이렇게 우리가 세계를 지각하여 인식할 수 있는 것은, 우리의 식에 지향된 대상사물의 의미가 이미 씨앗으로 저장되어 있기 때문에 가능하다는 것이 유식학의 설명이다.

그런데 이 식의 구성이 훈습에 의해 달라진다는 것이다.[19] 식이 훈습에 의해 달리 구성된다는 것은, 이해의 바탕 또는 씨앗의 구성이 달라진다는 것으로 해석해 보면, 식은 훈습으로 인하여 모든 세계 및 자신에 대한 이해를 새로이 가질 수 있게 된다는 것으로 볼 수 있다. 우리가 여기서 눈여겨 보아야 할 것은, 훈습으로 말미암아 이 식은 세계에 관한 앎의 원인이자 동시에 그 결과가 될 수 있다는 것이다. 즉, 지금 훈습된 인식의 종자는 이미 구성되어 있던 씨앗의 입장에서 보면 새롭게 구성된 씨앗으로서 결과結果이지만, 미래에 생길 그것에게는 원인原因으로서의 씨앗이 구성되는 것이다. 따라서 훈습으로 인하여 식이 순환적으로 재구성된다는 것은, 인간에게 있어 새로운 세계이해의 가능성이 열리게 된다는 것으로 이해할 수 있다. 우선 훈습이 생기게 되는 원인부터 살펴보면 다음과 같다.

> 논 이 마음은 욕구欲求 등과 더불어 동시에 생기고 동시에 없어진다. 그것이 거듭거듭 생겨 마음의 변이를 일으키는 원인이 된다.
>
> 석 거듭거듭 생긴다는 것은 혹은 일생에 걸쳐서, 혹은 한 때에 일어나는 것을 말한다. 앞서 있지 않던 훈습이 이제 변이하여 그것을 생하는 원인이 되어 능동적으로 마음을 변이시킬 수 있으니 이를 훈습이라고 이름한다.[20]

---

19 『攝論釋』, p.162, 中段. "自相義云何 依一切不淨品法 熏習此識最勝 爲彼得生功能 此功能相 復云何 謂攝持種子 云何攝持 熏習成一故言攝持."
20 『攝論釋』, p.162, 下段. "論是心與欲等同生同滅 彼數數生 爲心變異生因 釋"…(中略)…"數數生者 或約一生或約一時 先未有熏習 今變異爲彼生因能變異心 是名熏習."

마음의 움직임은 욕구 등과 더불어 동시에 생기고 없어지는 것인데, 이 마음의 움직임이 거듭되면, 이 마음 자체가 자신의 마음을 달리 구성되게 하는 원인이 되는데 이를 훈습이라고 말하고 있다. 이렇게 보면 인간존재의 바탕이라 할 수 있는 식의 구성의 원인은 달리 어디서 찾을 수 있는 것이 아니라, 인간의 마음 스스로의 움직임이라는 것이다. 자신의 마음씀이 원인이 되어 스스로의 마음이 달리 변이하게 되는 것이다. 그러므로 우리가 훈습의 기능에서 알 수 있는 것은, 인간은 자기자신의 존재를 스스로 구성해 가는 존재이고 그 계기는 훈습의 과정 속에 있다는 것이다.

그런데 식의 훈습엔 반드시 연기緣起의 상호 작용이 개입된다. 즉, 식은 연기와 훈습의 상호작용에 의해 구성된다는 것이다. 연기란 위의 인용문, '이 마음은 욕구欲求 등과 더불어 동시에 생기고 동시에 없어진다'는 것에서 곧 '마음의 움직임'을 가능케 하는 것을 말한다. 마치 덩굴이 나무와 같은 사물에 감기어 비로소 활동을 하듯이, 인간의 마음은 항상 어떤 인식의 대상에 의지함으로써 움직일 수 있다. 마치 원숭이가 나무를 탈 때 손과 손을 끊임없이 움직여야 가능한 것처럼, 인간의 앎은 우리의 마음이 무엇인가 어떤 대상사물을 지향함으로써 이루어질 수 있다. 불교철학은 이를 연기라 말한다. 그러므로 연기란 곧 식의 작용성으로서의 마음씀을 일컫는 말이라 할 수 있다. 이렇게 보면 인간의 세계이해는 반드시 연기에 의해 이루어 지는 것이다. 유식학은 이 연기를 특히 의식의 지향성의 차원에서 의타성依他性이라고 부른다.[21] 유식학은 식과 연기 그리고 훈습의 관계성

---

21 이지중, 『교육과 언어의 성격』(서울 : 문음사, 2004) pp.24-25. 유식학은 연기로서의 의타성에 의해 드러나는 인식현상으로서의 경계를 분별성이라 한다. 그러나 이 분별성은 의타성에 의해 드러난 인식현상일 뿐이므로 실재하는 것일 수 없으므로, 그 성격은 무라 할 수 있다. 그런데 연기란 반드시 무엇을 依支하여 생길 수 있나는 점에서 보면 이 무를 지향하여 생기게 되는 의타성 역시 있는 것이라 할 수 없다. 의타성의 성격 역시 무인 것이다. 따라서 의타성과 분별성은 상호 무로서 동일성을 내포하고 있는 것이 된다. 이를 진실성이라고 한다. 유식학은 이를 三性說이라고 부른다.

을 다음과 같이 해명한다.

> 본식(顯識)은 분별을 일으킨다. 분별은 훈습을 일으킨다. 훈습은 본식을 일으킨다. 그러므로 생사生死가 윤회한다.[22]

인간의 존재 근거인 식과 의식에 의한 분별, 그리고 이에 따라 일어나는 훈습 등, 식이 훈습되는 순환적 과정 전체를 간결하게 설명하고 있다. 구체적으로 살펴보면, 식이 의식의 작용성인 연기에 의해 분별을 일으키면, 이 분별은 훈습을 일으키게 되고 이 훈습은 본식을 새로이 구성하게 된다. 새로운 인식의 씨앗을 구성하게 된 본식이 다시 연기에 의해 어떤 인식의 대상을 지향하여 만나게 되면, 그 씨앗이 싹을 틈으로 말미암아 분별을 일으키게 된다. 이렇게 분별된 대상의 의미는 다시 현식을 훈습하게 되는 것이다. 이런 연유로 우리는 분별적인 의식을 순환적으로 끊임없이 일으키게 되는데 이를 생사生死라고 하고, 이러한 생각의 끊임없는 흐름을 윤회輪回라고 한다. 이와 같이 훈습으로 인하여 인간의 식은 동시에 모든 인식의 원인이자 결과가 될 수 있다. 그리고 의식의 지향성인 연기와 훈습에 의해 자신의 식을 순환적으로 구성할 수 있게 된다. 이러한 맥락에서 유식학은 인간에게 자신의 삶에 있어서 일체의 선과 악 그리고 부동不動[23]은 마치 옷감에 염색이 물드는 것처럼 훈습에 의해 그 의미가 구성되는 것이라고 해명한다.[24] 이와 같이 훈습은 인간의 마음씀[식]이 일정한 경향성으로 습관

---

22 眞諦, 『顯識論』, 大正藏 제31권, p.878, 하단. "顯識起分別 分別起熏習 熏習起顯識 故生死輪轉."
23 선과 악으로 구분하여 판단할 수 없는 것을 부동(不動)이라고 한다. 예를 들어 날씨가 무척 더울 때 부는 바람은 고마운 바람이고, 추울 때 부는 바람은 괘씸한 바람이겠지만, 바람은 그저 바람일 뿐이다라고 할 때, 앞의 것들을 선과 악으로 볼 수 있다면 바람이 부는 것 그 자체는 부동이라고 할 수 있다.
24 『攝論釋』, p.163, 下段. "阿梨耶識爲善惡不動三業所熏 如衣被結."

화되는 것이며, 또한 훈습에 의해 인간의 존재 방식 또한 결정되는 것임을 알 수 있다.

3. 언어로 훈습되는 식과 그 구성

그런데 인간은 언어로 생각할 수 있다. 인간의 내면적인 감정의 세계도 외면적인 현실의 세계도 언어를 소통통로로 삼아 인식할 수 있다. 그렇다면 훈습과 식의 구성, 그리고 언어는 상호 밀접한 관련성이 있음을 짐작할 수 있다. 이 관련성에 관한 논의는 언어의 본질이해와 훈습의 방향과의 관계성, 그리고 바람직한 훈습을 위한 교육적 과제 분석을 위해서도 중요한 논고라 할 수 있다. 유식학은 언어[25]와 인간의 앎과의 관계성을 다음과 같이 설명하고 있다.

의식하여 인식할 수 있는 것(覺觀思惟)은 단지 언어를 연緣하여 분별할 따름이

---

25 유식학은 언어를 言과 名으로 구분하여 사용하고 있다. 이것은 유식학 전체의 언어에 대한 관점이라는 점에서 본 논고의 중요한 기초가 되는 것이다. 유식학은, "먼저 음성으로서 일체법을 가리키는 것이 言이 되고, 후에 말을 하지 않고 직접 마음으로서 앞의 음성을 지향하는 것이 名이 된다. 이 名은 분별로써 본래의 성질을 삼는다(『섭론석』,『大正藏』 31, p.180, 下段). 先以音聲目一切法爲言 後不發言直以心緣先音聲爲名 此名以分別爲性.)"라고 말한다. 즉, 言이란 말을 음성으로 발화한 것을 뜻하고, 名은 마음속 음성으로 말하는 것을 의미하는 것이다. 본 연구자는 논지의 전개상 言과 名을 언어라는 이름으로 포괄하여 같은 의미로 사용하고자 한다. 인간이 대상사물을 의식하고 이것의 의미를 이해하기 위해선 言과 名이 혼용됨으로써 가능하기 때문이다. 더구나 오늘의 사회는 문자로 전승되는 수많은 명제적 지식과 방법적 지식, 그리고 기호학적 언어가 존재하고 있기 때문에, 본 연구자는 이들 모두를 넓은 의미로 언어라는 개념으로 포괄하여 이해할 필요가 있다고 생각하기 때문이다. 필요에 따라 言과 名을 엄밀히 분리하여 사유할 때도 있을 것이다.

지, 달리 인식의 대상(義)이 있어서 연할 수는 없다. 또한 반드시 이름에 의해 모든 인식현상(法)을 분별하기 때문에 의언분별意言分別이라고 이름한다.[26]

인간이 반드시 언어를 바탕으로 삼아 인식하고 지각할 수 있음을 해명하고 있다. 그리고 이를 의언분별이라고 이름하고 있다. 우리가 어떤 인식의 대상을 지향하여 그 의미를 알 수 있는 것은 실재하는 대상사물을 인식함으로써 그런 것이 아니라, 실은 우리가 우리의 식에 이미 훈습하여 구성하고 있는 언어가 인식현상으로 드러난 것이라는 설명이다. 바꾸어 말하면 우리의 의식에 마치 실재하는 것처럼 나타나 있는 인식의 대상으로써 대상사물들은 우리의 식에 이미 훈습으로 말미암아 내재되어 있던 인식의 씨앗이 마치 그 대상사물처럼 인식현상으로 드러난 것이라는 뜻이다. 그렇다면 우리가 세계를 이해하여 알 수 있는 것은 훈습에 의해 이미 구성되어 있는 식이 종자가 되고, 그 종자로서의 식이 스스로 현상됨으로써 가능하다는 것이 유식학적인 관점에서 인간의 앎에 관한 해명이다.

이렇게 인간의 사유구조가 의언분별적인 것이라면, 식의 종자는 언어로 구성된 것이라 보아야 한다. 즉, 식이 일체의 인식현상의 원인과 결과가 된다는 것은, 식이 언어를 종자로서 내재함으로써 가능하다는 것이다. 그러므로 앞서 간략히 설명한 바 있는 '본식(顯識)은 분별도 일으킨다. 분별은 훈습을 일으킨다'라고 할 때의 분별도 언어로서 드러난 인식현상으로써의 분별을 말하는 것임을 알 수 있다. 언어적 분별이 훈습의 원인이 되는 것이다. 유식학은 이를 다음과 같이 구체적으로 밝히고 있다.

> 이 식은 스스로 언설로 훈습熏習하여 [앎의] 종자가 되며, 또한 모든 식을 언설로

---

26 『攝論釋』, p.199, 中段. "意識覺觀思惟 但緣言分別 無別有義可緣 又必依名分別諸法故 言意言分別."

훈습하여 종자가 되므로 따라서 이것[앎]이 생한다.[27]

　　인간이 보고, 듣고, 생각하고 그리고 알 수 있는 것은 인간은 언어를 가지고 있기 때문인데, 식은 스스로 이 언어를 훈습하여 인식의 종자가 된다는 것이다. 이와 같이 훈습의 중심엔 언어가 놓여 있다. 이러한 맥락에서 인간의 일체의 세계는 오직 언어가 소통 통로가 됨으로써 존재할 수 있다고 말한다.[28]
　　그런데 언어는 의미를 지닌다. 의미 없는 언어는 단지 소리에 지나지 않는다. 우리가 언어라고 할 때는 단순히 소리를 말하는 것이 아니라, 음성을 기본적으로 가진 그리고 의미를 지닌 것을 말한다. 이렇게 언어는 의미를 지니는 것이기 때문에, 언어는 항상 대상을 지향하게 된다. 인간은 언어를 바탕으로 삼아 세계를 이해할 수 있다는 것은, 언어가 지닌 대상성으로서 인식의 대상을 이해할 수 있다는 뜻이다. 그러므로 식이 언설을 훈습하여 인식의 종자가 된다는 뜻은 단순이 언어를 개념적으로 익힌다는 뜻이 아니다. 이미 언어는 인식의 대상으로서 존재사물의 의미를 내재하고 있는 것이라 볼 수 있다. 유식학은 이를 명색名色이라고 한다. 인간이 언어를 훈습하여 자신의 식을 구성한다는 것은, 바로 이 명색으로서의 언어를 앎의 씨앗으로서 내재하는 것을 뜻하는 것이다. 우리는 여기서 유식학이 인간 사유의 기본적 구조를 의언분별성이라고 해명하는 이유를 알 수 있다.

　　식은 '명색(이름과 대상성)'을 의지依支하여 생기며, 명색名色은 식을 의지하여 생기다. …… 명색을 의지한다는 뜻은 무엇인가. 식은 이 명색을 의지함으로써 찰나

27　『攝論釋』, p.187, 上段. "此識自言熏習爲種子 及一切識言熏習爲種子 是故此生."
28　『解捲論 一券』, 大正藏 제31권, p.883, 下段. "三界者唯以言名爲體."

찰나 이어지는 생각의 이어짐이 단절되지 않는다. 그리고 [식은] 능히 명색을 포섭 包攝함으로써 성취되어 허물어지지 않는다. 이를 명색을 의지依支하는 식이라 한다.[29]

여기서 명색名色이라는 것은 구체적으로 '이름(名)'과 이름에 담지되어 있는 대상사물의 의미로서의 '대상성(色)'을 의미한다. 그러므로 식이 언어를 훈습한다는 것은 구체적으로 말하면 명색을 훈습하여 종자가 된다는 뜻이라 할 수 있다. 그리고 의지依支한다는 것은 앞서 설명한 것처럼 연기한다는 것을 의미하는 것인데, 인간의 인식은 명색으로서의 언어와 식이 서로 연기함으로써 가능한 것이다. 그런 까닭에 의식의 작용성으로서 연기緣起인 의타성은 이름으로써 인식의 경계로 삼는다고 말한다.

> 의타성은 ······이름 등을 세워서 경계[30]로 삼는다. [이름을] 분별하여 아는 것이 이것의 성격이다.[31]

그러므로 인간이 인식대상을 지향하여 인식할 수 있는 것은, 명색으로서의 언어가 인식의 경계로 드러나기 때문인 것이다. 즉, 인간이 어떤 대상을 인식한다는 것은 이름으로서 그 대상을 지향하여 이해할 수 있기 때문인 것이다. 이렇듯 인간의 의식작용인 연기는 이름을 경계로 삼아 활동을 하는 것이다. 이런 맥락에서 보면 언어는 단순히 이미 존재하는 사물의 그림자이거나 사유를 표상하는 것이라 할 수 없다. 인간의 생각이 언어를

---

29 『攝論釋』, p.170, 下段. "識依名色生 名色依識生 ···(中略)··· 何者是依名色 識由此名色爲依止 刹那傳傳生相續流不斷 能攝名色令成就不壞 此識名依名色."
30 인간의 인식에 의해 이해되는 세계의 의미를 말한다. 곧, 우리가 이해하여 인식하는 대상사물은 실재하는 것을 대상으로 삼아 이루어지는 것이 아니라, 식에 의해 드러난 인식현상이라는 의미에서 경계라는 표현을 쓰는 것이다.
31 『攝論釋』, p.187, 中段. "由依他性···(中略)···立名等爲境界 分別計度此性."

앞서는 것이 아니라, 인간은 그가 배우고 체득한 언어를 통해 생각하고 사유할 수 있을 뿐이다.[32] 그리고 명색으로서의 이러한 언어는 식의 연기와 훈습에 의해 순환적으로 구성되는 것이라면, 인간의 존재방식으로서의 식의 구성의 중심엔 언어의 문제가 놓여 있다. 다시 말하면 인간의 존재근거로서의 식은 명색으로서의 언어에 의해 재구성되는 것이다. 그러므로 인간 사유의 의언분별성은 인간 존재의 특성이라고 말할 수 있다.

4. 훈습의 두 가지 방향

고찰한 바와 같이 인간의 식은 연기와 훈습에 의해 순환적으로 구성된다. 식이 일체의 인식현상의 동시적 인과가 된다는 것은 이러한 순환적 구성에서 그 이유를 찾아볼 수 있다. 그런데 이것은 식이 하나의 가능성과 이미 하나의 경향적인 사실성으로 존재하는 제한성을 동시에 띠고 있다는 말이 된다. 인간의 인식은 훈습에 의해 그 구성 방향이 달라질 수 있으나, 훈습의 인과因果로서의 식은 한 인간이 현재 구성하고 있는 사실적 경향성을 벗어날 수 없기 때문이다. 이렇게 식이란 인간의 존재 방식의 바탕이라는 점에서 보면, 훈습의 구성 과정은 교육의 과정過程과 밀접한 관련을 맺게 된다. 이에 관한 해명을 위해 우리는 우선 훈습의 방향에 대힌 고찰이 필요하다. 앞서 간략히 언급하였듯이 훈습이란 인간의 마음이 연기에 의해 바뀌어 달라지는 것을 뜻하는 것이기 때문에, 훈습의 이름은 훈습의 향기 즉, 식이 훈습되는 성격에 따라 다양히게 불릴 수 있다. 그렇지만 본 논

---

32 김형효, 앞의 책, p.47 참조.

고에서는 이를 유식학의 언어적 관점에서 고찰하고 이를 교육적으로 해석하고자 하는 것이므로, 여기서는 편의상 그 방향을 크게 두 가지로 나누어 살펴보고자 한다. 그 하나는 희론훈습戱論熏習이요, 다른 하나의 방향은 문훈습聞熏習이다.

1) 희론훈습의 방향

먼저 희론훈습의 방향부터 살펴보도록 하겠다.

> 아리야식이란 말하자면 과거에 증장增長된 업業과 번뇌가 연緣이 되어 시작함이 없는 때로부터 희론훈습戱論熏習의 인因이 된다.[33]

여기서 희론戱論이란 언어로 드러난 대상사물의 의미를 주객 대립의 입장에서 정립하여 그것을 분별하는 것을 말한다. 그런데 위의 설명에서 우리가 주목해 볼 수 있는 것은 업과 번뇌가 마음의 움직임과 함께 계속되면 이 움직임으로 인하여 아리야식이 스스로 희론훈습의 인이 된다는 것이다. 다시 말하면 아리야식은 그 자체로 희론훈습의 인이 되는 것이 아니라, 이미 훈습에 의해 내포되어 있는 업과 번뇌가 마음의 움직임과 함께 수차례 지속될 때 비로소 훈습의 인이 된다는 설명이다. 여기서 번뇌란 끊임없이 생멸하는 생각들을 뜻하며, 업이란 시간 속에서 거듭 생긴 훈습으로 말미암아 생긴 특정한 마음씀의 경향성을 말하는 것인데, 이 모두가 마음의 움직임을 뜻하는 것이므로 결국은 언어로서 생멸生滅하는 것이라 볼 수 있다.

---

33 『顯揚聖敎論』, 大正藏 제31권, p.480 하단.

그렇다면 왜 인간은 시작함이 없는 때로부터 희론 훈습의 순환적 형성에 빠지게 되는가. 왜 이러한 희론적 훈습이 마음의 움직임과 함께 일어나게 되는가. 그 이유를 밝힐 수 있다면, 이것은 우리가 그러한 훈습으로부터 벗어날 수 있는 방법의 강구도 가능할 수 있지 않을까. 유식학은 그 이유를 세인들이 세계의 의미로 드러난 인식의 대상이 언어적 분별에 의해 현상된 인식현상임을 알지 못하고, 오히려 그것이 실재하는 것이라 집착하는 것에서 기인하는 것이라고 밝히고 있다.

> 문 왜 우리는 스스로 분별(遍計)하여 집착하게 되는가.
> 답 인식 대상으로서의 대상사물(義)에 대하여 이름(名)이 다르게 변화하기 때문이다. 즉, 이름(假名)이 대상사물(義)에서 바뀌어 달라지나, 세인들은 명名과 대상사물(義)엔 [서로] 결정된 상相이 있어서 진실자성眞實自性에 일치한다고 집착하기 때문이다.[34]

　앞서 살펴보았듯이 언어는 대상성 즉, 대상사물의 대상적 의미를 명색名色으로서 내포하고 있다. 그런 까닭에 세인들은 언어에 담지擔持되어 드러난 인식대상과 그것을 지칭하는 언어가 상호 일치하는 것이라고 집착하기 십상이다. 희론에 의한 언어적 혼란은 이것에서 비롯된다는 것이다. 그러나 인간의 앎은 언어로 드러난 의언분별성일 뿐이다. 우리의 의식에 마치 실제하는 것처럼 생생하게 드러나는 대상사물의 의미는 그것이 어떤 것이든지 간에 그것은 훈습된 명색으로서의 언어에 의해 의미로 나타나는 것이라는 뜻이다. 대상사물로서의 존재자는 언어적으로 드러난 인식현상에 지나지 않는다는 것이다.

---

34 『顯揚聖教論』, 大正藏 제31권, p.557 下段. "(問)云何能起 遍計執耶 答)由名於義轉故 謂隨彼假名於義流轉 世間愚夫 執有名義決定相稱眞自性."

이것은 결국 언어와 그것이 지칭하는 바 인식의 대상은 상호 일치할 수는 없는 것을 뜻한다. 이것은 인식대상의 측면에서 보아도 마찬가지다. 인식대상의 의미는 언어적으로 표현될 수 있을 때 존재할 수 있다. 그러나 언어는 일정한 형식을 지니는 사회적 초개인적 기구이다. 그러므로 대상의 의미가 언어적으로 드러난다는 것은 한 개인의 인식대상에 대한 주관적 이해가 언어라는 형식에 담겨 객관화되는 것이라 볼 수 있다. 그러므로 언어가 어떤 의미로든 인식대상을 담지擔持한다는 것은, 그 대상의 의미는 언어라는 일정한 형식에 의해 그 의미가 한정될 수밖에 없는 것이다. 따라서 인식대상과 언어는 상호 동일한 것이라 할 수 없다. 언어는 인식의 대상은 드러낼 수 있지만, 동시에 그 대상의 피발견성을 제한하는 것이기 때문이다. 또한 인식의 대상은 반드시 언어를 소통통로로 삼아 존재할 수 있지만, 그렇다고 하여 그 존재의 모든 의미가 특정한 언어에 온전히 담길 수 없는 노릇이다. '말해진 것'은 수많은 '말해지지 않은 것'을 자신의 지평으로 삼을 수밖에 없는 것은 사실이기 때문이다. 따라서 언어와 그것이 지칭하는 대상사물은 상호 소통성이 없다고 말할 수밖에 없다.

그럼에도 불구하고 세인들은 통상적으로 이러한 사실을 인정하지 않는다. 오히려 자신이 알고 있는 인식의 실재성을 집착한다. 그럼으로써 스스로 희론훈습의 인因과 과果가 된다. 유식학은 희론이란 인간의 지혜를 덮는 것이라고 말한다.

> 희론戱論이란 억념憶念이 대상사물(相)을 취하여 피차彼此를 분별함을 말한다. 부처가 멸한다, 멸하지 않는다 등을 말하는 사람은 희론이 혜안慧眼을 덮는 까닭에 여래법신如來法身[35]의 [지혜를] 갖출 수 없다.[36]

---

35 자기 자신의 참모습을 말한다. 法身이란 대상 사물을 분별하지 않는 지혜를 증득한 사람의 식을 구체적으로 일컫는 말이다.

희론이란 앞서 설명한 바와 같이 언어적 분별을 뜻하는 것인데, 곧 언어적으로 드러난 분별이 실재로 존재하는 대상사물의 자성임을 의심하지 않는 태도를 말한다. 말하자면 이는 마치 근대주의적 세계관이 이미 어떤 궁극적인 실체를 상정함으로써 그에 따라 세계를 이원적으로 질서짓게 되는 것과 같이, 우리의 일상적인 대상세계가 특별히 주의·관심을 가지고 의식하는지 여부와 관계없이 그 세계는 '나에게 정시(呈示)되는 대로 객관적으로 현존하는 것'으로 믿고 살아가는 태도에서부터 비롯된 분별을 말한다. 이것은 우리의 의식이 생활세계를 사유, 추리, 판별, 망상함에 의해 대상을 구성하고, 알 수 없는 사이에 그것을 의식 초월적인 존재로 정립하게 됨을 말하는 것이다.[37] 그러나 우리가 보고, 듣고, 생각하고 알게 되는 것은 실제의 인식대상으로서의 대상 사물을 연하는 것이 아니라, 단지 훈습된 언어에 의한 인식현상에 지나지 않는 것이다.[38] 그것은 의언분별된 것일 뿐이고, 언어는 인식대상과 상호 소통성이 없는 것이다.[39]

---

36 「中論」, 靑目 疏, 大正藏 제30권, p.31, 上段.
37 윤명로, 「현상학과 유식론」(서울 : 시와 진실, 2006), pp.39-40 참조.
38 「攝論釋」, p.180, 中段. 四種世間言說名戲論 謂見聞覺知 但以名言分別 有此四種不緣實義 故名戲論 約前後際戲論不窮 故言無量時戲論 此戲論若生若起 由名言熏習生故說名言熏習 爲戲論種子.
39 우리는 이를 '언어와 인식대상의 상호 불투명성'이라고 말할 수 있다. 이것은 다음과 같이 네 가지의 경우를 늘어 증명힐 수 있다. 첫째, 먼저 이름을 모르는 경우이다. 만약 이름과 인식 대상인 대상사물이 같은 체라면, 이름을 듣지 못했을 때에도 대상사물 가운데 이름을 아는 것이 이루어져야 한다. 둘째, 한 가지의 사물에 이름이 많은 경우이다. 만약 이름과 대상사물이 동일한 것이라면, 이름에 따라 그 대상도 달리 존재해야 할 것이다. 셋째, 이름이 정해지지 않은 경우이다. 만약 이름과 대상사물이 동일한 체라면, 이름이 정해지지 않았다년 ㄱ 내싱도 존재하지 않아야 한다. 넷째, 이름은 반드시 대상사물이 존재할 경우 존재해야 한다. 만약 대상사물이 존재하지 않는 경우에도 이름만이 존재한다든지, 이미 있었거나 아직 있지 않는 대상사물 가운데서 이름이 일어난다면 곧 하나의 체라는 정의는 성립하지 않는다(이지중, 「교육에서 언어와 존재자의 관계성 문제」, 대구 : 한국교육철학회, 「교육철학」, 제26집, pp.70-71 참조).

'둘이 상호간에 소통하지 못하기(客)' 때문이다. 왜냐하면 인식대상(義)에 대해 이름(名)이 칭합稱合하는 것이 아니기 때문에 서로 소통성이 없는 것이다. 인식대상(義) 역시 이름(名)과 같지 않기 때문에 소통성이 없다고 한다.[40]

이렇게 보면 희론훈습이란 우리가 인간 인식의 의언분별성을 바르게 이해하지 못함으로써 이루어지는 훈습이라 할 수 있다. 인간의 앎이란 언어적으로 드러난 분별에 지나지 않는 것임에도 불구하고, 분별되어 존재하는 대상사물의 실재성을 의심치 않는 태도로부터 비롯되는 훈습인 이 희론훈습은 그러나 우리로 하여금 우리의 삶의 세계에 의미로서 존재하는 대상사물들의 의미를 바르게 이해할 수 없게 한다. 일종의 언어주의적[41] 오류로 볼 수 있는 이것은 우리는 우리 스스로 지어낸 생각의 함정에 빠질 수 있음을 경고하는 것이라 할 수 있다. 우리가 자신의 삶 또는 세계에 대해 어떠한 태도를 가지느냐에 따라 우리의 식은 달리 구성되며 이것은 곧 우리의 존재방식을 결정짓는 것이라 본다면 희론훈습은 교육적으로 바람직한 것이라 할 수 없음은 자명하다.

2) 문훈습聞熏習의 방향

이에 반해 문훈습의 방향이란 이러한 언어의 본질에 대한 이치를 듣고 이것의 의미를 깨우치는 것에서 원인을 찾을 수 있다. 무엇보다도 인간이

---

40 『顯揚聖教論』, 앞의 책, p.557 下段. "以二更互爲客故 所以者何 以名於義非稱體故 說之爲客 義如名無所有故 說之爲客."
41 언어주의적 오류란 언어를 말하는 것이 곧 그 언어의 의미, 또는 그 언어가 모사하려고 했던 사고나 경험의 내용을 아는 것과 동일한 것이라고 생각하는 것을 말한다(황규호, 「지식교육이 추구하는 앎의 상태에 대한 분석」, 서울 : 한국교육과정학회(1998), 『교육과정연구』, p.81 참조).

인식하는 대상들은 언설로 지어낸 갖가지 상임을 이해함으로써 그것의 실체란 실재가 아님을 아는 지혜에서 구성되는 훈습이라 말할 수 있다.

> 만약 문혜聞慧가 많은 사람에겐 [문훈습의] 습기가 많이 있다. 거듭 들은 것을 사유(思慧)하여 마음과 함께 생하고 멸한다. 그것이 거듭거듭 생하여 마음을 명료하게 생기게 하는 원인이 된다.[42]

간단히 말하면 문훈습은 이러한 언어의 본질에 대한 이치를 듣고, 들은 것을 거듭 거듭 사유하여 마음을 명료하게 구성하는 것을 말한다. 여기서 문혜聞慧란 바른 이치를 편견 없이 들을 수 있는 지혜를 말하는 것이며, 사혜思慧란 문혜의 경계로 드러난 의미를 깊이 있게 사유하는 지혜를 말한다. 그러므로 문훈습은 문혜와 사혜가 계기가 되어 이루어지는 것이다. 희론훈습이 업과 번뇌가 마음의 움직임과 계속될 때 아리야식이 그 희론훈습의 원인이 됨으로써 구성되는 것처럼, 옳은 이치를 듣고 그 의미를 깊이 사유하는 것이 거듭 계속될 때 우리의 마음씀 자체가 또한 문훈습의 원인이 되어 우리의 마음은 바뀌게 되는 것이다.

그렇다면 우리는 문훈습의 구성 과정에 주목할 필요가 있다. 자기존재에 대한 이해의 바람직한 구성은 문훈습의 과정에서 이루어지는 것이라 볼 수 있다면, 이를 위한 교육적 실천을 위한 기획은 무엇보다도 학습자들로 하여금 인간 사유와 언어의 본질에 대한 이해에 초점을 둠으로써 가능하지 않을까 생각하기 때문이다. 이에 관한 논고는 다음의 상을 따로 열어 살펴보고자 한다.

---

42 『攝論釋』, p.162, 下段. "若多聞人有多聞習氣 數思所聞共心生滅 彼數生爲心·明了生因."

5. 문훈습聞熏習의 인간형성과정

교육에서 중요한 것은 자기에게 이미 형성되어 있는 선입견이나 전이해를 정당화하는 것이라기보다, 세계와 만나는 여러 가지 다른 가능성과 서로 다른 삶의 선택방식에 대한 앎을 육성하는 것이라 할 수 있다. 이러한 앎의 방식은 타자의 지평뿐만 아니라 자신의 지평을 서로가 자유롭게 검토하고 성찰하게 함으로써 우리를 독단으로부터 벗어나게 하고 세계에 대한 보다 넓은 이해를 가능하게 한다.[43] 교육이 인간의 자기존재에 대한 이해의 구성과정으로서 인간형성을 뜻하는 것이라면, 교육은 이러한 세계이해의 방식을 위한 구체적 실천 과정으로서 존재해야 한다. 우리가 문훈습에 의한 식의 구성 과정을 교육적으로 주목하고자 하는 이유도 여기에 있다. 특히 문훈습은 '바른 이치의 말'을 잘 듣고 이를 깊은 사유로 거듭거듭 되새겨 스스로 그 이치를 깨달아감으로써 자신의 마음을 명료하게 구성하는 것이라는 점에서, 이것은 곧 인간형성을 위한 교육적 실천행위에 몇 가지 시사를 줄 수 있을 것이다.

> 다른 말(他音)을 들음(聞熏習)과 스스로의 정사유, 이 두 가지 원인으로 말미암아 지혜가 생긴다.……지혜(正見)가 있다는 것은 문혜聞慧를 포섭하여 지니는 것이니, 이것은 다른 말[他音]을 듣는 것을 원인으로 삼는 것이다. 또한 지혜(正見)가 있다는 것은 사혜思慧를 포섭하여 지니는 것이니, 이것은 정사유正思惟를 원인으로 삼는 것이다.[44]

---

[43] 유혜령, 「현대 해석학의 관점에서 본 아동 이해의 문제」(서울 : 아동교육연구회, 2002), 『아동교육』, 제40집, No. 6, p.508.
[44] 『攝論釋』, p.172, 中段. "從聞他音及自正思惟 由此二因正見得生…(中略)… 釋) 正見是聞慧攝 以從他聞音爲因 有正見是思慧攝 以正思惟爲因."

여기서 '다른 말(他音)'이란 곧 '바른 이치의 말'을 뜻하는 것으로서, 구체적으로는 인간사유의 의언분별성 및 식의 유식성에 관한 이치를 뜻하는 것이다. 의언분별성이란 앞서 논고한 바와 같이 언어를 바탕으로 삼아 세계를 이해할 수밖에 없는 인간 사유의 구조를 뜻하는 것이고, 유식성의 이치란 인간의 식의 본래적 성격이 무無임을 말하는 것이다. 이렇듯 타음他音이란 의언분별성과 유식성 등, 인간으로 하여금 자신의 본래적 존재 가능성을 성찰할 수 있게 하는 이치를 말하는 것인데, 우리가 이러한 이치를 듣고 스스로 바르게 사유함으로써 자신의 삶에 관한 지혜를 생길 수 있게 할 수 있다면, 이것이 곧 문훈습인 것이다.[45] 이 훈습으로써 우리는 세계 및 자기존재에 대한 이해가 구성되는 그 과정에 임석함으로써 참으로 자율적으로 자신의 앎의 바탕으로 바르게 구성할 수 있음을 말하는 것이다.

그렇다면 우리는 의언분별성과 유식성의 이치에 대해 살펴볼 필요가 있다. 의언분별성에 대해선 이미 논고하였으므로 여기에서는 문훈습의 계기가 되는 유식성의 이치에 대해 고찰해 볼 필요가 있다. 유식학에서 말하는 유식唯識의 의미는, "식을 떠나 실제로 존재하는 대상은 없다. 오직 [내적인] 식만이 존재할 뿐이다"[46]라고 하는 말에 함축적으로 나타나 있다. 엄밀히 말해 존재하는 것은 식일 뿐, 식을 떠나 달리 독립하여 실재하는 일체의 외적인 대상은 존재하지 않는다는 뜻이다.

이와 같이 많은 식들은 유식唯識이니 바깥의 대상들은 없는 것이기 때문이다.[47]

여기서 '이와 같이 많은 식들'은 의식에 무수히 생멸하는 대상사물의 의

---

45 여기서 문혜란 이러한 이치를 귀담아 들을 수 있는 지혜를 뜻하는 것이며, 사혜라 이 말을 듣고 그 이치를 거듭 사유하는 지혜를 뜻하는 것이다.
46 『攝論釋』, p.179, 下段. "實無外境唯有識."
47 『攝論釋』, p.182, 中段. "與此衆識唯識 以無塵等故."

미를 뜻한다. 즉, 색깔에 의한 안식眼識, 소리에 의한 이식耳識, 향기에 의한 비식鼻識, 맛에 의한 설식舌識 그리고 느낌에 의한 신식身識을 뜻하는 것인데, 이와 같은 많은 식들은 바깥의 실재하는 대상이 있어 생기하는 것이 아니라는 것이다. 유식학의 관점에 의하면 우리가 세계를 이해하여 무엇을 안다고 할 때 그것은 세계에 대한 한 인간의 자기이해의 현상이지, 달리 바깥의 어떤 대상을 있는 그대로 표상함으로써 그런 것이 아니다. 이미 설명한 바와 같이 그것은 이미 명색名色으로 훈습되어 있던 앎의 씨앗이 언어를 빌어 현상된 것일 뿐이다. 그것은 본래적 성격이 무無인 식이 연기에 의해 스스로를 자신의 앎의 경계로 드러낸 것이라 할 수 있다.

여기서 우리는 유식학이 세계이해의 바탕을 실재한다고 상정되는 외적인 대상에서 찾는 것이 아니라, 시작함이 없는 때로부터 훈습에 의해 구성되는 인간의 식에서 찾는다는 것을 알 수 있다. 그런데 앞서 살펴보았듯이 연기는 반드시 인식대상을 의지하여 이루어지는 것이다. 앎으로서 드러난 대상사물은 실재하는 대상이 의식에 인식됨으로써 그런 것이 아니라, 식 자신이 연기에 의해 스스로 식 자신을 현상한 것이다. 그렇다면 그 식은 실제로 존재하는 것일까. 존재하지 않는 대상을 지향함으로써 비로소 존재할 수 있는 식 또한 스스로 존재할 수 있는 실체일 수 있는 것일까하는 것이다. 결론적으로 말하면 실재하지 않는 대상을 의지하여 생기하는 식 또한 실재하는 것이라 할 수 없다. 유식학은 이를 식은 연기함으로써 비로소 존재하는 것이며 따라서 그것의 성격은 무라 규정하고 이를 유식무경唯識無境이라고 부른다. 식은 존재하는 것이나 그것은 '비어있음'으로서 존재한다는 것으로 이해할 수 있다. 이렇게 유식무경의 의미는 단순히 식의 긍정과 경계의 부정만을 뜻하는 것이 아니라, 실은 식의 부정까지도 동시에 포함하고 있는 것이다.[48]

---

[48] 上田義文,『大乘佛教の 思想』(東京 : 第三文化社, 1977), pp.150-160 참조.

이처럼 식은 실재하는 것이 아니라면, 식은 무엇을 의지하여 생기할 수 있는 것인가. 그렇다고 하여 식 스스로 식 자신을 인식의 대상으로 가질 수도 없다. 손가락이 손가락 자신을 가리키는 것이 불가능한 것처럼, 세상엔 이런 일은 가능치 않다. 이에 대한 대답이 바로 언어가 바로 이 무인 식이 스스로를 앎으로 드러나게 하는 길이 된다는 것이다. 결국 무를 자신의 존재성격으로 삼는 식이 존재할 수 있는 이유는 자신을 언어로서 드러낼 수 있기 때문이라고 해명할 수 있다.[49] 즉, 인식대상이 마치 존재하는 것처럼 존재할 수 있는 것은, 무인 식이 언어로써 현상되어 드러남으로써 가능한 것이다. 우리의 의식에 마치 실재하는 것처럼 존재하는 대상사물들은 사실은 우리의 마음씀인 연기로 말미암아 언어가 열어주는 물길에 따라 그렇게 시시각각 다양한 맥락으로 드러나 존재할 수 있는 인식현상에 지나지 않는 것이라 할 수 있다. 그리고 이렇게 언어로 현상된 인식대상으로서의 대상사물은 다시 훈습되어 우리의 새로운 세계이해의 씨앗으로서 바탕이 됨으로써 우리의 세계를 이해하는 태도이자 존재방식은 달리 이루어지게 되는 것이다.

　이렇게 우리가 우리의 식도 그것에 의해 드러나는 인식현상도 실재하는 것이 아닌 단지 언어에 의해 현상된 것이므로 곧 유식일 뿐임을 깨달아 알 수 있다면, 그 이해는 곧 마음을 명료하게 생기게 하는 문훈습의 향기라 할 수 있다. 문훈습이란 이러한 유식의 이치를 문혜聞慧로써 잘 듣고 이것의 이치를 시혜思慧로써 깊이 궁구하는 것을 말하는 것인데, 유식학은 이로써 얻을 수 있는 것은 무분별지의 앎이라고 해명한다.

　[이 지혜로서] 일체의 인식현상이 단지 분별이고 다시 외적인 대상이 없음을 본다. 외적인 대상이 성립하지 않으므로 분별 역시 성립하지 않는다. 만약 보살이[우

---

49 이지중, 앞의 책, pp.23-29 참조.

리가] 인식 주관과 인식 대상은 존재하는 것이 아님을 보면 곧 집착하는 바가 없게 된다. 이것은 곧 무분별지無分別智이다.[50]

무분별지란 곧 실재하지 않는 대상을 객관적으로 정립하여 그 의미를 이것이다 저것이다라고 분별하지 않는 지혜를 일컫는 것이다. 앎으로 현상된 대상사물이라는 것은 단지 언어로 드러난 인식현상이므로 그것은 우리가 이해하는 것처럼 실재하는 것이라 할 수 없다. 따라서 그것에 의지하여 끊임없이 생기하는 분별 역시 성립하는 것이라 할 수 없다. 이것은 유식의 이치를 말하는 것인데, 무분별지란 이 이치를 거듭 사유함으로써 이루어지는 것으로서 인식현상으로 드러난 존재사물의 실재성을 집착하지 않는 지혜를 말한다.

이때 우리는 인간은 이 지혜로써 자신의 존재를 그리고 세계를 왜곡하지 않고 바르게 읽을 수 있는 눈을 구성할 수 있다면[51], 문훈습으로 자신의 식을 명료히 구성한다는 것은 곧 분별없는 세계이해의 구성과정이라 볼 수 있다. 결국 세계의 의미는 궁극적으로 그 세계를 이해하여 훈습하는 우리의 태도에 달려 있는 것이다. 이상은 유식의 의미에 초점을 두고 문훈습을 설명한 것이다.

다음은 언어가 지니는 성격에 초점을 두고 문훈습의 의미를 해명해 보고자 한다. 언어의 본질에 관한 해명을 토대로 한 문훈습적 교육기획의 가능성을 탐색하자는 것이다.

> **논** 이 인식대상[義]은 언어에 의지依支하는 것이다. 단지 의언분별일 따름임을 역시 이와 같이 이해하여 안다.

---

50 『攝論釋』, p.214, 上段. "菩薩見一切法但是分別 無復外境 外境不成故分別亦不成 若菩薩見內外無所有則無所著 卽是無分別智."
51 『攝論釋』, p.175, 上段. "聞熏習與解性和合以此爲依 一切聖道皆依此生."

석 ······보살은 인식대상(義)이 실재하는 바가 없다는 것을 이해함으로써, 곧 외부의 대상[外塵]에 대한 그릇된 집착을 떠날 수 있다.[52]

앞서 고찰하였듯이 인식대상은 이름에 의해 존재하게 되는 것이고, 이름은 곧 인식대상에 의해 이루어지는 것이다.[53] 그러나 이 모든 것은 의언분별意言分別에 지나지 않는다는 것의 이치가 곧 유식의 의미이다. 여기서 의언분별이란 인간은 반드시 언어에 의해 모든 인식현상을 헤아려 알 수 있음을 의미하는 것이다. 인간이 지각하고 사유할 수 있는 것은 단지 인식대상이 언어를 연하여 분별됨으로써 이루어질 수 있는 것이다. 인식대상이 존재하기 위해선 반드시 언어라는 그릇을 빌려야 하나, 그렇다고 하여 언어가 곧 대상사물이 아니다. 언어와 대상사물은 상호 투명성을 갖지 못하는 것이다. 그런 까닭에 우리는 인식대상이 실재하는 바가 없다는 것을 이해할 수 있고, 그럼으로써 외부의 대상에 대한 삿된 집착을 떠날 수 있다는 것이다. 문훈습은 바로 이러한 인간 사유의 의언 분별성에 대한 자각의 바탕이 될 수 있다.[54] 이 훈습으로 인간은 자신의 식을 새로이 구성할 수 있는 계기를 가질 수 있는 것이다. 유식학은 문훈습에 의해 구성되는 식의 성격을 다음과 같이 설명한다.

들은 것을 바르게 사유하는 것이 의식가운데 거듭 거듭 생하고 멸하니, 의식은 문혜 가운데에서 이미 명료하여 아리야식을 훈습한다. 이 의식이 멸하더라도 뒤에 다시 일어나고자 하여 이 훈습으로 말미암아 점차적으로 [아리야식은] 수승殊勝하게

---

52 『攝論釋』, p.203, 中段. 論)"此義依於名言 唯意言分別亦如此通達 釋) ···(中略)···菩薩能通達義無所有 亦離外塵邪執"
53 『攝論釋』, p.162, 下段. "義卽名所目 名卽義所成."
54 『攝論釋』, p.199, 中段. "意識覺觀思惟 但緣言分別 無別有義可緣 又必依名分別諸法故 言意言分別 多聞熏習依止爲此法因."

변하는 것이 이루어진다. 따라서 총명하게 사리事理를 잃지 않는다.[55]

문훈습으로 아리야식, 즉 일체의 인식의 종자식이 점차적으로 수승하게 변하게 된다고 밝히고 있다. 이것은 의언분별성의 이치를 바르게 듣고 사유함으로써 자신의 존재에 대한 이해를 왜곡 없이 바르게 구성한다는 뜻이다. 그리고 이를 바탕으로 세계를 직시할 수 있는 눈으로써 무분별지를 기른다는 의미이다. 그러므로 문훈습으로 말미암아 총명한 사리를 잃지 않게 된다는 것은, 마치 실재하는 것처럼 인식되는 일체의 현상들의 본질은, 사실은 자신이 훈습한 식의 인식현상임을 직시할 수 있는 지혜를 잊지 않는다는 것이라 할 수 있다. 그러한 인식현상들은 무無를 본래적 자성으로 삼는 식이 한계성을 지닌 언어를 소통통로로 삼아 현상된 것이므로, 인식현상으로 드러나는 대상사물은 언어에 의해 그 의미가 국한된 것임을 이해할 수 있는 지혜인 것이다. 그리고 현재 우리가 알고 있는 것은 현재 상태에서 우리에게 이해된 지극히 국한된 의미임을 겸허하게 인정하는 눈과 태도로써의 지혜이자, 자신의 생각만이 옳다고 집착하고 주장하는 희론적 사유의 함정으로부터 벗어날 수 있는 지혜를 뜻하는 것이라 할 수 있다. 그런 까닭에 문훈습에 의한 식의 구성은 곧 교육으로서 자기존재에 대한 이해의 구성이라 해석할 수 있다.

---

55 『攝論釋』, p.162, 下段. "是正思所聞 於意識中數數生滅 意識於聞中旣明了 熏習阿梨耶識 此意識若滅 後更欲起 次第轉勝 由此熏習成 是故聰明事不失."

6. 맺음말

지금까지 훈습의 기능을 교육적으로 해석하여 논구해 보았다. 살펴본 바와 같이 인간은 자신의 존재방식을 스스로 구성해 가는 존재이고 그 구성은 훈습에 의해 이루어지는 과정過程이라 할 수 있다. 즉, 우리의 존재방식이 훈습에 의해 결정된다는 것이다. 훈습의 과정에 교육적 실천을 위한 기획의 필요성이 제기되는 이유는 여기에 있다. 교육이란 궁극적으로 한 인간의 자기존재에 대한 이해의 형성과정이라 할 수 있다면, 학습자가 올바른 훈습을 통해 자신의 식을 새로이 구성하여 자신의 세계를 희론적 왜곡 없이 바르게 알 수 있도록 이끌 수 있는 교육적 기획이야말로 교육의 본래적 성격이자 존재 이유라 할 수 있는 것이다.

논고한 바와 같이 우리는 이러한 교육적 기획의 수립과 실천을 위한 시사를 문훈습의 교육적 해석에서 받을 수 있다. 살펴본 것처럼 문훈습이란 인간사유의 의언분별성을 깊이 사유하여 그 이치를 깨달음으로써 자신의 세계를 그렇게 여기고 있는 우리자신에 대한 이해를 새로이 가짐으로써 또한 세계에 대한 이해의 눈을 새로이 가질 수 있게 됨을 말하는 것이다. 즉, 인간의 사유의 의언분별성의 이치를 문혜聞慧와 사혜思慧로써 거듭 사유하여 마음을 새로이 명료하게 구성하는 것을 뜻한다. 이로써 이 세계엔 이미 객관적으로 존재하는 사물이 있고 이를 주관적으로 사유하는 내가 있다는 주객 대립의 입장에서 표상된, 대상과 이에 대해 집착하는 희론적 태도에서 벗어나 자신의 본래적 존재 가능성이 무엇인지를 반성적으로 고찰함으로써 세계의 의미를 자신의 구체적인 목소리로 구현할 수 있는 바탕을 구성한다는 뜻이라 할 수 있다. 문훈습은 학습자가 희론분별에서 벗어나 자기존재에 대한 이해의 명료한 구성을 가능케 하는 지혜를 얻을 수 있음을 의미하는 것이자, 스스로의 존재방식을 새로이 구성할 수 있는 계기를 마련할 수 있는 계기가 될 수 있음을 뜻하는 것이라 할 수 있다.

그렇다면 본 연구자는 문훈습을 위한 구체적인 교육적 실천 과제를 의언분별성에 대한 자각을 위한 교육적 접근에서 찾을 수 있지 않을까 생각한다. 인간의 의언분별성이란 인간의 세계이해는 반드시 언어를 바탕으로 하여 이루어지는 것이며, 따라서 인간의 세계에 대한 이해는 그것을 담아내는 언어에 의해 한정될 수밖에 없음을 말하는 것이다. 따라서 문훈습을 위한 교육적 실천은 무엇보다도 학습자들로 하여금 인간 사유의 의언분별성을 깨닫게 함으로써, 인간의 세계이해는 그가 구성하고 있는 언어체계의 유한한 의미에 국한될 수밖에 없음을 이해할 수 있게 하는 것으로 구성될 필요가 있는 것이다. 이것은 우리가 지각하여 알게 되는 것은 언어적으로 분별된 것이므로, 학습자 스스로 지각하는 대상사물의 세계가 그 자체로서 존재한다는 확신으로부터 벗어날 수 있는 태도를 구성하기 위한 교육의 필요성을 말하는 것이다. 그리고 스스로 세계의 의미를 자신의 선입견으로 희론하여 분별하지 않는 지혜인 무분별지를 얻게 하기 위한 교육이라 할 수 있다.

결론적으로 이것은 오늘의 교육이 간과하고 있는 언어 교육의 필요성을 새로운 시각에서 제기하는 것이기도 하다. 언어교육이라는 것은 단순히 문법이나 어휘 또는 문장을 읽고 쓰는 등을 가르치는 것에 국한시킬 것이 아니라, 언어가 인간의 삶에서 갖는 본래적 의미에 관해서도 진지하게 성찰할 수 있게 하는 것으로 확대될 필요가 있다는 것이다.

이러한 교육은 학습자의 자기존재에 대한 적확한 이해를 위한 교육적 실마리를 언어의 본질에 대한 인식의 전환을 통해 찾아보고자 하는 차원의 것이다. 인간이 희론적 태도로부터 벗어나 세계를 바르게 이해하기 위해서, 이로써 자신의 본래적이고 고유한 존재 가능성을 성찰하고 구현할 수 있는 지혜를 가지기 위해선, 무엇보다도 언어와 인간의 세계이해와의 상호 관계성에 대한 정확한 이해가 필요한 것이라 생각하기 때문이다. 이것은 이른바 인간 사유의 의언분별성에 대한 자각을 위한 교육적 실천을 언어교육을 통해 실천하고자 하는 것을 뜻한다.

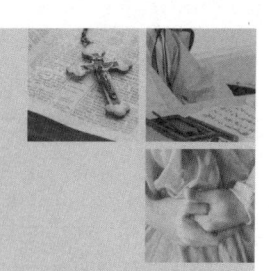

제5장
불교오계와 지구윤리 교육

1. 종교윤리의 공통성

　본 연구는 세계 종교윤리의 공통성을 탐색해 보고자 하는 의도에서 출발하여, 불교의 오계五戒에서 그 지구윤리적 지평을 발견하고자 한 시도이다. '지구촌의 보편 윤리는 가능한가?' 하는 문제에 대한 부정적인 견해도 적지 않으나 인류 공동의 윤리를 정립하고 이를 실천하려는 노력은 이 시대에 꼭 필요한 과제라고 본다.

　최근 대화 문명시대를 향해 변화해 가고 있는 시대적 요구에 부응하여 레너드 스위들러(Leonard Swidler)나 한스 큉(Hans Küng)과 같은 종교사상가들이 지구윤리 구상을 제안하고 있는 일은 종교교육적 차원에서도 주목할 만한 일이 아닐 수 없다. 종교학의 한 분과로 자리잡은 비교종교윤리학(Comparative Religious Ethics)에서도 종교윤리의 비교문화적 연구를 통해 여러 종교공동체에서 발견되는 윤리체계를 대조하고 분석하여 공통된 윤리체계의 정립을 시도하고 있다. 보편적 종교교육을 위해서는 종교교리나 사상의 유사성에 대한 이론적 탐색보다는 먼저 종교 윤리의 공통성을 찾아보는 것이 더 유용하고 실천적일 것이다.

　세계종교윤리는 비록 그 교의적 근거가 각기 다르고 모순되지만, 각 종교에서 가르치는 도덕률을 비교해 보면 공통된 지구윤리정신(Global Ethos)이 내재해 있음을 쉽게 발견할 수 있다. 이러한 세계종교 윤리의 보편성에 대한 재인식은 각 종교가 지닌 교의나 세계관의 차이에도 불구하고 현대 지구촌의 제 문제를 해결할 수 있는 중요한 열쇠가 될 수 있다고 본다.

초기 불교경전에는 불교도의 사회적 생활을 위한 기준이 되는 불살생·불투도·불사음·불망어·불음주 등의 다섯 가지 계율(pañcasīla)이 설해지고 있다. 오계의 내용을 자세히 살펴보면 모든 종파를 떠나서 인류에게 보편적으로 수용될 수 있는 덕목으로 구성되었음을 알 수 있으며, 대부분의 세계종교 윤리에도 오계에 상응하는 계율이 있음을 발견할 수 있다.

본 논고에서는 먼저 불교 윤리의 원형인 오계의 성립과정과 이에 대한 다양한 해석을 살펴보고, 유교의 오상五常, 자이나교의 오대서五大誓, 그리고 셈계 종교의 십계명과의 비교를 통해 세계종교 윤리의 공통성과 오계와의 유사성을 찾아보고자 한다. 보편적 지구윤리 체계로의 오계의 성격을 찾아보기 위해서 인도의 전륜성왕 신화에 나오는 정법정치의 기본이념으로서의 오계와 현대의 지구윤리 선언에 내포된 오계의 정신을 분석해 볼 것이다. 그리하여 불교의 오계는 인류 공동의 신앙(Common Faith)을 위한 보편적 실천교육의 지침이 될 수 있음을 제안하고자 한다.

2. 불교 윤리의 원형으로서의 오계

1) 오계의 원형

『중부경전(Majjhima Nikaya)』의 「사레야카 경(Sāleyyaka Sutta)」[1]에는 붓다가 살라 마을의 주민과 함께 선과 악에 대하여 문답하는 내용이 있다. 여

---

1 『중부경전』 vol. I, 41, pp.285-288. 『남전대장경』 제10권, pp.5-6.

기에서 붓다는 사회적이면서 종교적인 선행의 기준에 대해 설하고 있다. 이 경은 인간의 생각과 말과 행동을 통해 나타나는 인간의 선악의 행위를 열 가지로 제시하고 있다.

(1) 신체적 행위 : 살생, 투도, 사음
(2) 언어적 행위 : 거짓말, 이간하는 말, 거친 말, 꾸미는 말
(3) 정신적 행위 : 탐욕, 성냄, 잘못된 견해

붓다는 선하고 유익한 것(kusala)과 악하고 타락적인 것(akusala)의 구분을 개인과 집단의 행복에 어떻게 기여할 수 있는가 하는 것으로 평가하였다. 다른 사람이나 사회에 고통과 슬픔을 가져다주는 악한 행위는 반드시 불행한 과보가 있다. 선은 건전하고 조화로운 인간관계를 맺는 여러 덕목들과 일치하는 것이다. 선한 행동의 계율을 지키는 이들은 어느 곳에서나 성취와 적정에 이를 수 있다고 가르쳤다. 여기에서 (1)의 신체적 행위와 (2)의 언어적 행위는 오계 중 전반부의 네 가지 계율이 되고, (3)의 정신적 행위는 (1)과 (2)의 행위의 근원적으로 제어할 수 있는 정신이다. 오계는 재가 불교윤리의 최소한의 덕목이지만,[2] 이는 십선(十善, dasa kusala)의 기초가 되었고 출가자의 근본 계(sīla, 개인의 결의)와 율(vinaya, 불교공동체의 규칙)의 바탕이 되었다.

오계에 대한 기술은 불전에 따라 차이가 있으나, 남방불교의 상좌부(Theravāda)에 전하는 빠리문 오계의 완성된 형태는 다음과 같다.

---

[2] 불교의 새가 신지는 삼보에 귀의하고 오계를 수지해야 '계율을 구족한 재가신자'로서의 자격을 갖추게 된다. 대중부 계열의 율장에서는 오계 중 일부만 수지해도 우바새(優婆塞, upāsaka)가 될 수 있다고 기술하고 있다. 오계 중 일부만 받는 '일분행(一分行) 우바새', 또는 '소분행(小分行) 우바새', '다분행(多分行) 우바새'와 같은 용어가 생기고, 오계 전부를 수지하는 일을 '만분행(滿分行) 우바새'라고 부르게 되었다. T. 22, 『마하승기율』 p.306a.

(1) 생명을 죽이는 것을 멀리하는(學處) 계를 나는 받아 지키겠습니다.
　　(pāṇātipatā veramaṇā sikkhāpadaṃ samādiyāmi)

(2) 주지 않는 물건을 취하지 않는(不與取) 계를 나는 받아 지키겠습니다.
　　(adinnādvnā veramaṇī sikkhāpadaṃ samādiyāmi)

(3) 부부 이외의 부정한 성관계를 멀리하는 계를 나는 받아 지키겠습니다.
　　(kāmesu miccācārā veramaṇī sikkhāpadaṃ samādiyāmi)

(4) 망어를 멀리하는 계를 나는 받아 지키겠습니다.
　　(musāvādā veramaṇī sikkhāpadaṃ samādiyāmi)

(5) 곡식으로 만든 술, 과일로 만든 술, 그 외에도 취하게 하는 것(마약 등), 게으름의 원인이 되는 음주행위를 멀리하는 계를 나는 받아 지키겠습니다.
　　(surāmeraya-majja-pamvdaṭṭhāna veramaṇī sikkhāpadaṃ samādiyāmi)[3]

『선생경善生經』에는 살생·투도·사음·망어를 4종의 악업으로 들고 악업을 만드는 원인을 탐욕·성냄·두려움·어리석음이라고 설하고 있다.[4] 초기경전을 살펴보면, 오계 중 앞의 네 가지 계율이 먼저 제정되고 불음주에 대한 계율은 후에 첨가 된 것으로 나타나고 있다. 음주는 악 자체는 아니나 악으로 인도하는 간접 원인이 되므로 이 계율이 제정되었다. 붓다는 "술을 마심으로써 재산을 잃고, 자제심을 잃어 타인과 싸움을 하게 되며, 병의 원인이 되고, 명예를 추락시키며, 부끄러움을 모르는 행위를 하게 되고, 지적 능력이 감퇴된다"고 경계하고 있다.[5]

3　빠알리어의 원의는 "pāṇātipatā(=생물을 죽이는 것), adinnādvnā(=남이 주지 않는 물건), kāmesumiccācārā(=삿된 음행), musāvādā(=망어), surāmeraya-majja-pamvdaṭṭhāna(곡주, 과일주, 정신을 취하게 하는 것들), veramaṇi(=떠나서 멀리하는 것), sikkhāpadaṃ(=學處戒), samādiyāmi(=나는 지키겠다)" 등의 뜻이 있다.
4　『長阿含經』권11 「善生經」(T. 1, p.70a), 『中阿含經』권33 「善生經」(T. 1, p.638c), 『尸迦羅越六方禮經』(T. 1, p.250c) 등.
5　T. 1, 「善生經」 p.70ab. Digha-nikāya vol. III, pp.182-183.

오계문에 나오는 'samādiyāmi'라는 말은 '나는 반드시 지키겠다'는 굳은 서원의 뜻이 담겨 있다. 한역 율장에는 '불살생계_{不殺生戒}' 등으로 번역하여 '타율적 금지_{禁止}'의 의미가 강하게 표현되고 있으나, 본래의 어의는 악에서 스스로 '멀리 떠남(veramaṇī)'을 결심하는 자율적 의미가 있다.[6] 잘못을 멈추게 하는 내적 힘을 율의(律儀, saṃvara) 또는 계체_{戒體}라고 하는데, 계체는 잘못된 행위를 막아주고 멈추게 하는 내부 정신의 근원이 되는 것이다.

2) 대승의 해석과 작지계_{作持戒}

대승의 윤리는 단순히 계율을 지키는 데 그치지 않고 적극적으로 선을 행하며 널리 일체 유정을 이롭게 하는 것을 목표로 한다. 이러한 대승의 자비사상은 오계의 해석에도 큰 변화를 가져오게 하였다. '~을 하지 말라' 소극적 계율을 '지지계'_{止持戒}라고 하고, 이에 반하여, '~을 하라'고 적극적으로 오계를 해석하는 것을 '작지계'_{作持戒}라고 한다. 작지계적인 계율 해석은 대승불교의 방편사상과 결부되어 오계에 대한 해석도 다양하게 전개되었다.

예컨대, 오계 중의 하나인 불살생의 경우, 이는 생명을 죽이지 말라는 의미를 지니기도 하지만 넓게 해석하자면 생명을 사랑하고 살려야 한다는 방생_{放生}을 뜻하는 것이다. 살생을 하지 말라는 소극적인 운동에서 적극적으로 생명을 살리자는 것으로 나아가자는 것이다. 마찬가지로 불투도의

---

[6] 초기경전에는 자이나교의 오대서(五大誓)와 같이 '서원해야 할 것(vrata)'으로만 말하고 '오계(pañcasīlani : 복수 주격)'라고는 표현하지 않았다. 후대에 와서야 불교의 행동 규범은 '계(sīla)'라는 용어로 통일되었다.

경우, 주지 않는 것을 갖지 않는 것뿐만이 아니라 적극적으로 베풀어줘야 한다는 보시사상으로 전개된다. 불사음은 청정한 남녀 관계와 순결한 생활, 청정한 마음으로 살아가는 것을 뜻한다. 그리고 불망어는 거짓말을 안하는 것뿐만이 아니라 상대에게 유익한 말, 부드러운 말, 진실한 말 등을 해주어야 한다. 불음주는 술이나 마약과 같이 취하게 하는 것을 마시지 말라는 것뿐만 아니라 항상 깨어 있는 정신으로 살아가라는 계율로 해석하는 것이다.[7]

중기 대승불교시대에 성립된 『유사사지론瑜伽師地論』의 「보살지菩薩地」에서는 삼취정계三聚淨戒를 제시하고 있다.[8] 보살은 섭율의계攝律儀戒 뿐만 아니라 섭선법계攝善法戒와 섭요익중생계攝饒益衆生(有情)戒도 아울러 수지해야 한다는 것이다. 삼취정계는 단순한 지계만으로는 대승불교에 이상을 충분히 출현할 수 없기 때문에 성립된 것으로 대승의 이상적 인간상인 보살菩薩

---

7 국제오계파지운동(International pañcasīla movement)은 오계의 작지계적 해석을 기초로 설립되었다. 오계파지 운동은 1998년도 세계불교도우의회(World Fellowship of Buddhists) 방콕 정기대회에서 필자가 세계 불교도의 세 권역인 테라바다, 대승, 금강승(밀교) 간의 공동윤리운동으로 제안했고, 2002년 말레이시아 대회에서는 WFB내에 오계파지운동 특별분과위원회를 설치케 하였다. International pañcasīla-samadaniya movement 에서 제정한 작지계의 실천 원리는 다음과 같다. (a) In order to take care of lives of all sentient beings, we should protect air, water, earth, and nature from contamination and destruction. (b) Through the practice of offering and compassion for others, we are able to build an ideal society that is filled with wealthy and virtue. (c) The moral between wife and husband should be pure and faithful, so that youngster can learn. (d) We should speak responsible, tender, and compassionate words because words are the expression of one's will and the source of happy life. (f) Be abstain from drinking achohol because it injure one's health and good will. We can use it only in case of promotion cheerful dialogue or for the purpose of remedy. In order to build an ideal society which is filled with wisdom, we should destroy any kind of drugs which destroy healthy body and mind. WFB *pañcasīla-Samadaniya Committee Report* (2002, Malaysia).

8 T. 30, 彌勒, 『瑜伽師地論』 권 40, 「계품」, pp.510c-515c. 三聚淨戒는 유가사지론설 이외에도 『華嚴經』 「十地品」에는 삼취정계는 십선계라고 밝히고 있다. 경전성립사적으로 보아 『十地經』설이 오래 된 것으로 보인다. 삼취정계에 대한 해설로는 목정배, 『대승보살계사상』(서울 : 불지사, 1988) 참조.

의 행동 기준으로 제정된 것이었다.

섭율의계는 악을 그치게 하는 것을 주된 목적으로 하며, 5계, 10계, 비구 250계, 비구니 348계, 사미 10계 등으로 세부화 된 계율의 준수를 의미한다.[9] 섭선법계란 선행을 적극적으로 하는 것으로 몸과 입과 마음(身口意)으로 십선업을 비롯한 온갖 선법을 끌어 모아 호지하는 것이다.[10]

섭선법계란 율의계를 지키면서 정각을 실현하기 위해 모든 선을 쌓아 가는 것이다. 예를 들면 존경스런 어른을 공경히 모시며 병든 이를 불쌍히 여겨 간병하며 묘법을 베풀며 공덕자를 찬탄하며 일체유정의 복업자에게는 신심을 수희하며 다른 사람의 위범에는 참으며 일체 선근을 성불에 회향하며 바른 원을 일으키며 삼보에 공양하며 선품을 수습하며 학처를 지키며 선우를 친근히 하며 아직 범하지 않은 죄를 범하지 않는 것과 같이 하며 이미 범한 죄는 불보살 동법자 앞에 발로하여 여법하게 없앤다.[11]

섭요익중생계란 모든 중생의 이익을 위해 자비를 실천하는 보살행을 하는 것이다.

---

9 인도에서는 출가자의 계율이 따로 정립되어 오계가 재가자 중심의 윤리로 정착되었으나 보살계가 성행한 중국에서는 출가와 재가를 망라한 대승보살계의 중심적 윤리 덕목이 되었다. 형식보다 그 정신을 중시하는 유연한 대승의 계율 해석 전통에 따라 『우바새계경』이나 『보살지지경(菩薩地持經)』 등 대승계경류가 널리 유통되었다. 『우바새계경』에는 불살생계, 불투도계, 불허설계(不虛說戒), 불사음계, 불설사중과계(不說四衆過戒), 불고주계(不酤酒戒) 등 6중계를 열거하고 있다 (T. 24. 『우바새계경』, p.1049ab). 『보살내계경(菩薩內戒經)』에는 오계와 10선을 종합한 12계를 설하고 있으며, 『범망경(梵網經)』에는 10중계, 『보살영락본업경(菩薩瓔珞本業經)』에는 10불가회계(不可悔戒) 등 변형된 형태의 오계가 설해졌다.
10 부파 불교에서는 출가와 새가계를 포괄하는 10선계에 소홀하였으나 초기 대승불교에서는 십선을 중시하였으며, 『반야경(般若經)』에서는 6바라밀 가운데 계바라밀을 10선도로 해석하였다.
11 彌勒, 『瑜伽師地論』 권40, 「계품」, T. 30, p.511ab.

요익유정계란 중생을 이익 되게 하며 사회를 위하여 그 직분을 다하는 계이다. 그것은 유의의 사업을 돕는다. 법요를 설하고 은혜를 안다. 유정을 공포에서 구하고 사람의 불행을 위로한다. 생활에 필요한 물건을 베풀며 도리에 따라 힘들지라도 감당한다. 세간적인 것에서도 선사에는 찬동하며 선행자를 표창한다. 악을 가책하여 불선을 멈추고 방편을 사용하여 유정을 불교로 이끈다.[12]

율의계는 자기의 몸과 마음을 청정하게 하고 안정시키는 단계이며, 섭선법계는 정견으로 불법의 지혜를 깨닫는 반야의 단계이다. 그리고 섭요익중생계의 단계에 와서는 연기緣起의 법을 깨닫는 지혜에 기초하여 재시財施와 법시法施를 포함한 무한 자비를 무애 자재하게 실천하게 되는 것이다.

3) 지심계持心戒와 동기론적 윤리

선을 행함에 있어서 이기적인 의도를 지니고 행하는 것은 '아직 번뇌에서 벗어나지 못한 선행(有漏善, 有所得善)'이라고 하여 '번뇌에서 완전히 해탈하여 행하는 선(無漏善, 無所得善)'과 구분한다. 스스로 마음을 청정케 하여 법계와 계합된 마음에서 나오는 행위만을 참된 선행이라고 보는 것이다. 여기에서 대승의 보살계 사상은 '마음의 계(持心戒)'를 중시하게 되었다. 헛된 망상이 일어나 불성에 어긋나면 이는 곧 보살계를 파하는 것이며, 자기의 불성을 잘 호지하여 번뇌가 일어나지 않으면(心不起) 곧 불성에 계합하는 것이다. 이것이 대승의 보살이 지켜야 할 계율이 된다.[13] 이른 바

---

12 같은 책, T. 30, p.511bc.
13 T. 24, 『범망경(梵網經)』, p.1003c 참조.

칠불통계七佛通戒의 게송이라고 전해오는 시구에도 지심계의 사상이 응축되어 있다.

> 모든 악을 행하지 아니하며
> 일체 선을 받들어 행하라.
> 자기의 마음을 스스로 청정하게 하는 일
> 이것이 부처님들의 가르침이다.[14]

제3구의 '자신의 마음을 스스로 청정하게 하라'는 가르침은 1-2구의 윤리적 계율의 근원인 마음의 계(持心戒)의 근원을 지시한 것이다. 『육조단경六祖壇經』에도 '자성오분법신향自性五分法身香'의 법문에서 지심계持心戒의 중요성을 설하고 있다.

(1) 자기 마음 가운데 그릇이 없고 악함이 없고
   질투가 없고 탐냄과 성냄이 없으며
   또한 빼앗고 해치는 마음이 없는 것이 계향戒香이다.
(2) 모든 선악 경계나 형상을 보고
   자기 마음이 어지럽지 않는 것이 정향定香이다.
(3) 자심이 걸림이 없어 항상 지혜로서 자성을 비추어보아
   모든 악을 짓지 아니하고 비록 많은 선을 행하더라도
   마음에 집착하지 않으며 위로 공경하고 아래를 보살피며
   외롭고 가난한 사람을 불쌍히 여기는 것이 혜향慧香이다.

---

14 『법구경』183게. "諸惡莫作 衆善奉行 自淨其意 是諸佛教" (To avoid all evil to cultivate good, to purify one's mind, this is the teaching of the Buddha). 七佛通戒라는 말은 法華玄義(T. 33, p.695c)에 나오는 용어로 과거 七佛 중 Vipassin 붓다가 설한 시구라고 한다 (DN. II, p.49).

⑷ 마음에 반연攀緣하는 바가 없이

　　선도 생각하지 않으며 악도 생각하지 아니하여

　　무애자재한 것이 해탈향解脫香이다.

⑸ 자심에 이미 선악에 반연하는 바가 없다하더라도

　　공空에 잠겨 고요를 지켜서는 아니되니

　　모름지기 널리 배우고 많이 들어야 하며

　　자기 본심을 알아서 모든 불법이치에 통달하며

　　빛을 화하여 사물을 접하되(和光接物) 나(我)도 없고 인人도 없어

　　바로 보리에 이르러 참 성품에 변함이 없는 것이 해탈지견향解脫知見香이다.[15]

　자성을 바로 보는 수행 속에 모든 계행이 포함되므로 비록 금계를 범했을 때는 불안할지라도 그 두려운 마음이 가히 얻을 수 없다는 것을 알면 해탈을 얻는다는 것이다.

　　다만 마음 가운데 죄의 연(罪緣)을 없애면

　　각자 성품에서 진실한 참회가 되니

　　홀연히 대승법을 깨달아 참된 참회를 하고

　　삿된 행을 없애고 바르게 하면 곧 죄가 사라진다.

　　진리를 배우는 이는 어느 때나 자성自性을 관하라.

　　그리하면 모든 부처와 하나가 될 것이다.[16]

　불성佛性이 곧 계의 본체이므로 마음이 불성과 다르게 작용하면 곧 계를

15　T. 48, 『육조단경(六祖壇經)』, p.353c. "自心中 無罪無惡無嫉妬無貪瞋無劫害 名戒香."
16　혜능(惠能,), 『육조단경(六祖壇經)』 T.48, pp.354c-355a. "但向心中除罪緣 各自性中眞懺悔 忽悟大乘眞懺悔 除邪行正卽無罪 學道常於自性觀 卽與諸佛同一類."

파한 것으로 여기게 된다. 이러한 태도는 선종禪宗의 일부에서 이른바 오직 관심觀心만을 수행하고 계율은 불필요하다는 이론도 나타나게 되었다. 공의 이념만을 내세우고 현실적 실천을 도외시하는 괴리현상은 관심수행觀心修行 중심주의의 선 전통의 역기능의 하나로 나타났다. 심지어는 "만약에 만물에 무심하면 욕정이 음淫이 되지 않는다. 음淫이 복이 되고 선이 재앙이 될지라도 도盜는 아니다. 무심無心이면 바로 무계無戒이다. 무계이면 바로 무심으로 부처도 없고 중생도 없다. 너도 없고 나도 없다. 네가 없는데 무엇을 계라 하겠는가?"[17]라는 무심무계無心無戒의 사상도 나오게 되었다.

3. 오계와 세계종교 윤리의 유사성

불교의 5계에 나오는 불살생 · 불투도 · 불사음 · 불망어 등의 계율은 대부분의 세계 종교 윤리에도 보이고 있다. 물론 계율의 적용 범위나 해석은 각 종교의 우주관이나 신관, 그리고 인간의 종교체험의 내용에 따라 그 유형과 의미가 다르지만 그 안에는 공통된 지구윤리정신[18]이 내재되어 있음을 쉽게 발견할 수 있다.

---

17 『경덕전등록(景德傳燈錄)』 권4(禪文化硏究所 編), p.60.
18 Hans Küng은 세계종교 윤리가 공동으로 제시하는 것으로 (a) 인간의 복지와 존엄성 (b) 기본적 인간성의 최대요구 (c) 중용이라는 합일의 길 (d) 황금률 (e) 자발적인 윤리적 동기 (f) 삶의 의미 지평과 목표 설정 등을 들고 있다. Hans Küng,『세계윤리구상 (Projekt Weltethos)』, 안명옥 역 (왜관 : 분도출판사, 1992), pp.121-136 참조.

1) 자이나교의 오대서와의 관계

불교와 여러 차원에서 유사한 점을 많이 지니고 있는 자이나교(Jainism)[19]에서는 윤리규범으로 오대서(五大誓, pañca-mahāvrāta)의 실천을 가르친다. 오대서란 살생(himsa)·망어(anrta)·투도(steya)·비범행(abrahma)·소유(parigraha)의 악덕에서 멀리 떠나야 함을 말한다. 불교의 오계와는 마지막 '소유'에 대한 것만 다르다. 힌두교의 요가학파에서도 불살생(ahimsa)·진실어(satya)·불투도(asteya)·불음(barhmacarya)·비소유(aparigraha) 등 오법이 있는데 자이나교의 오대서의 용어를 부정문 형태로 표현하고 있다. 오대서는 불상해(不傷害, ahimsa)를 중심으로 하여 진실한 말, 남의 것을 투도하지 않음, 정결하고 순결한 삶, 모든 소유에 대한 애착을 버릴 것을 서원하는 것이다. 특히 불상해의 계율은 자이나교 윤리의 근본 덕목으로 어떠한 생명이든지 해하거나 죽여서는 아니 되며 생과 관련된 직업을 갖는 것도 엄격히 금지하고 있다. 자이나교도 가운데 상업에 종사하는 이가 많은 것은 이 때문이다. 무소유無所有의 계는 물건의 소유를 엄격하게 금하는 것으로 고행(Tapas)을 중요시 하는 수행과 관련이 있다. 고행의 목적은 육체적 욕망을 제어하기 위한 목적이 있으므로 무소유에 의해 생활이 어려워지는 것은 고행 수행을 증진한다고 보는 것이다. 자이나교의 고행과 참회에는 금식과 절식, 굴욕을 참음, 고독, 봉사, 소유감 포기 등의 수행법이

---

[19] 창시자 바르다마나(Vardhamana)는 위대한 영웅(大雄)이라는 의미의 마하비라(Mahavira) 또는 나타(Natha)족의 성인이라는 뜻에서 '나타 붓다'라고도 하였다. 이는 석가모니 (석가족의 성자, 大雄) 등과 유사한 호칭이다. 불전에는 고오타마 붓다 당시 대표적인 육사외도(六師外道) 가운데 니간타나타뿌타로 기술되어 있다. 한역경전에는 마하비라는 대웅(大雄, Mahavira) 야제자(若提子), 니건타(尼乾陀) 니건련타야제불달라(泥健連他若提弗怛羅), 니건친자(尼乾親子), 노체친남(露體親男) 등으로 번역되었다. 자이나 수행자들은 노행(露行) 외도, 나형(裸形) 외도, 노형(露形) 외도, 무참자(無慙子) 등으로 호칭했다. 자이나교를 언급한 불전에는 『아함경』, 『법구비유경』, 『사분율(四分律)』, 『백론(百論)』, 『대장엄론경(大莊嚴論經)』, 『대비바사론(大毘婆沙論)』, 『마하지관(摩訶止觀)』 등이 있다.

있다. 그러나 붓다는 출가자에게 수행에 필요한 최저의 의발을 허락했고, 상가 공동체의 물건은 공유로 하고 공평하게 분배하였다. 또한 극단적인 고행은 육체만 괴롭히고 지혜를 감소시키므로 중도의 수행을 가르쳤다.

2) 셈계종교의 율법과의 비교

유태교, 기독교, 이슬람교 등 유일신교 전통에서 신앙하는 10계명에도, "살생하지 말라, 간음하지 말라, 도적질 하지 말라, 이웃에 대해 거짓 증언하지 말라, 이웃의 아내나 노예, 가축 등 네 이웃에 속하는 것은 아무 것도 탐내지 말라"[20] 등 불교의 5계에 상응하는 계명이 있다. 「출애굽기」의 10계명 중 전반부의 네 계명은 신을 믿는데 있어서 지켜야 할 계명이며, 후반부의 여섯 계명은 인간 사이에 지켜야 할 계명으로 구성되어 있다. 불교의 신행 체계로 보면 삼보에 귀의를 서약하는 '귀명삼보계歸命三寶戒'[21]는 신에 대한 네 가지 계율에 배대되고 오계는 인간에 대한 계명과 유사한 면이 있다.

첫째, '살인을 하지 말라'는 계명은 실질적인 살인행위 뿐만 아니라 살인의 계획이나 동기, 원인까지 포함된다. 예수는 이 계명을 동기론적으로 해석하여 미움을 지닌 마음도 마음속으로 살인한 것과 같다고 해석하였다.[22] 불교의 불살생계의 범주에는 인간뿐만 아니라 모든 살아있는 존재인

---

20 「출애굽기」 20 : 13~17.
21 설일체유부(說一切有部) 전승의 삼귀의 서약문은 다음과 같다. "我某甲始從今日乃盡至命存壽 歸依佛陀兩足中尊 歸依達摩離欲中尊 歸依僧伽 諸衆中尊(나는 오늘부터 이 목숨이 다할 때까지 지혜와 복덕을 구족하신 부처님께 귀의합니다. 모든 탐욕을 떠난 청정한 가운데 가장 훌륭한 법에 귀의합니다. 모든 공동체 가운데 가장 고귀한 승가에 귀의합니다)." T .24 『根本說一切有部百日羯磨』, p.456a.
22 「마태복음」 5 : 21~26.

유정有情이 다 포함된다. 불교에서는 '스스로 생명을 죽이거나', '다른 이를 시켜 죽이거나', '방편으로 죽이거나', '죽이는 것을 찬탄하거나', '죽이는 것을 보고 기뻐하거나', '주술로써 죽이는 행위', 모두가 살생에 해당된다.[23] 불살생의 가르침에는 반드시 이에 상응하는 과보를 받게 된다는 인과법이 아울러 엄하게 설해진다. 살생은 자비심을 끊게 되고 모든 존재가 자신과 한 몸이라는 동체대비의 연기설에 정면으로 위배된다.

둘째, '간음하지 말라'는 계명은 혼인으로 성립된 가정을 파괴하지 말라는 계명이다.

예수는 은밀한 음욕조차도 간음으로 인정하였다.[24] 대승의 계율해석도 마치 예수가 구약의 율법을 새롭게 해석한 것과 유사하여 외면적 계율의 준수보다는 그 내면에 깔린 정신을 더 중시하고 있다. 『범망경梵網經』에는 스스로 음행을 하거나, 남을 시켜 하거나, 음란의 원인이나 인연이 될 일을 하지 말며, 그 대상도 동물 내지 천녀, 귀신녀에게까지 적용하고 있다.[25] 재가자는 사음을 경계하였지만 출가자에게는 음욕을 지니는 것 자체를 금하였다. 그러나 우바새 중에는 우가(ugga)장자와 같이 예류과(預流果, sotapatti)의 경지에 도달하여 범행(梵行, brahmacariya : 성욕을 완전히 금함)을 지키는 이른바 '단음斷淫 우바새'도 있었다.

셋째, '도적질 하지 말라'는 계명은 불교의 '주지 않는 것을 갖지 말라'는 계율과는 큰 차이가 없다. 도둑은 탐욕에 의하여 생기는 악행이다. 그러므로 탐심을 버리고 베푸는 보시(dāna)를 권한다. 대승에서는 무주상보시無住相布施의 윤리를 강조하는데 이는 베풀어주고도 주었다는 생각을 하면 참된 보시가 될 수 없다는 사상이다.[26] 준 자와 받는 자, 그리고 물건이

---

23 T.24. 『梵網經』, p.1004b.
24 「마태복음」 5 : 27~30.
25 T.24. 『梵網經』, p.1004c.
26 『金剛般若波羅蜜經』「妙行無住分」第四, "수보리여, 온갖 법(法)에 대하여 마땅히 머물러

모두 공적한 순수한 보시에서 무한한 공덕이 발생한다고 보는 것이다.

넷째, '이웃에 대해 거짓 증언하지 말라'는 계명은 불교의 '불망어不妄語'에 해당된다. 여기에는 거짓말뿐만 아니라 '이간하는 말(兩舌)', '꾸미는 말(綺語)' '험한 말(惡口)' 등이 포함된다. 작지계적 해석으로는 부드럽고 진실한 말과 때와 장소에 적절한 말을 의미한다.

다섯째, '이웃의 아내나 노예, 가축 등 네 이웃에 속하는 것은 아무 것도 탐내지 말라'는 계명은 불교의 불탐不貪에 해당된다. 앞의 계명이 외적인 행위를 규율하고 있는 데 반해 이 계명은 내면적 의지를 제한하는 계명이다. 불교의 10선계에 탐욕과 성냄과 사견邪見을 버리라는 계율은 내적 계율에 해당된다. 이 외에도 '네 부모를 공경하라'는 계율은 불교의 오계에는 들어있지 않으나 여러 불전에는 효를 강조하는 가르침이 많이 있다.[27]

3) 유교의 오상五常과의 관계

중국에 불교가 정착되기 시작하면서 중국 불교도들은 유교적 가치체계와 불교의 윤리를 융합시키려는 노력을 하게 되었는데,[28] 그 대표적인 예가 유교의 중심 원리인 인仁·의義·예禮·지智·신信 등 이른바 오상五常이 불교의 오계와 유사하다고 해석한 일이다.

있는 생각이 없이 보시(布施)를 해야 한다. 이른바 색(모양)에 머물지 않고 보시할 것이며 성·향·미·촉·법에도 머무르지 않고 보시해야 한다(於法 應無所住 行於布施 所謂不住色布施 不主聲香味觸法布施). 보살이 형상에 머물지 않고, 보시하는 공덕도 생각하여 헤아릴 수 없다."

27 『善生者經』(T. 1), 『父母恩重經』(T. 85) 등.
28 최초로 五戒와 五常을 일치시킨 논서는 北魏의 담정(曇靖)이 지은 『제위파리경(提謂波利經)』이다. 지금은 소실되었지만 天台大師의 『金光明經文句』권1, 『仁王經疏』권2, 그리고 唐의 法琳이 지은 『辯正論』 등에 인용되고 있다.

불교와 유교는 본래 일체였다.
불교 경전의 처음에는 다섯 가지 금할 것을 제시하고 있다.
이는 유교의 오상五常과 동일하다.[29]

이러한 시도는 불교의 중국화를 위한 방편이기도 했지만, 이는 실제로 오계윤리가 함축하고 있는 보편성을 예증하는 것이라 할 것이다.

가엾게 여겨 상처를 내어 죽이지 않음을 인仁이라 한다. 깨끗이 살피어 훔치지 않음을 의義라고 한다. 해로움을 방지하여 음란하지 않음을 예禮라고 한다. 마음을 지켜 술 마시지 않음을 지智라고 한다. 법이 아닌 것을 말하지 않음을 신信이라고 한다.[30]

오계를 유학에 비교하면 그 말하는 바는 오상인의五常仁義와 이름을 달리하나 그 본체는 하나라는 것이다. 불살생은 인仁이고 불투도는 의義, 불사음은 예禮, 불망어는 신信, 불음주는 지智와 같다고 배대하였다. 그러나 천태지의(天台智顗, 538-597)는 오계를 오행五行, 오방五方, 오덕五德, 오색五色으로 나누어 설명하고 있다.

불살생은 동방에 배치한다. 동방은 목木, 목은 인仁을 주로하고 인은 양생을 뜻으로 삼는다. 불투도는 북방에 배치한다. 북방은 수水, 수는 지智를 주로 하고 지는 불투도를 의로 삼는다. 불사음은 서방에 배치한다. 서방은 금金, 금은 의義를 주로 하고 의가 있는 자는 사음하지 않는다. 불음주는 남방에 배치한다. 남방은 화火, 화는 예禮를 주로하고 예는 실수를 막는다. 불망어는 중앙에 배치한다. 중앙은 토

29　顔之推,「家訓歸心編」,「廣弘明集 3」.
30　담연(湛然),「止觀輔行傳弘決」제6-2.

土, 토는 신신信을 주로 한다. 망어를 저지르는 자는 중정中正에 계합하지 못한다. 중정은 치우치지 않는 것을 의미한다.[31]

천태지의天台智顗는 지智를 불투도에, 예禮는 불음주에 배대하고 있으나 불교의 불음주 정신은 지혜를 밝게 하는 데 있으므로 오상의 지智에 배대하는 것이 옳을 것이다. 중국종교사에서 오계와 오상, 십선과 오상의 각 덕목은 경우에 따라 다르게 배대되고 있으나, 오상은 인仁에 귀결되고 불살생은 자비정신에 귀결된다. 그러므로 두 종교의 근본 윤리정신인 인과 자비는 본질적으로 일치한다고 보는 것이다. 계숭(契嵩, 1007-1072)도 불교의 십선을 오계의 펼쳐진 형태로 보고 유교의 여러 윤리덕목과 일치시키고 있다.

> 불살생은 반드시 인이고, 불투도는 반드시 청렴함이다. 불사음은 정正이고, 불망어는 신신信이며, 불음주는 반드시 불란不亂이다. 불기어不綺語는 성성誠이며 불양설不兩舌은 비방하지 않음이다. 불악구不惡口는 욕하지 않음이고, 불에不恚는 해를 주지않음이며, 질투하지 않음(不嫉)은 다투지 않음이다. 불치不癡는 어둡지 않음이다.[32]

이러한 유불일치론儒佛一致論은 중국종교사의 특징인 삼교합일론三敎合一論으로 발전 전개되었으며 불교의 중국 토착화를 위한 이론적 토대가 되었다.

---

31 天台,『仁王經疏』권2.
32 미치하타 료슈(道端良秀), 목정배 역,『불교의 효 유교의 효』(서울 : 불교시대사, 1994), pp.129-130.

4) 인도의 전륜성왕 신화와 오계

불교 초기경전에는 인도의 신화적인 이상적 정치지도자인 전륜성왕(轉輪聖王, cakkavattiraja)이 정법정치의 통치법으로 오계를 선택했다고 소개하고 있다. 빠알리 경전에 전륜성왕은 정법에 의해 사해를 통일하고 국민을 다스리는 가장 이상적인 군주로 기술되고 있으며, 정법과 정의의 실천자로 나타나고 있다. 여기에서 전륜성왕의 '왕(raja)'이라는 용어는 그의 지배하에 있는 백성을 정의롭게 즐겁게 해주는 사람이라는 뜻으로 사용되었다. 이와 같이 불교는 참된 왕의 역할과 왕도란 어떠해야 할 것인가를 전륜성왕 신화를 통해 모델화 하였으며,[33] 불교 경전에 기술되고 있는 정법의 통치자상은 그 후 여러 불교국 제왕들의 이상이 되었다.[34]

전륜성왕은 지구의 전체에 그 지배력이 미치지만 무력이나 살생에 의하지 않고 법력으로 통치한다. 그의 정복은 정의에 의한 것이며 단지 방편일 뿐이며 전륜성왕은 자신의 지배하에 있는 통치자들을 새로운 재산이나 소유를 향한 탐욕을 제거시키고, 무소유의 정신을 가르친다고 한다.[35] 전륜성왕은 평화와 안전, 그리고 존엄한 생활을 위하여 도덕적 청정성을 존중하였고, 그 목적을 위한 수단으로써 오계의 준수를 최상의 방법으로 생각하였다. 전륜성왕이 그의 왕국의 법으로서 제정한 계명은 다음과 같다.

(1) 어떤 생명도 파괴시키지 못한다.
(2) 누구도 타인의 적법한 소유물을 강제로 빼앗거나 도둑질하지 못한다.
(3) 정당치 못한 성 관계에 빠지지 못한다.

---

33 Dammavihari, "Buddhist ethics of pañcasīla", 오계파지운동 국제본부 편, 『오계파지』(서울 : 불지사, 1995), pp.259-261 참조.
34 인도의 아쇼카왕, 양 무제, 신라 진흥왕, 법흥왕 등이 있다.
35 D.11 : 173, 111 : 63.

(4) 정직하지 못한 언행을 금한다.

(5) 분별심을 잃게 하거나 공정한 판단을 흐리게 하는 마약이나 주류를 마시지 못한다.[36]

전륜성왕의 오법은 종교의 신조와 사회 정치적 윤리의 융합을 시도한 것이다. 물론 불교도가 개인적으로 수지하는 종교적 계율과 전륜성왕이 제시하고 있는 국가의 법으로서의 오계는 차이점이 있으나, 오계를 국가 질서 유지의 기본법으로 삼았다는 것은 오계가 지닌 보편적 사회규범성과 도덕적 보편타당성을 잘 말해주고 있다 할 것이다.

4. 보편적 지구윤리와 오계

지구윤리운동의 시초는 인도의 전륜성왕 이야기에서 살펴 본 바와 같이 초기 불교경전에서 이미 처음 제시된 바 있다. 현대의 지구윤리의 선구 작업은 파리에서 1991년에 열린 '종교와 평화를 위한 세계회의'에서 시도되었으며, 그 후 1993년 시카고 '세계종교회의'에서 한스 큉 교수가 작성한 '지구 윤리에 향한 선언'이 채택되었다. 이 시카고 세계종교회의에서는 위대한 세계종교의 가르침에서 지구윤리의 원리를 찾고자 하였다.

우리는 세계종교들의 가르침의 핵심 속에 공통되는 가치들이 있다고 생각하며 이것이 지구윤리의 근거가 될 수 있음을 확신한다. 단지 이러한 진리가 이미 알려

---

36 『장부 경전』, D.11 : 173, 111 : 62.

져 있지만 마음과 몸으로 아직 실천되지 못하고 있을 뿐이라는 것을 알고 있다.[37]

「지구윤리선언문」에는 평화의 파괴, 지구 생태계의 파괴, 인간의 소외, 어린이의 학대, 사회혼란, 불의, 종교적 이름의 폭력, 경제적 불평등, 남녀 차별, 탐욕주의로부터의 해방과 변화를 위한 윤리의 실천을 제안하고 있다. 미국 템플대학의 레너드 스위들러(Leonard Swidler)는 '지구윤리의 보편적 선언(Universal Declaration of a Global Ethic)'의 필요성을 다음과 같이 제안하고 있다.

다양한 윤리적 종교적 전통에 속해있는 우리들은 스스로 지구윤리선언에 동참해야 한다. 우리는 여기에서 세부적인 윤리적 항목을 의미하는 율법적 의미의 복수로서의 윤리(ethics)를 말하는 것이 아니라, 윤리정신을 의미하는 단수로서의 윤리인 에토스(ethos)를 지칭하고자 한다. 그 이유는 선과 악에 대한 근본적인 태도와 행동 규범에 대한 기본적인 원칙에 대한 동참의 의미이기 때문이다.[38]

이러한 지구윤리의 구상과 실천을 위하여 모든 종교와 윤리학자, 그리고 공동체의 책임있는 참여를 강조하고 있다. 모든 학문적 기관들은 종교나 이데올로기와 관계가 있건 없건 간에 전문가로 하여금 다른 학자와 연계하여 '지구윤리'를 정립키 위해 영속적인 지구윤리연구센타(Global Ethos Research Center)의 건립도 제안하였다. 시카고 「지구윤리선언문」도 개인과 집단의 지구적 사유로의 의식전환의 필요성과 아울러 지구윤리에의 동참을 호소하는 것으로 결론 맺고 있다.

---

[37] 1993년 시카고 종교의회 100주년 「지구윤리선언문」의 일부.
[38] Leonard Swidler, *et alii*, *Death or Dialogue* (Philadelphia : Trinity Press International, 1990).

우리의 지구는 각 개인의 의식이 먼저 바꾸어지지 않는 한 더 좋게 변화될 수 없다. 우리는 명상, 기도, 적극적인 사고로 우리의 마음을 훈련하여 우리의 지각을 넓혀가도록 약속해야 한다. 모험과 희생의 각오없이 우리의 현 상황에 근본적인 변화를 가져올 수는 없다. 그러므로 우리는 서로 이해하는 것에, 사회를 유익하게 하고 평화를 육성하며 지구를 벗으로 삼는 삶의 양식과 함께 공동적인 지구윤리를 위하여 자신을 헌신한다. 우리는 종교의 유무를 떠나서 이런 선한 일을 하려는 선남선녀 모든 사람을 초대한다.[39]

지구촌의 인류는 이른바 대화문명 시대를 맞이하여 기존의 사유체제에 대해 근본적으로 변화를 요구받고 있으며, 무엇보다도 인간의 의식이 점점 더 지구적 사유구조로 전환되어 가고 있다. 현대 종교사상가들이 보편적 세계윤리구상을 제안하기 시작한 것도 이러한 시대적 요구에 대한 적절한 응답이라 할 것이다. 스위들러를 비롯한 지구윤리 운동가들이 제안한 기본 원칙은 다음과 같이 요약할 수 있다.[40]

(1) 지구윤리의 언어는 모든 종교 및 윤리 공동체에서 받아들일 수 있는 언어를 사용해야한다. 그 언어는 위로부터의 계시에 의한 명령어가 아니라 인간에 근거한 아래로 부터의 언어이어야 한다.
(2) 그러므로 그것은 인간중심적(anthropo-centric)일 뿐만 아니라 나아가 인간-우주중심적(anthropo-cosmos-centric)인 언어이어야 한다.
(3) 각 종교윤리를 재해석할 때 보다 융통성 있게 해석할 수 있도록 서술

---

[39] 1993년 시카고 종교의회 100주년 「지구윤리선언문」의 일부.
[40] Global Dialogue Institute http://astro.temple.edu/~dialogue/, Leonard Swidler, ed., For All Life : Toward Universal Declaration of a Global Ethic, Oregon, White Cloud Press, 1999, pp.17-22. Leonard Swidler, et alibi, Death or Dialogue (Philadelphia : Trinity Press International, 1990) 참조.

되어야 한다.

(4) 지구윤리 선언은 자율성을 침범치 않고 스스로 최대한의 윤리를 추구하도록 하기 위해 최대한의 범위를 정할 것이 아니라 최소한의 범위를 정하는 쪽으로 되어야 한다.

(5) 지구윤리의 기본 원칙은 소위 황금률이라고 하는 "네가 남에게 원하는 대로 너도 남에게 하라('What you do not wish done to yourself, do not do to others,' or in positive terms, 'What you wish done to yourself, do to others.')"라는 정신에서 시작할 수 있다. 이 황금률의 정신은 그 표현양식은 다르지만 모든 종교에서 보편적으로 나타나고 있다.[41] 이러한 세계종교 윤리의 황금률의 정신은 이기적 삶을 이타주의적 삶으로 승화하려는 데 그 근본정신이 있다고 할 수 있다.

(6) 인간이 추구하는 사랑의 대상은 자기 가족, 친구뿐만 아니라 사회, 국가, 세계, 우주, 그리고 존재의 근원에 까지 넓혀져야 한다.

(7) 이러한 인간적인 사랑은 진정한 자기애에서 출발하여 자리이타의 차원으로 승화되어야 한다. 인간은 상호 의존성을 통해 보다 인간적이 될 수

---

41 ①조로아스터(628-551.B.C.E.) : "모두에게 선한 것은 내게도 선하다. 또한 네게 좋다고 여겨지는 것은 모두에게 그렇다. 오직 모두에게 통용 될 수 있는 법만이 진실한 것이다." (Gathas 43 : 1). ②공자(551-479 B.C.E.) : "네가 남에게 원치 않는 일을 남에게도 시키지 말라" (논어 12 : 2, 15 : 23). ③고오타마 붓다 (563-483 B.C.E.) : "내가 내 생명을 아껴 고통을 피하고 낙을 원하듯 남도 또한 그러하다. 그러므로 남을 죽이거나 죽이도록 하지 말라" (Sutta Nipata 705, Samyutta Nikaya V 353). ④힌두서사시 마하바라타(B.C.E. 3C) : "네가 네 자신에게 원하지 않는 것을 다른 사람에게도 원하지 말라"(mahavharata, Anusasana Paarva 113.8). ⑤유대교 성경 (B.C.E. 5C) : "네 이웃을 네 몸같이 사랑하라"(레위기 19:18). ⑥예수(1C) : "네가 무엇이든지 남에게 대접을 받고자 하는 대로 너도 남을 대접하라"(마태복음 7 : 12). ⑦무하마드(570-632) : "최상의 종교는 이것이다. 네가 좋아하는 것을 남을 위해서도 좋아하도록 하라. 또한 네게 고통스러운 것은 남에게도 고통이다" (Hadith Iman 71 : 2). ⑧임마누엘 칸트 (1724-1804) : "인간을 어떤 경우라도 수단으로 삼지 말고 그 자체 목적으로 대하라" (실천이성비판 A 54) 등. Leonard Swidler, ed., *For All Life : Toward Universal Declaration of a Global Ethic*, Oregon, White Cloud Press, 1999, pp.19-21.

있으며, 남을 사랑하는 데서 인간성의 완성을 기할 수 있기 때문이다.

(8) 인간은 항상 목적(주체)으로 대해야지 수단(객체)으로 대해서는 안된다.

(9) 스스로 자신을 보호할 수 없는 이는 보호할 수 있는 이에 의해 보호받아야 한다.

(10) 이러한 윤리정신을 확대했을 때 인간이 아닌 모든 생명체와 자연도 우리와 함께 존재한다는 자체로서 경이롭게 대해야 한다.

이러한 열 가지 기본원칙을 바탕으로, 개인의 준법의 책임, 양심과 신앙의 책임, 언어와 정보의 책임, 결정의 참여에 대한 책임, 남녀 간의 관계에 대한 책임, 재산에 대한 책임, 노동과 일에 대한 책임, 어린이와 교육에 대한 책임, 평화에 대한 책임, 자연과 환경의 보전에 대한 책임 등 구체적 행동 지침도 제안하고 있다.[42]

이상의 지구윤리 구상에 나타나고 있는 윤리정신을 살펴보면 불교 오계와 긴밀한 상관성이 있음을 쉽게 발견할 수 있다. 스위들러의 (3)~(5)의 원칙 즉, '융통성 있는 윤리해석의 틀'이나 '최소한의 범위 원칙', 그리고 '황금률의 윤리'는 대승에서의 오계의 작지계(作持戒)적 해석 정신에서 그 동일성을 찾을 수 있다. (1)의 원칙, 즉 지구윤리언어는 '위로부터의 명령어가 아니라 인간에 근거한 아래로부터의 언어이어야 함'을 강조하고 있는 데, 이는 오계의 초종파적 성격과 일치하는 요소이다. (2)와 (6)~(10)의 원칙은 '사랑의 대상의 무한 확대', '자기애로부터 벗어남과 상호의존성', 그리고 '자연과 인간의 합일적 감정' 등으로 일체 유정을 자신의 생명과 동일시하는 불교의 동체대비의 연기적 윤리관과 부합한다. 그러므로 불교는 지구윤리 운동을 적극 지지할 뿐만 아니라 오계정신을 지구윤리 제정의 기본

---

[42] Global Dialogue Institute http://astro.temple.edu/~dialogue/

원리로 삼을 것을 제안하는 것이다.

지구윤리는 비폭력의 문화, 연대성의 문화, 평등의 문화, 관용의 문화 형성을 구체적으로 제시하고 있다. 이는 생명에 대한 외경, 정직하고 공정한 거래, 참된 말과 행동, 남녀 간의 존경과 사랑, 각성된 삶과 윤리를 추구하는 오계정신과 부합된다. 그러므로 오계는 어떤 사회에서도 적용 가능한 세계 윤리의 전형이 될 수 있다고 보는 것이다.

5. 공동신앙의 실천 윤리로서의 오계의 교육적 의미

불교의 오계는 인류 '공동의 신앙(common faith)'의 보편적 실천 교육의 지침이 될 수 있을까? 보편적 종교교육을 위해서는 종교심의 원형을 발견해내려는 시도가 있어 온 것과 같이[43] 인류 공동의 신앙을 실현하기 위한 공동의 윤리의 정립이 선행되어야 할 것이다. 여기에서 '공동의 신앙'이라는 개념은 존 듀이(John Dewey)가 '특정 종교나 교리나 의식과는 상관없이 일어나는 것으로, 인간을 보다 풍부하게 하는 이상에 대한 태도인 종교적인 것(the religious)을 인류 공동의 신앙으로 하자'는 제안에서 유추된 개념인 것이다.[44] '인간은 누구나 본래 영성이나 고유한 종교성이 있으며 이를

---

[43] 종교심의 원형에는 공통된 어떤 심리적 기원이 있을 것이라는 설은 동서의 종교와 심리학에서 오래 전부터 제기되어온 이론이다. 이러한 이론은 무의식설을 가르치고 있는 불교의 唯識思想 뿐만 아니라 플라톤의 인식론과 Meister Eckhart(1260-1327), 그리고 Carl G. Jung, Abraham Maslow, Roberto Assagioli 등의 종교심리 이론에서도 찾아볼 수 있다. 김용표, 「종교성의 원형과 종교교육」 『불교와 종교철학』(동국대 출판부, 2002), pp.267-274 참조.

[44] John Dewey, A Commom Faith (New haeven & London ; Yale University Press, 1934), pp.9-10. 이러한 경험의 질로서의 종교란 심미적 · 과학적 · 도덕적 · 정치적 · 사교적 우정

윤리적으로 실현하고자 하는 신념과 태도가 있다고 믿는 것'으로 이해하고자 한다. 공동신앙의 내용에는 자비慈悲, 사랑, 평등, 용서와 이해, 우정과 친절, 진실성, 자유, 책임, 공정, 생명존중 등의 덕목이 들어갈 수 있다. 종교성은 청정성이나 희열성, 신성, 안온성, 외경, 장엄, 신비, 감사, 자비, 자타일체 등의 감성으로 구성되고 있다. 각 종교별로 표현되고 있는 인간의 종교성은 힌두교에는 아트만(atman, 神我), 도교에서는 도성道性이나 천성天性이라 표현되고, 희랍에서는 로고스(logos), 불교의 불성佛性, 유신론적 종교의 신성神性, 유교의 심성心性 등의 개념이 있다. 그러나 특정 종교를 떠난 종교성도 존재할 수 있다.[45] 이러한 기본적인 심성을 어떻게 계발하고 증진시킬 것인가 하는 일을 체계적으로 제시하는 일이 공동신앙의 실천윤리 교육의 과제가 될 것이다.

  무엇보다도 공동의 신앙의 실천윤리는 어떤 정형화된 도그마의 신앙으로 테두리 지어지지 않아야 할 것이다. 이러한 의미에서 오계의 초종파적 성격은 공동 신앙의 실천윤리로서 적합한 모델이라고 본다. 오계의 수용에는 어떤 종교적 신조나 교주에 대한 신앙이 요구되지 않는다. 오계정신인 자비, 보시, 진실, 청정, 각성의 덕목은 어떤 종교에 대한 교조적 신조

  등 모든 경험의 영역에 속할 수 있다고 본다. 이 경험은 특정 "종교"(a religion)가 아닌 "종교적인 것"(the religious)으로 인간의 종교성(religiosity)을 말하는 것이다. 반면에 '종교'는 제도화된 조직을 지닌 특정신념과 실천 체계일 뿐이다.

45 이브라함 매스무우(Abraham Maslow)는 자기실현적 인간(self-actualizing people)이 되기 위해서는 인간이 경험할 수 있는 최고 도달점에 이르러야 한나는 의미에서 지고경험이라는 개념을 사용하고 있는데, 여기에서 종교적 영성과 유사한 성격을 발견할 수 있다. 지고경험의 개념에는 일체의 이분법적 갈등이나 분열이 사라진 초인간적 무욕이 초탈한 상태, 확고부동한 자기 주체성과 동일성을 확립하는 일, 사랑으로 가득한 무아의 심성, 물질세계의 법칙에서 자유로운 마음, 공포 · 불안 · 혼란 · 방어 · 갈등이 사라지고 융합 · 평화 · 아름다움 · 선 · 행복 등의 충일한 마음 등이다. 이는 어느 宗敎를 떠나서 종교인들이 공통적으로 경험할 수 있는 내용이고, 비록 종교인이 아니라고 하더라도 정신적인 세계를 추구하는 사람들에게 나타나는 감성이다. Abraham Maslow, *Religion, Value and Peak-experience* (New York : King Press, 1973), p.37.

나 종파적 교의에 관계없이 전 인류의 윤리덕목으로서 보편성이 있다. 몸(身)과 입(口)과 뜻(意)의 청정한 행위를 지향하는 오계의 이념은 인간의 정신적 성장과 전인적 인격형성에 기여할 수 있는 기초적 윤리 덕목으로, 어떤 형태의 생명이든 존중하는 교육, 타인의 재산이나 소유의 권리 존중과 보시의 교육, 혼전, 배우자 관계, 혼인 외의 성적 관계 등에 있어서 존중과 청정한 마음을 지니는 교육, 말과 행동에 있어서 정직성을 존중하는 교육, 마약이나 주류 등의 삼가로 바른 판단과 항상 각성되어 있는 삶을 사는 교육의 규범이 될 수 있다고 본다. 이를 구체적으로 살펴보면 다음과 같다.

첫째, 생명존중의 교육이다. 오계의 제1계는 생명에 대한 사랑과 존중, 생태계에 대한 배려, 생명에 대한 위협에 대한 보호, 그리고 평화교육적 의미가 있다. 일체 유정은 특정한 존재의 종속물이 아니며 인간의 소유도 아니다. 그러므로 생명을 학대하거나 파괴하려는 어떠한 시도도 생태학적 폭력도 긍정할 수 없는 것이다. 스스로 짐승을 죽이거나 죽이게 하는 일, 낚시나 사냥 등 생명을 죽이는 취미 활동, 무기의 제조 등은 이 계율을 어기는 일이 된다.

둘째, 베풀어 주는 교육이다. 주지 않는 것은 갖지 않는다는 오계의 두 번째 내용은 재물에 대한 정당한 소유의 한계와 타인의 소유에 대한 존중의 의미가 있다. 정당한 경제생활은 필요하나 부정직하고 부도덕한 재물의 획득이나 소유는 멀리 하며 절제되고 검약한 생활을 권장한다. 경제적 소유는 합법적이고 스스로 노력에 의한 것이어야 한다. 재물의 베푸는 것뿐만 아니라 진실을 알려주는 법시法施와 두려움을 없애주는 무외시無畏施도 여기에 포함된다.

셋째, 정직하고 진실한 언어 교육이다. 불망어에 대한 계율은 정직하고 자비로운 언어의 사용에 관한 계율이다. 이는 정신적 진실성과 책임감, 거짓이 없는 인간 관계에 대한 윤리이다. 말이든 문서든 약속과 계약에 대한 기만과 속임, 그리고 욕설이나 이간질, 아첨하는 말 등은 불망어계를 깨뜨리는 것이다. 이 계율은 개인과 개인, 개인과 집단, 집단과 집단 사이에게도 동일하게 적용되는 것이다.

넷째, 순결 교육의 의미이다. 불사음에 관한 계율은 남녀 상호간의 예절의 지침이다. 생물학적으로 성은 인간의 종족 번식의 방법으로 간주되며, 인류의 영원한 존속을 위해 필수적인 것이다. 재가인의 경우, 결혼은 곧 출산과 자녀 양육과 연결된다. 정당한 배우자 이외의 성의 문제는 배우자 간의 신뢰를 깨뜨리며, 정신적 순결성도 파괴하는 것으로 본다. 또한 사회의 기본 단위인 가정의 질서를 혼란케 한다. 현대 사회 문제로 대두되고 향락주의와 성의 도구화, 미혼모와 아버지 없는 아이들 문제 등의 사회문제도 이 계율의 중요성을 말해주고 있다.[46]

다섯째, 항상 각성된 삶의 교육이다. 불음주계 속에는 마약 등 정신을 흐리게 하는 모든 것이 포함된다. 음주 자체는 비윤리적인 악행이 아니라는 주장도 제기되었으나 붓다는 음주의 문제를 종교적으로는 판단력을 흐리고 지혜를 닦는 수행에 큰 장애가 된다고 보았으며, 사회적으로도 부정적인 요소가 많음을 설파하였다. 주류에 중독이 되면 경제적 안정과 조화로운 사회관계도 파괴된다. 다만 의학적으로 필요할 때 의사의 권고로 음주를 허락했다. 실제로 최근의 의학적 연구는 음주가 건강을 해치고 심각한 두뇌의 손상도 가져온다는 것이 밝혀지고 있다.

이상의 오계에 내포된 인간 교육의 특성은 무엇보다도 주체적 자율성의 윤리라는 점에 있다. 오계문에서 '~으로부터 멀리 떠난다(veramanī)'는 어

---

46 『사레야가경』에서 붓다는 여성은 가정의 태반(胎盤)으로서 존중받아야 하며 배우자의 신뢰와 지속적인 가족의 안정으로서의 결혼의 존엄성이 유지되어야 하고, 다음 세대의 건강한 성장을 부모가 책임지는 가정 안에서의 자녀를 애정으로 돌보야 한다고 설하고 있다. 특히 남존여비의 사회에서 약한 위치에 있는 여성 존중의 중요성을 강조하며, 부모의 보호 아래에 있는 미혼의 소녀와 자매, 그리고 약혼한 소녀나 결혼한 여인 등 모든 계층의 여인을 존중할 것을 가르치고 있다.(『중부경전』 vol. I. 41, pp.285-288. 『남전대장경』 제10권, pp.5-6. 『중부경전』 M. 1-41).

의에서 볼 수 있듯이 밖에서 금지하는 계율이 아니라 자기 스스로 맹서하는 의지적이고 자발적인 계율이다. 위로부터가 아닌 자기 내면의 소리에서 우러나오는 동기론적 윤리의 성격이 있다. 불교윤리의 바탕에는 항상 업보라는 개념이 있는데 업(karma)은 바로 의지적 행위를 말하는 것이다. 붓다는 "세계는 인간에게 어떤 외적 의지처도 제공하지 않는다. 인간의 세계는 그것의 운명을 인도할 어떤 외적 힘도 가지고 있지 않다"[47]고 단언하였다. 불교의 업보관은 자기 행위에 대한 책임은 자기 자신에게 있으므로, 스스로를 잘 제어해야 한다는 자기 교육적 의미가 내포되어 있다.

불교 오계의 정신을 요약하자면 생명에 대한 존중, 타인의 소유에 대한 존중, 배우자에 대한 존중, 말과 행동의 정직성, 그리고 항상 깨어있는 정신으로 살아가라는 것이다. 오계가 지닌 철저한 인간 존중 사상과 그 덕목의 보편성은 인류 공동체가 사랑과 신뢰의 바탕위에 공존하며 성장해 갈 수 있는 세계윤리구상을 위한 기본 원리가 될 수 있다고 본다.

---

47 *Majjhima Nikaya, Ratthapala Sutta.* M. 11 : 68. "자기야말로 자신의 주인이다. 이외에 어떤 주인이 따로 있을 것인가. 자기를 잘 다룰때 얻기 힘든 주인을 얻은 것이다.(Atta hi attano natho paro siya attana va sudantena natham labhati dullabham)"「법구경」160게 참조.

제6장
손에 손잡고 벽을 넘어서
-지구적 보편윤리의 한국적 모색-

1. 지구윤리의 모색

"손에 손잡고 벽을 넘어서, 우리 사는 세상 더욱 살기 좋도록 손에 손잡고 벽을 넘어서"

이 내용은 1988년 서울 올림픽 공식 주제가 가사의 일부이다.

제국주의의 침탈과 공산주의와 자본주의의 대립의 장이었던 한국 땅에서 인종간·국가간 화합을 통하여 세계평화를 이루자는 메시지를 담아 마치 절규하듯이 부른 노래가사이다. 이 노래가 역대 올림픽 주제가 가운데 가장 인기가 있다고 하니, 세계평화에 대한 염원은 한민족뿐 아니라 전 세계인의 공통된 소망으로 보인다. 그러나 우리 인류가 처한 현실은 종교간·국가간·인종간·생명간·사상간의 갈등이 끊이지 않고 일어나고 있다.

이에 현대사회에 일어나고 있는 다양한 갈등과 지구적 문제점들을 효과적으로 치유하기 위한 모색으로써 지구윤리에 대한 필요성이 제기되고 있다. 특히 그 가운데 1993년 미국 시카고에서 개최된 세계종교의회신인에서 탄생한 지구윤리 프로젝트와 그로 인해 구성된 지구윤리재단의 한스 큉 교수의 지구윤리 필요성에 대한 견해를 요약해 보면 다음과 같다.

한스 큉 교수는 국가 간의 외교적 활동, 단순한 인도적 차원의 정치적 지원, 군사적 개입 그리고 국제법으로는 더 좋은 세상을 이루기 힘들다고 본다. 더 좋은 세상을 위해서는 공동의 비전·이상·가치와 모든 이들의 지구적 책임 그리고 문화와 종교를 포함하는 모든 인류들을 위한 하나의 새로운 윤리, 지구윤리 없이는 새로운 세계적 질서는 없다고 본다. 지구윤리를 통한 세계의 새로운 질서를 위해서는 신앙인과 비신앙인 사이의 협력, 문명충돌의 이면에 있는 종교간의 평화, 종교적 근본주의를 넘어서는 종교간 대화, 종교적 독단주의를 넘어설 수 있는 하나의 세계윤리가 있어야만 가능하다고 보고 있다.[1]

한스 큉 교수의 이러한 견해 이면에는 지구윤리 모색에 있어서 가장 중요한 걸림돌이 바로 종교임을 역설적으로 나타내고 있다.

지구윤리는 종교적 근본주의와 독단주의를 넘어서 진정한 의미의 종교간 대화와 협력 작업 기반 하에서 가능하다. 진정한 의미의 종교간 대화와 협력이 가능하기 위해서는 각각의 종교가 가진 핵심내용을 보다 보편적인 내용으로 표현할 수 있어야 하고, 보편적으로 표현된 핵심 내용들 간의 공통점들 속에서 지구윤리의 기본 틀이 잡혀져야 할 것이다.

이러한 관점에서 한국의 신종교가 지닌 공통적이고 핵심적인 사상은 무엇이며, 이를 보편화 할 수 있는 방법은 무엇인지를 모색해 보기로 한다.

2. 지구윤리의 한국적 모색

1) 한국의 신종교

신종교(新宗敎, New Religion)는 최근세 사회의 커다란 변화와 함께 새롭

---

1 『미래사회와 종교』, 정산종사탄생100주년기념국제학술대회(원광대, 2000). pp.13-21 참조.

게 성립된 종교군이다. 한국에 있어서 신종교는 1860년 수운(水雲 崔濟愚, 1824-1864)의 동학을 효시로 이후 많은 교단이 성립 전개되었다.

한국 신종교를 성립과정을 중심으로 구분해 보면, 한국자생 형태, 기성종교 분파형태, 해외전래 형태로 나누어진다.² 그 중에서 기성종교 분파형태는 대체로 기성종교를 자처하기 때문에 신종교로 구분하기 어렵고, 해외전래의 형태에는 최근에 전래된 기성종교를 포함시키는 경우도 있다. 기성종교의 분파형태를 제외하면, 신종교의 계통은 단군계·수운水雲계·증산甑山계·일부一夫계·불교계·유교계·도교계·기독교계·봉남奉南계·각세도覺世道계·무속계·외래계·계통불명 등으로 분류할 수 있다.³

신종교의 대표적인 교단에는 1905년 동학을 개창한 천도교, 증산(甑山 姜一淳, 1971-1909)이 1901년 세운 증산교, 홍암(弘巖 羅喆, 1864-1916)이 1909년에 세운 대종교, 소태산(少太山 朴重彬, 1891-1909)이 1916년에 세운 원불교 등이 있다.

이들 한국에서 자생된 신종교의 교조들이 내놓은 교리는 변화된 시대사회 환경 아래서 민중이 겪는 무지·빈곤·질병 등 사회악에 대응한 구세제인救世濟人의 이념이다. 그것은 최근세 이후의 민중사상이 표현된 중요한 형태의 하나이다. 본고에서는 한국 신종교의 주된 축을 이루고 있는 동학 및 천도교·증산교·대종교·원불교의 핵심사상에 대하여 간략히 알아보고 이를 통하여 신종교의 핵심사상을 보편윤리화 하기 위한 작업을 모색해 보기로 한다.

---

2 김홍철, 『한국신종교사상의 연구』(집문당, 1989). pp.36-37 참조.
3 김홍철외 편, 『한국신종교 실태조사보고서』(원광대 종교문제연구수), 1997년에서는 한국 자생의 교단은 물론 기성교단의 분파까지를 망라하여 정리하였다. 실태조사의 구성은 한국 자생신종교·불교계 신생종단·그리스도교계 신생교파·기타 외래계 신종교로 대별하였다. 이에 수록된 교단·교파가 4대계 34계열 350단체이다.

2) 주요 신종교의 역사와 사상

(1) 동학·천도교와 그 사상

천도교는 동학의 흐름을 이은 교단으로 최수운에 의하여 창립되었다. 1864년 경북 월성에서 출생한 수운은 어려서부터 인생무상을 느끼고 참된 진리를 찾아 구도하던 중, 32세 되던 1855년 『을묘천서乙卯天書』라는 책을 구하게 된다. 37세 되던 1860년 4월 5일, 『천서』에 쓰인 대로 49일간의 기도생활을 하던 중 한울님으로부터 천계天啓[4]를 받고 도통을 이룬 후 동학을 창시[5]하여 포교의 길에 들어선다. 그러나 종교운동을 전개한 지 얼마 되지 않아 관청에서 탄압을 가한다. 이러한 탄압에도 불구하고 교세는 늘어나게 되고, 수운은 이를 효과적으로 관리하기 위하여 접주接主제도를 실시하는 한편, 제자인 해월(海月 崔時亨, 1829-1898)에게 도통을 전수하는 등 교단 형태를 갖추어 간다. 수운은 이듬해 12월 동학교도들이 증가하는 것을 우려한 관청에 체포되어 이듬해 3월 대구에서 처형된다.

수운을 계승한 해월은 지하조직으로 교세확장에 힘쓰면서 1867년에는 『동경대전』, 1881년에는 『용담유사』를 간행하는 등 소의경전을 마련한다. 1892년에는 전라도 삼례에서 교조 신원운동을 일으켰다. 교조의 명예를 회복하려는 흐름은 마침내 1894년 전라도 고부에서 동학농민혁명으로 폭발하여 엄청난 세력을 형성하기도 한다. 그러나 결국 혁명은 실패한다. 이후 지하조직으로 포교를 계속하던 해월은 1897년 12월에 의암(義菴 孫秉熙, 1861-1922)에게 도통을 전수하고, 이듬해 원주에서 체포되어 처형당한다.

의암은 1905년 교명을 천도교로 개명하여 교체를 정비한다. 이를 전후

---

4 '나에게 영부(靈符)가 있으니 이름은 선약(仙藥)이요 그 모양은 태극이요 또 그 모양은 궁궁(弓弓)이니 나의 영부를 받아 사람의 병을 고치고 나의 주문을 받아 사람을 가르치라.'
5 동학은 당시 서세동점(西勢東漸)의 사조와 함께 전래되어 사회적으로 커다란 반향을 불러일으킨 서학(西學) 즉 그리스도교에 대비된 용어이다.

하여 많은 종파[6]가 이루어진다. 의암은 일제 후 독립운동 세력과 연대하여 1919년 3.1운동을 일으키는 등 민족대표 33인의 선봉이 된다.

동학·천도교의 교리는 다음과 같은 몇 가지로 요약할 수 있다.

첫째, 인내천人乃天 사상이다. 이는 사람이 곧 한울이라는 뜻으로, 사람은 누구나 자기가 모시고 있는 한울님을 깨달으면 곧 자신이 한울님이 된다는 사상이다. 종래의 신神 본위에서 인본위로 사상적 일대 전환을 가져오고 있다.

둘째, 개벽開闢 사상이다. 암흑과 혼돈에서 천지가 열린다는 뜻인데, 선천세계가 끝나고 대명천지가 도래한다는 후천개벽을 주장한다. 후천개벽이란 인간 중심의 문화개벽으로 새로운 문명세계를 가져오게 되며, 이를 천운의 회복으로 본다.

셋째, 보국안민輔國安民 사상이다. 수운은 포덕천하 광제창생을 구호로 내걸고 우리나라의 운수보전을 거듭 강조하였다. 이는 외세에 밀려 도탄에 빠진 백성을 구제하기 위한 사상으로, 동학혁명이나 3.1운동 등으로 표출되고 있다.

넷째, 동귀일체同歸一體 사상이다. 사람과 한울이 하나임을 깨닫고 참된 하나의 진리로 돌아가 모든 사람이 하나로 귀일함을 뜻한다. 「오심즉여심吾心卽汝心」으로 투쟁과 분열의 역사에서 벗어나 평화와 합일의 길로 나아가며, 천인합일 개전일체皆全一體의 원리에 의해 개인주의와 전체주의의 양극이념을 통합 극복하는 협동의 이념이다.

---

[6] 한일 합방기에 어용활동을 편 이용구(李容九) 일파의 일진회(一進會), 정씨(鄭氏) 왕국을 꿈꾸며 계룡산 신도안을 개척한 구암(龜菴 金演局)의 상제교(上帝敎, 후의 天眞敎) 등이 그 예이다.

(2) 증산교와 그 사상

증산은 1871년 전북 고부에서 출생하였다. 증산의 행적이 구체적으로 드러나는 것은 1894년 동학농민혁명 당시이다. 고향에서 일어난 혁명이 성공하지 못할 것을 내다본 그는 많은 참여자들을 만나 가르침을 베풀게 되고 후일 이들이 종도가 된다. 증산은 31세 되던 1901년 모악산 대원사에서 도통함으로써 후천세계의 대권을 쥐게 되었다고 하는데, 이후 이른바 천지공사天地公事라는 독특한 종교운동을 전개한다. 금산사 아래 구릿골에 광제국廣濟局이라는 약방을 차려 놓고, 환자를 치료하면서 많은 기행이적을 행하다가 1909년 선화한다.

증산의 가르침은 증산친저인『현무경』과 언행록인『대순전경』을 통해 살펴볼 수 있는데, 개략하면 다음과 같다.

첫째, 천지공사 사상이다. 천지공사란 하늘과 땅을 뜯어 고쳐 새롭게 만드는 공사를 말하는데, 증산 자신이 상제의 권능을 가지고 조선과 인류를 구원한다는 원리이다. 이에는 신정정리神政整理공사, 세운世運공사, 교운敎運공사의 세 가지로 나누어지는데, 우리가 살고 있는 세상이 어지럽게 된 것은 이면에 있는 신명계가 원한으로 가득 차 있기 때문이며, 이 신명계를 바로잡는 데서부터 인간계가 바로 선다는 원리이다.

둘째, 병겁의통病劫醫統 사상이다. 증산은 인류 앞에는 병겁이 놓여 있고, 이때는 전대미문의 대 병란이 세상을 휩쓸어 거의 사람들이 목숨을 잃게 된다고 가르친다. 이때를 대비하여 약방을 개설하여 의통을 행하였다고 하는데, 세계 제1, 2차 대전과 6.25동란 등을 증산교에서는 병란의 하나로 본다.

셋째, 해원상생解冤相生 사상이다. 해원이란 원한에 사무친 신명들의 원한을 풀어주는 것으로, 서로 상생하도록 하는 사상이다. 신명계의 원寃을 풀어줄 뿐만 아니라 사람들 사이에도 원을 풀어 서로 돕고 의지하는 보은報恩줄로 연결시켜, 좋은 세상을 이룩해야 한다는 것이다.

넷째, 후천선경後天仙境 사상이다. 신명계에 평화가 오고 인간계에 평화가 오는 세상을 후천선경이라 한다. 이 시대에는 조화정부造化政府가 들어선다고 주장한다. 일제 강점기 지하운동으로 전개된 증산교에 독립운동가들이 다수 참여한 일은 이러한 사상을 독립운동과 같은 흐름으로 파악한 데 있다.

(3) 대종교와 그 사상

대종교를 창립한 홍암은 1864년 전라도 보성에서 태어났다. 29세에 문과에 장원급제하여 승정원 가주서承政院假注書와 승문원 권지부정자承文院權知副正字를 역임하였다. 일본의 침략이 심해지자 1904년 호남출신 지사를 모아 유신회維新會라는 비밀단체를 만들어 활동하기도 하였다. 1905년 일본에 건너가「동양평화를 위하여 한・일・청 삼국은 상호 친선동맹을 맺고 한국에 대해서는 선린의 교의로써 부조扶助하라」는 의견서를 정객들에게 제시하는 등 정치적 활동을 하였다.

정치적 활동을 하던 가운데 한국의 고유신앙에 눈을 뜨게 된다. 정치적 구국운동에 좌절을 느낄 때마다 민족종교운동으로 다가서게 된 홍암은 귀국 후 46세 되던 1909년 1월 15일 서울 재동에서 단군대황조신위檀君大皇祖神位를 모시고 제천의식을 행하며, 단군교의 중광重光을 선포하고, 스스로 제1세 교주에 취임한다. 1910년 교명을 대종교로 바꾸고, 단군상을 신앙의 대상으로 모신다. 일제는「국조단군을 숭봉하는 항일교단」이라 하여 포교를 허락하지 않고 압박을 가한다. 이에 홍암은 1914년 교도들을 이끌고 만주로 망명하여 총본사를 화룡・일산・남관・해림장・낭백진・동경성 등지로 옮기면서 지하활동을 계속한다. 그러다가 1916년 4월에 종통을 무원(茂園 金敎獻)에게 전하고, 8월 15일에 구월산 삼성사三聖祠에서 순교삼조[7]

---

[7] 순교삼조는 첫째 대도를 펴지 못하고 민족을 구하지 못하여 민족의 치욕을 가져 왔고, 둘째 한얼님의 은혜를 많이 받았지만 한 일이 없으며, 셋째 모든 동포는 회개하여 참된 생활을 하라는 내용이었다.

를 남기고 54세를 일기로 자결을 감행한다.

대종교 교리사상의 특징을 살펴보면 다음과 같다.

첫째, 홍익인간 사상이다. 대종교는 단군신앙을 중광하므로써 「널리 인간을 크게 이롭게 한다」는 이념을 계승하고 있다. 단군왕검이 이 땅에 나라를 세우고 민족을 지도한 이념으로 한민족의 뿌리사상이라고 본다. 그것은 광명으로 세상을 다스렸다는 한밝 이념과 맥을 같이 한다.

둘째, 삼신일체三神一體 사상이다. 삼신은 삼성리라고도 하며 환인桓因·환웅桓雄·단군檀君으로, 사람의 성품과 생명과 정기를 가리키므로 하나라고 본다. 사람은 삼망(三妄 : 마음·기운·육체)을 가지고 세상에 태어났기 때문에 이에 사로잡혀 사는데, 감정을 억제하고(止感) 기운을 조정하며(調息) 욕심을 끊는(禁慾) 수도를 하면, 본래 부여받은 완전한 자리로 돌아가게 된다는 뜻으로 삼진귀일三眞歸一이라 한다.

셋째, 애국애족 사상이다. 대종교는 포교활동과 구국운동을 동일시하는 역사를 가꾸어 왔다. 구국을 위해서는 생명을 걸고 실천하는 전통을 확립하고 있다.

(4) 원불교와 그 사상

원불교는 1916년(원기 원년) 4월 28일 소태산 대종사少太山 大宗師가 일원상의 진리를 대각하므로써 창교된 종교이다. 대종사는 전남 영광군 백수면 길룡리에서 20여 년에 걸친 구도의 과정을 거쳐 26세의 젊은 나이로 우주의 진리를 깨치고, '진리적 종교의 신앙'과 '사실적 도덕의 훈련'을 제창하였다. 그는 '파란고해의 일체생령을 광대무량한 낙원으로 인도'하기 위하여 원불교를 개교한 것이라고[8] 밝혔다.

대종사는 대각을 이룬 후 '석가모니불은 진실로 성인들 중의 성인이라'

---

[8] 「정전」, 「개교의 동기」

'나의 연원淵源을 부처님에게 정하노라. …… 불법佛法으로 주체 삼아 완전 무결한 큰 회상을 이 세상에 건설하리라'[9]고 한 구절이 있다. 이로 볼 때 원불교는 그 연원을 불교에 두고 있음을 알 수 있다. 그러나 외면상으로 두드러지게 나타나는 것은 신앙의 대상을 상징함이 다르며 교단의 형성과정, 운영방식, 제도 등을 보면 기성불교와는 다른 각도에서 조직된 교단이다. 그러나 사상적 근본 진리 면에서는 상통하고 있다. 그러나 다양한 불교의 신앙과 수행방법을 통합 활용하여 서로 융통하게 하고, 기성불교에서 일반화된 제도를 답습하지 않으려고 하는 원불교의 불교개혁 방향은 불교의 개혁을 넘어서 현대종교의 새로운 방향을 제시한 것이라고 볼 수 있다.

소태산 대종사가 제창한 혁신의 표준은 시대화時代化, 생활화生活化, 대중화大衆化이다. 시대화란 어느 시대에 처하든지 그 시대성을 저버리지 아니하고 잘 동화하면서 높은 차원으로 사람들을 지도해 나갈 수 있도록 짜여진 법이라는 뜻이며, 생활화란 직접 생활 속에서 불법佛法을 찾고 깨달아서 불법으로 생활해감을 말한다. 불법은 곧 생활의 지혜를 밝힌 가르침이라는 뜻이다. 대중화란 서민화庶民化요, 시민화市民化란 뜻이다.

3) 한국 신종교의 핵심사상과 그 의미

신종교는 사회변화에 대응한 구세이념을 전개한 만큼 성립된 시기에 따라 사상적 경향도 달라지게 마련[10]이다. 약간씩 다르지만 한국 신종교의 사상적 공통점을 다음과 같이 요약해 본다.[11]

---

9 『대종경』, 「서품」 2.
10 구한말에 성립된 교단은 전통윤리가 크게 부각되며, 일제 강점기에 성립된 교단은 과학적·합리적 사고가 강조되고, 광복 후에 성립된 교단에서는 영성(靈性)이 강조된다.

첫째, 후천개벽 사상이다. 개벽이란 천지가 열려 사람과 만물이 처음으로 나온 때를 가리키며, 천지의 시초나 만물의 발생을 의미한다. 그러므로 후천개벽이란 하늘과 땅이 바뀌는 것처럼 세상이 변화되는 것을 말한다. 선천은 억압과 폭력으로 불평등과 부조리가 가득 차서 어둡고 괴로운 시대이며, 후천은 협력과 조화에 의해 평등과 평화가 가득 차서 밝고 서로 잘 사는 시대이다. 묵은 세상이 가고 새 세상이 오는 것은 민중의 바램이다.

둘째, 원융회통 사상이다. 전통종교의 사상적인 바탕 위에 성립된 신종교는 한결같이 그 사상의 정수를 받아들이고 있다. 특히 한국의 유불도 삼교는 삼교회통적 시각에서 그 사상의 흐름[12]을 이어 왔다.

신종교에서는 이들을 비판적으로 수용하는 성격을 지닌다. 다만 교단의 흐름을 특징적으로 보면, 같은 원융회통 사상을 전개하면서도, 대종교는 고유신앙, 천도교는 유교, 증산교는 도교, 원불교는 불교적 색채가 나타난다.

셋째, 민족주체 사상이다. 신종교의 성립이 전근대의 왕조체제 붕괴시대와 때를 같이 하고 있는 만큼 반외세 민족관이 강하게 나타난다.

수운의 시천주사상은 보국안민 위에 전개되고 있으며, 증산은 서양세력과 중국세력에 대하여 우리나라를 보호하기 위하여 일시적으로 일본의 지배하에 둔다고 설하기도 한다. 홍암은 일본 침략 하에 있는 나라를 구하고 민족정기를 되살리기 위한 운동을 종교운동과 동일하게 본다. 소태산은

---

11 류병덕,「한국민중종교사상의 흐름」(동편,『한국민중종교사상론』, 시인사, 1985)에서는 그 특징을「민족주의사상 · 인본사상 · 평등사상 · 공화사상」으로 정리하고, 김홍철 저『한국신종교사상의 연구』(집문당, 1989)에서는「후천개벽사상 · 종교회통사상 · 인본위사상 · 사회개혁사상」으로, 노길명 저『한국신흥종교연구』(경세원, 1996)에서는「인존사상과 민중사상 · 개벽사상과 지상천국사상 · 구세주신앙과 선민사상 · 조화사상과 통일사상 · 해원사상과 전통문화계승사상」으로, 양은용「한국종교사상사에서 본 신종교」『한국종교』23, 1998년에서는「시대인식과 개벽사관 · 삼교합일에 바탕한 종교회통사상 · 반외세 민족주의사상 · 혁세이념과 인본사상」으로 정리하였다. 여기서는 이들의 논점을 종합하여 재정리한 것이다.
12 원효(元曉, 618-686)의 화쟁사상이나 원천석(元天錫, 1330-1401?)의 삼교일리론(三敎一理論), 휴정(休靜, 1520-1604)의 삼교회통사상 등이 이를 말해 준다.

'금강산이 세계에 드러나니 조선이 새로운 나라가 된다'고 하고, 한국을 인류도덕의 부모국, 세계정신의 지도국이 될 것으로 내다보면서 그 자격을 갖추도록 촉구하고 있다.

넷째, 인간존중 사상이다. 신종교는 본질적으로 억압받는 민중의 종교로 출발함으로써 인간존중의 이념이 강조된다. 이를 인간중심사상, 인본위 사상으로 부르기도 한다. 권위적인 신권이 아니라 자유로운 인권이 중시된다.

수운은 "사람 섬기기를 하늘과 같이 하라(事人如天)"하고, 증산은 "과거에는 모사謀事는 사람에 있고 성사成事는 하늘에 있다 하였으나, 앞으로는 모사는 하늘에 있고 성사는 인간에 있다"고 하여, 사람을 하늘보다 귀하게 본다. 소태산은 "나의 법은 인도상 요법人道上要法이다"라고 말하며, 새로운 시대의 종교는 기행과 이적을 추구하기보다는 인도정의를 실천해야 한다고 역설한다.

다섯째, 사회개혁 사상이다. 특히 근대의 커다란 변혁 속에서 현실적인 모순과 부조리 속에 고통받는 민중의 구제를 본령으로 하는 신종교에 있어서는 사회개혁이 매우 강조된다.

신종교 사상을 연구하는 학자들 마다 신종교의 핵심사상을 바라보는 관점은 다양할 수 있지만, 대략 이 같은 내용인 후천개벽 사상, 원융회통 사상, 민족주체 사상, 인간존중 사상, 사회개혁 사상 등으로 요약해 볼 수 있다.

후천개벽사상에서는 천권시대에서 인권시대로 바뀌게 되는 의미가 있는데, 이는 인간존중 사상과 생명존중 사상의 의미를 도출할 수 있는 내용이 된다.

다원적 종교상황과 다민족 상황하에서 갈등하고 분쟁하는 현 상황 속에서 볼 때 원융회통사상에서는 종교와 민족 간의 조화와 상생의 의미를 추출해볼 수 있다.

또한 인권 생명이 존중되고 민족간 계급간 종교간 조화를 바탕으로 사회를 개혁하고 만들어 가야 한다는 사회개혁 사상을 읽어낼 수 있다.

인간 및 생명존중, 종교간 조화, 사회개혁으로 정리되는 이 같은 내용이 한국 신종교의 핵심 사상에서 지구윤리화 할 수 있는 공통된 내용이라 할 수 있다. 여기에서 주목되는 것이 원불교 2대 종법사인 정산종사에 의하여 주창된 삼동윤리이다.

삼동윤리는 종교의 교리적 성격을 가지기 보다는 보편윤리적 성격을 가진 내용으로서 신종교사상에 공통적으로 들어있는 인간과 생명 존중의 윤리, 조화와 상생의 윤리와 사회 개혁의 윤리를 그 핵심내용[13]으로 하고 있다.

삼동윤리에 대한 기존의 연구결과는 여러 편[14]이 있는데, 그 연구의 주된 결론이 바로 평화사상, 종교다원주의와 새로운 세기 인간 및 생명존중의 논리가 담겨있는 것으로 평가되고 있다.

이와 같은 연구내용들을 볼 때, 삼동윤리는 신종교 핵심사상을 지구윤리화 하는데 있어서 하나의 모델이 될 수 있는 보편성을 충분히 가지고 있는 내용으로 판단된다. 삼동윤리에 대하여 보다 더 자세히 알아보면 다음과 같다.

---

13 정산의 삼동윤리에 대한 원불교 내부의 연구논문 뿐 아니라 종교학을 전공하는 다수의 연구자들에 의한 연구논문이 여러편 연구되어 있고, 이러한 논문의 대체적인 방향은 정산의 삼동윤리가 신세기에 요구되는 종교다원주의 및 평화교육 생명존중의 이념을 충분히 담지하고 있다고 평가하고 있다.

14 김영두,「정산송규종사의 건국론과 삼동윤리」,「원불교학」4집(한국원불교학회 1998).: 김영호,「평화사상의 흐름에서 본 정산종사의 삼동윤리」,「원불교사상」: 나단카츠,「종교적 다원주의와 정산의 삼동윤리」,「원불교학」5집(한국원불교학회 2000): 박광수,「세계보편윤리와 정산종사의 삼동윤리」,「원불교학」4집(한국원불교학회 1998): 백준흠,「삼동윤리에서 본 종교 다원주의」,「원불교학」1집(한국원불교학회 1996): 신광철,「삼동윤리사상의 종교학적 재평가」,「원불교학」4집(한국원불교학회 1998): 정재서,「삼동윤리의 사상적 연원과 신세기적 의의」,「원불교학」8집(한국원불교학회 2002).

3. 지구윤리화 모델로서의 원불교 삼동윤리

1) 정산종사의 삼동윤리 선포

삼동윤리는 원불교의 2대 종법사인 정산종사에 의하여 1961년 제창된 동원도리同源道理·동기연계同氣連契·동척사업同拓事業의 세 가지 윤리강령이다. 그 기본정신은 소태산 대종사가 깨달은 일원의 진리에 입각하여 앞으로 종교와 인류 그리고 정치가와 사업가들이 나아가야 할 방향을 윤리적 입장에서 밝힌 것이다.[15]

정산종사는 "삼동윤리는 곧 앞으로 세계인류가 크게 화합할 세 가지 대동의 관계를 밝힌 원리이니 장차 우리 인류가 모두 편견과 편착의 울안에서 벗어나 한 큰 집안과 한 큰 권속과 한 큰 살림을 이루고 평화 안락한 하나의 세계에서 함께 일하고 함께 즐길 기본강령인 것이다"[16]라고 밝히고 있다.

삼동윤리는 이처럼 모든 다양한 것들이 통합·회통할 수 있는 일치의 윤리를 그 주된 강령으로 하고 있다.

---

15 정산종사의 수시법문에서 여러 차례 언급되었지만 삼동윤리가 공식적으로 문서로써 발표된 것은 1961년(원기 46)의 개교경축식전에서 행한 법설이 처음이다.
16 『정산종사법어』, 「도운편」 34.

2) 삼동윤리

(1) 동원도리同源道理

삼동윤리의 첫째 강령은 동원도리로 종교의 미래 진로를 밝힌 부분이다. 이는 종교의 본질을 밝힌 부분이라고도 볼 수 있다. 정산종사는 동원도리에 대하여 다음과 같이 말한다.

> 종교와 교파가 그 근본은 다 같은 한 근원의 도리인 것을 알아서 서로 대동화합하자는 것이다. 이 세상에는 이른 바 세계의 3대종교라 하는 불교와 기독교와 회교가 있고 유교와 도교 등 수많은 기성종교가 있으며 근세 이래 이 나라를 비롯하여 세계 각처에 신흥종교의 수도 또한 적지 아니하여 이 모든 종교들이 서로 문호를 따로 세우고 각자의 주장과 방편을 따라 교화를 펴고 있으며 그 종지에 있어서도 이름과 형식은 각각 달리 표명되고 있으나 그 근본을 추구해 본다면 근본되는 도리는 다 같이 일원의 진리에 벗어남이 없다. 그러므로 모든 종교가 대체에 있어서는 본래 하나인 것이며 천하의 종교인들이 다 같이 이 관계를 깨달아 크게 화합하는 때에는 세계의 모든 교회가 다 한집안을 이루어 서로 넘나들고 융통하게 될 것이니, 먼저 우리는 모든 종교의 근본이 되는 일원대도의 정신을 투철히 체득하여 우리의 마음 가운데 모든 종교를 하나로 보는 큰 정신을 확립하며 나아가 이 정신으로서 세계의 모든 종교를 일원으로 통일하는데 앞장서야 할 것이다.[17]

여기에서 일원이라는 것은 하나로 통합된 우주의 성스러운 근원을 원불교적 시각에서 상징적으로 언급한 것이다. 물론 우주의 성스러운 근원에 대해서는 종교마다 해석이 다를 수 있다. 그러나 종교의 본래적이고 궁극적인 믿음의 대상은 부르는 이름이나 문화적·민족적 관습에 속하는 것이

---

17 『정산종사법어』, 「도운편」 35.

아니고 그것을 넘어선 대상이므로 하나로 만나야 한다는 것이 동원도리의 사상적 기초이다.

동원도리 사상은 종교의 고유한 역사성이나 방편적 다양성을 무시하고 일치와 평등만을 강조하는 것은 아니다. 이는 삼동윤리의 전반에 흐르는 사상으로써 일치는 항상 다양성의 존중과 함께 통합의 기초로서 강조되는 것이다. 문명충돌론의 저자 헌팅턴은 향후 세계는 8개의 문명권이 서로 충돌하고, 그 바탕에는 세계의 주요한 종교문화인 기독교·이슬람교·유교·힌두교·불교 등이 충돌의 기본 배경이 되고 있다고 말하고 있다.[18] 현재 우리가 사는 현실 속에서 그 충돌의 현상들이 많이 발견되고 있는 것으로 보아, 이 예견은 현대사회에 대한 정확한 진단으로 보인다. 그러나 헌팅턴은 충돌만을 말하고 있지 그 충돌의 방지 및 예방 치유의 길에 대한 적확한 제시는 하지 않고 있다. 이러한 면에서 송정산의 동원도리는 인류가 겪고 있고 또 앞으로도 겪어야 될 종교간·문명간 충돌을 미연에 방지할 수 있는 기본 윤리를 제공하고 있다.

천주교의 타종교에 대한 포용의 입장 결정이 제2 바티칸 공의회에서 결정 공표[19]된 것을 볼 때, 이보다 먼저 종교간 포용과 화합의 원리를 제공하고 있는 송정산의 동원도리론은 종교사적으로 볼 때 매우 중요한 의미가 담겨 있는 역사적 사실이다.

동원도리의 정신은 다양성에 대한 정당한 존중의 정신을 담고 있다. 다른 종교를 배타하는 정책으로 나갈 때는 종교의 성스러운 이념을 실현할 수 없다. 그런 의미에서 종교간 일치의 윤리를 밝힌 동원도리의 사상은 현대에 중대한 메시지를 던지고 있다.

동원도리의 정신은 정산종사의 스승인 원불교의 창립자 소태산 대종사

---

18 새뮤얼 헌팅턴, 이휘재 옮김, 『문명의 충돌』(김영사, 1997), pp.52-57.
19 『제2 바티칸 공의회 문헌』(한국 천주교 중앙협의회, 1969), pp. 608-610 참조.

(박중빈, 1891-1943)의 사상을 계승하여 전개한 것으로 소태산의 어록을 보면 동원도리의 정신이 여러 곳에 나타나고 있다. 그 한 예로 예수교의 신자가 소태산의 제자가 되기로 청하는 자리에서 소태산은 예수의 심통제자가 되면 종교의 간격을 넘어설 수 있다고 답하고 있다.[20] 또 한 예수교 성직자의 질문에 대해 소태산은 다음과 같이 말하고 있다.

'귀하가 능히 예수교의 국한을 벗어나서 광활한 천지를 구경하였는가?' '그 광활한 천지가 어느 곳입니까?' '한번 마음을 옮기어 널리 살피는데 있으니 널리 살피지 못하는 사람은 항상 저의 하는 일에만 고집하며, 저의 집 풍속에만 익숙하여 다른 일은 비방하고 다른 집 풍속은 배척하므로 각각 그 규모와 옛 습관을 벗어나지 못하고 드디어 한편에 떨어져서 그 간격이 은산철벽같이 되니, 나라와 나라 사이나 교회와 교회사이나 개인과 개인 사이에 서로 반목하고 투쟁하는 것이 다 이에 원인함이라, 어찌 원래의 원만한 큰 살림을 편벽되이 가르며, 무량한 큰 법을 조각조각으로 나누리오. 우리는 하루 속히 이 간격을 타파하고 모든 살림을 융통하여 원만하고 활발한 새 생활을 전개하여야 할 것이니 그러한다면 이 세상에는 한가지도 버릴 것이 없나니라.'[21]

교통과 통신기술이 극도로 발달되고 개방된 현대사회에서는 종교들이 더욱 유기적으로 진화하고, 영성을 높이면서 인류에 빛을 줄 수 있는 새로운 모습으로 변화가 필요하다. 따라서 각각의 종교들은 일치의 노력과 함께 다른 종교의 다양성 속에 깃들인 장점이 있다면 서로 배워서 자기충실의 계기로 삼아야 할 것이다.

물론 이미 위대한 종교를 창시했거나 재 창조한 성자들에 있어서는 이

---

20 『대종경』, 「전망품」14.
21 『대종경』, 「불지품」21.

미 그러한 열림의 종교를 지향하고 있었다. 그렇지만 후래 종교의 역사는 지나친 원리주의와 아집과 편견·배타주의·집단이기주의 등에 사로잡혀 영적 성장을 원하는 인류에게 오히려 큰 짐이 되고 있다.

종교가 바람직한 인류구원과 구제기능을 다하면서 사회 통합기능에도 더 많은 기여를 하기 위해서는 글로벌한 시각이 더욱 강조되어야 하고 그런 점에서 동원도리의 인식이 요구된다. 동원도리는 포괄주의나 다원주의의 인식범주로 이해할 수도 있지만, 종교간 조화, 화합주의의 성격으로 말하는 것이 더 적절하다고 판단된다.

(2) 동기연계同氣連契

삼동윤리의 둘째 강령은 동기연계이다.

   삼동윤리의 둘째 강령은 동기연계니 곧 모든 인종과 생령이 근본은 다 같은 한 기운으로 연계된 동포인 것을 알아서 서로 대동화합하자는 것이다. 이 세상은 이른바 4색 인종이라고 하는 인종이 여러 지역에 살고 있으며 같은 인종 중에도 여러 민족이 있고, 같은 민족 중에도 여러 씨족이 각각 살고 있으나, 그 근본을 추구해 본다면 근본되는 기운은 다 한 기운으로 연하여 있는 것이므로 천지를 부모삼고 우주를 한집 삼는 자리에서는 모든 사람이 다 같은 부모형제인 것이며, 인류뿐 아니라 금수곤충까지라도 본래 큰 한 기운으로 연결되어 있다. 그러므로 천하의 사람들이 다같이 이 관계를 깨달아 크게 화합하는 때에는 세계의 모든 인종과 민족들이 다 한 권속을 이루어 서로 친선하고 화합하게 될 것이며, 모든 생령들에게도 그 덕화가 두루 미칠 것이니, 우리는 먼저 모든 인류와 생령이 그 근본은 다 한 기운으로 연결된 원리를 체득하여 우리의 마음 가운데 일체의 인류와 생령을 하나로 보는 큰 정신을 확립하며 나아가서 이 정신으로써 세계의 인류를 평등으로 통일하는데 앞장서야 할 것이다.[22]

이는 지구상의 모든 생명체가 하나의 우주기운을 받아 나왔으므로 인종과 민족 씨족에 너무 치우침이 없이 박애와 호혜정신으로 살아야 함을 강조하는 윤리이다. 즉 사람과 사람, 생명체와 생명체 간에 근본적 평등과 더불어 일치·사랑·은혜의 정신을 담고 있어야 함을 강조한 것이다.

이는 박애주의·세계주의·평화주의 이념에 투철한 이른바 종교성자들에 의하여 많이 주창되어 온 사상이기도 하다. 세계인류를 널리 사랑하려는 사해동포주의는 일찍이 동서의 성자들에 의해 창도되었고, 그러한 박애의 원리가 역사상으로 제도의 혁신과 사상의 개혁에 큰 원동력이 되어 왔던 것도 사실이다. 정산종사는 그에 대하여 다음과 같이 평가한다.

> 인지가 미개하고 계한이 편협한 시대에는 개인만을 본위로 하는 이기적 개인주의나, 한 가정을 본위로 하는 가족주의나, 한 단체 한 사회를 본위로 하는 단체주의나, 한 국가를 본위로 하는 국가주의가 각각 그 시대와 국한 안에서 인심을 지배하였다. 아직도 그 여풍이 도처에 남아 있음을 볼 수 있으나 불보살 성현들은 일찍부터 이 모든 국한을 초월하여 세계를 본위로 하는 큰 정신을 주로 고취시켰다. 이른바 대자대비가 세계주의이며, 인의의 정신이 세계주의이며, 박애의 정신이 세계주의이다. 모든 성인들은 천하를 일가로 보고 만민을 한 권속으로 보아 세계인류가 다 같이 구제받을 대 도덕을 제창하였다.[23]

그러므로 민족주의·국가주의·인종주의·씨족주의 등 한정된 이념보다 인류애와 박애의 입장에서 인류가 큰 일치를 이룰 수 있는 방향으로 나가자는 것이다. 그러나 세계주의도 민족·국가·인종·씨족·부모·가족·형제·단체 등을 항상 부정하자는 것은 아니다. 박애와 인류애의 실

---

22 『정산종사법어』, 「도운편」 36.
23 『정산종사법어』, 「도운편」 32.

현 속에서 도에 맞게 그 다양성도 활용하자는 것이다. 따라서 동기연계는 생명체의 근원이 같음을 깨달아서 널리 이롭게 하고 사랑함을 강조하는 윤리이다. 민족·인종·국가·문화·지역·신앙이 다르다고 하여, 가진 것이 다르다고 하여 멸시하거나 학대 착취해서는 안 되며, 오히려 사랑과 용서와 구제의 행동을 실행하는 것이 동기연계의 윤리강령이 된다.

송정산의 이러한 사해동포주의는 인류가 아직도 극복하지 못하고 있는 고질적 병폐인 종족주의, 성(gender), 계급(class) 등의 난제를 해결하는데 동기연계론은 적절한 의미를 담고 있다. 그러나 동기연계론의 의의는 이러한 문제 해결보다 더 큰 생태학적 세계관의 정립의 동기를 찾을 수 있는 가능성을 가지고 있다. 과학주의의 오만과 횡포가 빚은 환경위기에 대한 반성은 이제 우리의 시선을 인간중심으로부터 주변의 식물과 동물, 즉 자연계로 향하게 하고 있다. 바야흐로 존재성에 있어서 인간과 일반 생물과의 간극이 철폐되고 공감을 회복하고자 하는 기운이 무르익고 있는 이즈음 동기연계론은 이 시대 상당한 의미를 담고 있는 내용[24]이라고 할 수 있다.

(3) 동척사업同拓事業

삼동윤리의 셋째 강령은 동척사업으로 이는 모든 사상가와 사업가들이 걸어가야 할 윤리를 밝힌 것이다. 정산종사는 다음과 같이 말한다.

삼동윤리의 셋째 강령은 동척사업이니 곧 모든 사업과 주장이 다 같이 세상을 개척하는데 힘이 되는 것을 알아서 서로 대동화합하자는 것이다. 지금 세상에는 두가지 큰 세력이 그 주의와 체제를 따로 세우고 여러가지 사업을 각각 벌이고 있

---

[24] 정재서, 「삼동윤리의 사상적 연원과 신세기적 의의」, 『원불교학』 8집(한국원불교학회 2002), p.92 참조.

으며 또한 그 중간에 여러 세력과 사업가들이 각각 자기의 전문분야와 사업 범위에 따라 여러가지 사업들을 이 세상에 벌이고 혹은 그 주장과 방편이 서로 반대되는 처지에 있기도 하고 혹은 서로 어울리는 처지에 있기도 하나, 그 근본을 추구하여 본다면 근원되는 목적은 다 같이 이 세상을 더 좋은 세상으로 개척하자는 데 벗어남이 없는 것이며 악한 것까지라도 선을 각성하게 하는 한 힘이 되는 것이다. 그러므로 모든 사업이 그 대체에 있어서는 본래 동업인 것이며, 천하의 사업가들이 다 같이 이 관계를 깨달아 서로 이해하고 화합하는 때에는 세계의 모든 사업이 다 한 살림을 이루어 서로 편달하고 병진하다가 마침내 중정의 길로 귀일하게 될 것이니, 우리는 이 중정의 정신을 투철히 체득하여 우리의 마음 가운데 모든 사업을 하나로 보는 큰 정신을 확립하며, 나아가서는 이 정신으로서 세계의 모든 사업을 중정으로 통일하는데 앞장서야 할 것이다."[25]

여기서 모든 사업과 주장이 다 같이 세상을 개척하는데 동력이 된다 함은 만남과 활용을 전제로 해서 이야기한 것이다. 아무리 옳은 것이라 하더라도 그것만을 절대시하면 다른 측면에 결함이 일어날 수 있다. 일찍이 소태산은 동척사업의 근본이 될 수 있다고 볼 수 있는 법문을 설한 바가 있다.

이 세상에 있는 좋은 것은 좋은 대로, 낮은 것은 낮은 대로 각각 경우를 따라 그곳 그곳에 마땅하게만 이용하면 우주안의 모든 것이 다 나의 이용물이요, 이 세상의 모든 법은 다 나의 옹호기관이니, 이에 한 예를 들어 말하자면 시장에 진열된 모든 물건 가운데는 좋은 물건과 낮은 물건이 각양각색으로 있는 것이나 우리들이 그 좋은 것만 취해 쓰고, 낮은 것은 다 버리지는 아니하나니, 아무리 좋은 것이라도 쓰지 못할 경우가 있고, 비록 낮은 것이라도 마땅히 쓰일 경우가 있어서 금옥이

---

25 『정산종사법어』, 「도운편」 37.

비록 중요한 보물이라 하나 당장의 배고픔을 위로함에는 한그릇 밥만 못할 것이요, 양잿물이 아무리 독한 것이라 하나 세탁을 하는 데에는 필수품이 될 것이니 이와 같이 물건 물건의 성질과 사용처가 각각이거늘 이것을 이해하지 못하고 그 한 편만을 보아 저의 바라고 구하는 바 외에는 온 시장의 모든 물건이 다 쓸데없는 것이라고 생각한다면 그 얼마나 편협한 소견이며 우치한 마음이리오?[26]

자기편의 사업과 주장에만 집착할 것이 아니라, 상대방의 사업과 주장을 올바르게 이해하며 배우는 일도 중요하다. 적대관계나 이단관계에 놓여있는 사업과 주장까지도 올바르게 판단하고 배운다면 상호보완이 될 뿐 아니라 상호발전을 촉진하게 될 것이다. 동척사업은 다양한 모든 장점이 종합되고 대치적 적대관계를 탈피하여 원만하게 되어 나아갈 때 이루어지는 것이다.

삼동윤리의 발표시점이 동·서 냉전이 극심했던 시기임을 감안한다면 자본주의와 공산주의간의 심각한 대립현상을 해소하고자 하는 의도에서 출발하였을 가능성이 있다. 그렇지만 동척사업의 의미는 이념적 대립에만 적용되는 것이 아니라, 나의 것만이 유일하게 정당하고 다른 편의 것은 다 무용하다고 배척하기 보다는 다양한 형태 속에 들어있는 진가를 발견하고 인류진화를 위한 공동개척이 되도록 함께 힘을 합하자는 것이다.

과학자가 과학기술의 가치만을 존중하고 다른 분야의 것은 배척하고, 종교가가 자기의 종교만이 인류구원의 유일한 처방임을 주장하여 과학기술을 배척하며, '정치가가 정치만이 세계구원의 유일한 처방임을 주장한다면 세계는 조화와 균형을 상실하게 된다. 또 경제적·물질적인 것만이 일방적으로 중요하다고 보는 견해나 반대로 정신적인 것만을 강조하는 태도에도 결함은 있다. 또 예술은 예술대로 중요한 몫을 하고 있다.

---

26 「대종경」, 「불지품」 22.

또한 동양은 동양적 방법만이 우월하고 서양은 서양적 방법만이 우월하다고 생각하는 것보다도 진리적인 것을 서로 배우고 그것을 선용하는 일이 중요하다. 직업에 있어서도 우리 스스로 종사하는 일 또는 직업만이 절대적으로 가치있다고 생각하는 것보다 모든 일들이 인류공동체의 번영을 위한 공동작업이며 또 진정한 의미의 공동작업으로 역할할 수 있도록 노력해야 한다는 의미이다.

동척사업론은 사상간의 대립, 종교와 과학 등 각 분야 간의 대립을 지양하고 상보적 관계 속에서 협력할 것을 요구하는 내용이지만, 다른 한편 동척사업론은 동원도리론과 동기연계론의 이념적 지향에 비해 실천적 성격이 강한 언설로 앞서의 이념들을 보다 세간적인 차원에서 실천하고자 하는 취지를 담고 있기도 하다.

바야흐로 세상은 이데올로기가 붕괴되었고, 국가 간 경계도 모호해지고 있다. 한때 세계화가 유일한 대안으로 보였으나, 이는 강대국 중심 일변도의 흡수논리였다는 것이 드러나고 있다. 최근에는 금융위기와 환경문제 등 새로운 문제점들이 전 지구적으로 대두되고 있으나, 그 해결의 실마리는 좀처럼 보이지 않는다. 이와 같은 전 지구적 아노미 상황에서 정산종사의 삼동윤리는 상당히 유의미한 내용을 담고 있는 것이다.

정산종사의 삼동윤리는 종교정신을 기본으로 하고 있으면서도 단순히 종교 뿐만이 아니라 인류 전반에 걸친 만남과 일치, 협력의 정신을 강조하여 과거의 종교발전이나 문명발전을 더욱 열린 형태로 이끌어가려는 폭넓은 조화의식을 강조한 윤리이다. 미래의 종교는 열린 종교와 닫힌 종교의 구분이 문명된 종교와 미개한 종교를 가름하는 준거가 될 수도 있을 것이다. 즉 미래에는 열린 종교의식이 고등종교의 필수적인 요건의 하나가 될 것이다.

원불교의 삼동윤리는 하나하나의 구체적인 문제에 대한 접근이라기보다는, 공통적이고 포괄적인 것이며 공동선의 이상에 입각한, 세계 보편윤리적 성격을 지닌다.

삼동윤리의 또 하나의 특색은 과거 종교라든지 정신운동단체, 혹은 국제기구에서 개별적인 시도가 있었던 것에 비해, 이처럼 총체적이며 광범위한 이념의 제시는 그 사례가 흔하지 않다는 점에 있다. 오늘날 과학의 발전에 의하여 지구가 한 집안이 되어가고 이에 따라 종교적 이념뿐 아니라 인종문제나 경제윤리에 이르기까지 새로운 기준이 요청되는 시기에 정산종사의 삼동윤리는 시의적절하고 유용한 보편윤리의 기본바탕이 될 만하다.

4. 삼동윤리와 종교교육의 방향

한국 신종교에 공통적으로 나타난 핵심사상과 이를 지구윤리로 보편화하기 위한 하나의 모델로서 원불교 정산종사의 삼동윤리를 살펴보았다. 하지만 이는 여전히 한 종교 교리의 모습을 완전히 탈피했다고 보기에는 어려운 면이 있으며, 다른 종교에서 이를 선뜻 받아들이기에는 무리가 따른다. 그래서 이를 보다 보편적인 내용으로 교육현장에서 실현될 수 있는 방향으로 재조직해 보면 다음과 같다.

첫째, 동원노리에서는 종교다원주의 교육의 의미를 도출해 볼 수 있다. 종교간 회통 조화의 원리는 한국의 전통사상이나 신종교 사상에 공통적으로 흐르고 있는 사상이라 할 수 있다. 이러한 전통사상의 계승에도 한층 의미가 있고, 아울러 신종교 정신에도 적합한 종교다원주의 교육의 종교교육 현장에의 도입은 고려해 볼 만한 의미가 있다. 그렇지만 그동안의 종교교육은 종교다원주의에 대한 교육보다는 개개종교의 교리전파나 소개가 중심이 된 면이 있다.

현대의 사회는 과거 사회처럼 한 국가나 문명에 하나의 종교만이 존재하는 것이 아니라 다양한 종교가 존재하고 있다. 다양한 종교간에 서로 조화 상생할 수 있는 종교교육의 필요성은 사회나 전 지구적 평화를 위해서도 꼭 필요한 내용이라고 할 수 있다.

둘째, 동기연계에서는 인간존중 생명존중 교육의 의미를 도출해 볼 수 있다. 19세기 말 20세기 초 형성된 후천개벽사상에서 비롯된 인권시대와 인간존중 사상은 당시로서는 매우 혁신적인 내용이었다. 후천개벽사상은 모든 것을 하늘과 신권에 맡기고 살아오던 시대에서 인간의 이성이 중심이 되는 사회로 전환되는 시점의 의미가 있다. 비록 20세기에는 너무나 인간 본위적으로 살아오면서 다른 생명 및 환경에 훼손을 가하는 등 많은 병폐가 나타나고 있기는 하지만, 전 지구적으로 보면 완전한 의미의 인권 존중사회가 되었다고 보기에는 어려운 면들이 많이 남아 있다. 아직도 남아 있는 이러한 면들을 제거하고 인간과 모든 생명이 함께 어우러져 참다운 문명세계를 만들어가기에는 인간과 생명에 대한 존중의 교육이 꼭 도입되어야 한다고 본다.

셋째, 동척사업에서는 탈이념적 평화교육 및 공생운동의 의미를 도출해 볼 수 있다. 삼동윤리가 제정되는 시점은 비록 미소 냉전에 의한 동·서간의 대립을 직접적으로 지적하기 위해서 동척사업의 윤리가 제정되었지만, 냉전이 끝나고 나서도 새로운 패권경쟁을 하고 있는 지구적 상황을 볼 때, 이념과 국가와 지역을 넘어서 서로가 공존할 수 있는 평화교육이 종교교육에서 꼭 필수적으로 모색해야 할 과제라고 본다.

5. 맺음말

　현재 국내에서 진행되고 있는 종교교육은 대개 각 종교 및 종단의 교육이념에 의하여 설립된 학교에서 진행되고 있다. 따라서 자연이 포교를 목적으로 한 종교의 교리와 역사 그리고 사상이 중심이 되는 교육이 진행되고 있다. 그러나 각 종교의 교리 역사 사상에 대한 교육을 최소화하고 이를 보다 보편적인 교육의 내용으로 재조직해낼 필요가 있다고 본다.
　학교현장에서 진행되는 종교교육이 각 종교의 교리이념을 일방적으로 전달하는 교육내용이 아닌 종교·인종·이념·과학·생태 등 새로운 사회 인류적 현안을 해결할 수 있는 내용을 담지하는 방향으로 가야 한다.
　이러한 방향에서 한국 신종교의 공통적인 사상과 원불교의 삼동윤리는 다가올 21세기 인류의 현안에 대처할 수 있는 충분한 사상적 내용을 갖추고 있다는 것을 확인할 수 있다.
　격변의 시대를 지나던 20세기를 전후하여 한국에는 동학, 증산교, 대종교, 원불교 등의 새로운 종교들이 일어나 민중들의 아픔을 달래주고 시대적 소명을 다하면서 암울했던 한국의 역사시기에 찬란한 정신의 빛을 보여주었다. 하지만 이제는 이러한 종교들이 생겨난 지 이미 100여 년의 시간이 흘러가고 있고 전 지구적 환경변화와 이에 따른 시대적 요구사항도 많이 달라졌다. 이러한 변화에 부응하여 한국의 신종교들이 가진 고유한 사상들을 시대에 맞게 사상내용을 재해석하고 이를 일반화하지 못한다면 20세기 초 한국의 정신계를 향도했던 빛을 잃을 지도 모를 일이다.

제7장
유교와 불교 태교관胎敎觀의 교육적 의미

1. 들어가는 말

지금까지 태교(胎敎, prenatal training)에 관한 연구는 주로 유아교육 분야에서 이루어져 왔다. 이에 비해 교육학 분야에서는 그동안 태교를 별로 다루지 않았으며, 혹 다루고 있다 해도 대부분 선조들의 습속이나 전통사회의 지혜의 하나로서 소개하는 수준에 머무는 정도의 것이었다. 그러나 현대 의학계에서는 산과학産科學과 인체발생학 등이 발달함에 따라 임신부의 영양과 건강 및 정서에 따라 태아의 육체적 건강뿐만 아니라 지능, 정서, 성격 등도 영향을 받게 된다는 것이 점차 분명해지고 있다. 이와 관련하여 박선영은 태내胎內야말로 인생에 있어서 최초의 중요한 환경이라고 보고, 태교의 문제가 교육실천학의 차원에서 본격적으로 연구되어야 한다[1]고 주장한 바 있다.

태교는 태중교육胎中敎育 즉, 태胎 안에 있는 태아胎兒에 대한 교육이다. 태교의 개념은 다양하게 정의될 수 있으나 우선 사전적 정의는 "임신 중에 태아에게 좋은 영향을 주기 위해 임부가 지켜야 할 규제規制"[2]이다. 그리고 태교는 임신부가 임신 후 출산까지의 모든 행동을 조심하고 나쁜 생각이나 거친 행동을 삼가며 편안한 마음으로 말이나 행동을 할 때 태아에게 정

---

[1] 박선영, 「불교교육학의 학문적 성격」, 한국종교교육학회, 『종교교육학연구』 1, 1995, pp.45-46.
[2] 두산동아 백과사전연구소, 『두산세계대백과사전』 26(서울 : 두산 동아), 1996, p.41.

서적·심리적·신체적으로 좋은 영향을 준다고 생각하는 태중교육胎中教育을 말한다. 태교에 대한 교육학적 정의로는 유안진의 "임부가 태중의 아기를 인간으로 형성 발달시키기 위한 교육적인 노력"[3]이라는 정의와 이홍우의 "모체가 그 정신 상태를 고귀하고 정결하게 가짐으로써 그와 동일한 정신 상태를 뱃속의 태아에게 전수해 주려고 하는 행위"[4]라는 정의가 대표적이다.

본 연구의 목적은 유교와 불교의 태교관을 비교하여 교육적 의미를 이끌어 내는 데에 있다. 이에 따라 첫째 유교와 불교에서의 태교의 의미와 목적, 둘째 수태관受胎觀 및 태아의 발달 단계, 끝으로 태교의 방법을 각각 비교해서 고찰할 것이다. 이를 통하여 유교와 불교의 태교관이 현대의 태교에 주는 시사점을 도출하고자 한다.

2. 유교의 태교관

1) 유교에서의 태교의 의미와 목적

유교의 태교관을 알기 위해서는 먼저 중국의 유교적 태교론을 살펴봐야 할 것이다. 그 이유는 우리나라의 전통적인 유교의 태교관은 중국의 유교적 태교론의 직접적인 영향을 받았기 때문이다. 한국의 유교적 태교관의 기본 바탕은 중국에서 최초로 태교가 실시된 지금으로부터 약 3천년 이전

---

3 유안진, 『한국 전통사회의 유아교육』(서울 : 정민사), 1980, p.24.
4 이홍우, 『증보 지식의 구조와 교과』(서울 : 교육과학사), 2002, p.329.

인 주周나라 왕실의 태교이다. 이 시기의 일반적 태교 내용에 대한 자료는 한漢 가의賈誼의 『신서新書』「태교胎敎」, 대덕戴德의 『대대례기大戴禮記』「보부保傅」, 대성戴聖의 『예기禮記』「내칙內則」 및 「월령月令」, 유향劉向의 『열녀전烈女傳』「주실삼모周室三母」 등이 있다. 이후의 자료 중에서 주周나라 왕실 및 선진先秦 시대의 태교와 관련한 내용은 모두 이들 자료에 나타난 내용을 반복한 것이고, 우리나라의 유교적 태교론도 이들 내용을 바탕으로 하고 있다.[5]

우리나라에서 가장 오래된 태교에 관한 기록은 고려시대 말기 정몽주의 모친 이씨가 쓴 『태중훈문胎中訓文』이다. 그리고 조선시대 선조 및 광해군 때의 명의名醫였던 허준이 쓴 『동의보감東醫寶鑑』에 태교에 관한 내용이 부분적으로 기록되어 있다. 그리고 아동교육서인 『소학小學』을 비롯하여 율곡栗谷 이이李珥가 쓴 『성학집요聖學輯要』가 있다. 또한 우암 송시열의 『계녀서戒女書』, 소혜황후 한씨의 『내훈內訓』, 빙허각 이씨의 『규합총서閨閤叢書』 등에서 태교에 대해 언급하였다. 하지만 이 자료들에는 태교에 대하여 단편적으로만 기술되어 있다. 이에 비해 조선 후기에 사주당 이씨師朱堂 李氏가 쓴 『태교신기胎敎新記』는 당시의 태교에 관한 여러 자료를 모아서 본격적으로 태교를 중심 내용으로 하여 집필한 유교적 태교론의 대표적인 저서라고 할 수 있다. 이 점은 『태교신기』를 저술한 동기에 대한 다음의 인용문에 잘 나타나 있다.

> 『여범女範』에 이르기를 "옛날에는 현명한 여인이 임신하면 태교 방법으로 반드시 몸가짐을 조심하라"고 했는데, 지금 여러 글들을 생각해 보아도 그 법이 상세한 것이 없다. 그래서 내 스스로 구해 보니 대개는 그 뜻을 언제나 알 수 있었다. 내 일찍이 시험 삼아 네 아이들을 임신하여 양육한 것을 기록하여 한 편을 저술함으

---

5 안경식, 『한국 전통 아동교육사상』(서울 : 학지사), 2005, p.153.

로써 모든 여인들이 보도록 하였는데, 이는 감히 내 멋대로 글을 지어 자랑하려고 사람들에게 보이는 것이 아니다. 그렇지만 내칙內則에 빠진 것을 갖추었으므로 이름하여 『태교신기胎教新記』라 한다.[6]

그리고 『태교신기』의 곳곳에서 유교의 문헌인 『시경詩經』, 『서경書經』, 『대학大學』, 『예기禮記』, 『열녀전烈女傳』 등이 직접 인용되는 것에서도 『태교신기』가 당시의 유교의 태교를 집대성한 것을 알 수 있다. 『태교신기』에 나타난 유교 문헌의 내용을 구체적으로 살펴보면 다음과 같다.

먼저 『시경』의 내용은 『태교신기』의 제1장 제3절에 "사방에서 보아도 또한 신명神明에게 부끄러움이 없어야 하느니라. 보이는 것이 없다 하여 나를 보는 것이 없다고 말하지 말라. 귀신이 오는 것을 헤아리지 못할 뿐이니라"는 부분이 인용되고 있다. 또한 제3장 제1절에서는 『시경』에 나오는 "효자가 끊어지지 않아야 영원히 너에게 복을 주느니라"를 언급하고 있다. 그리고 제5장 제3절에 "가령 네가 아직 아무 것도 알지 못한다 할지라도 너는 이미 자라서 자식을 낳아 품에 안고 있으니, 당연히 알고 있느니라"를 인용하고 있다. 또한 제7장 제2절에서는 "낙樂을 즐기는 군자는 복을 구하되, 복을 구함에는 사악한 마음이 없어야지 하나라도 사악한 마음이 있으면 복을 구하는 것은 불가하다"를 인용하고 있다.

『서경』의 경우에는 제6장 제1절에 "하늘이 지은 재앙은 피할 수 있으나, 자기가 지은 재앙은 도망갈 수도 없느니라"라는 내용이 인용되고 있다. 『대학』의 내용은 제5장 제2절에 "성실한 마음으로 구하면 비록 적중하지는 못하더라도 멀지는 않을 것이니라. (처녀들이) 자식 기르는 법을 다 배운 후에 시집가지는 않는다"라는 부분에 나타나 있다. 그리고 제1장 제5절에

---

[6] 『胎教新記』, 胎教新記章句大全, "女範曰 上古賢明之女有娠胎教之方必慎 今考之諸書 其法莫有詳焉 自意求之 蓋或可知矣 余以所嘗試於數四娠育者錄爲一編 以示諸女 非敢擅自著述夸耀人目 然猶可備內則之遺闕也 故名之曰 胎教新記."

서는 『예기』의 「학기學記」편에 나오는 "훌륭하게 가르치는 스승은 사람들로 하여금 그 뜻을 본받게 한다"를 인용하고 있다.

『열녀전』은 제1장 제4절에서 다음과 같이 인용하고 있다.

> 부인이 아기를 잉태하면 옆으로 누워 잠자지 말고, 가장자리에 앉지 말며, 한 발로 서 있지 말고, 특이한 맛이 나는 음식을 먹지 말며, 반듯하게 썰지 않은 음식을 먹지 말고, 부정한 자리에 앉지 말며, 눈으로는 현란한 색상을 보지 말고, 귀로는 요란한 음악을 듣지 말며, 밤에는 앞 못 보는 악관樂官으로 하여금 시詩를 낭송하게 하며, 군자로서 해야 할 바른 일을 이야기하도록 해야 하느니라. 이와 같이 하여 자식을 낳으면 형체와 용모가 단정하고 재주가 뛰어난 사람이 되느니라.[7]

끝으로 제9장 제1절에서는 가의의 『신서』「태교」편을 간접 인용하고 있는데 그 내용은 다음과 같다.

> 옛날부터 태교의 법도를 쓴 옥판玉板을 금궤에 넣어 종묘宗廟에 두고 후세들에게 경계하도록 한 까닭에 태임太任께서 문왕을 잉태하시고는 눈으로는 혼란스런 색을 보지 않으시고, 귀로는 음란한 소리를 듣지 않으시며, 입으로는 불손한 말씀을 하지 않으셨다.

사주당 이씨는 태교 1년을 생후 교육 10년보다 중요하다고 강조하며, 태교가 출생할 아기의 인격은 물론 미래의 가운家運과도 직결된다고 했다. 아래의 인용문에는 태교의 중요성에 대한 설명이다.

---

[7] 『胎敎新記』, 第1章 第4節, "女傳曰 婦人姙子 寢不側 坐不偏 立不蹕 不食邪味 割不正不食 席不正不坐 目不視邪色 耳不聽淫聲 夜則令瞽 誦詩道正事 如此則生子 形容端正 才過人矣."

아버지의 낳음, 어머니의 기름, 스승의 가르침이 한결같다. 훌륭한 의사는 병들기 전에 다스리고, 훌륭한 교육은 태어나기 전에 가르치는 것이다. 까닭에 스승의 십 년 가르침이 어머니가 열 달 뱃속에서 기름만 못하고, 어머니가 뱃속에서 열 달 기름이 아버지가 하루 낳음만 못하다.[8]

위의 인용문에서 보듯이 태교는 태어난 이후의 그 어떤 교육 — 현대적 의미의 가정교육, 학교교육 등 — 보다도 더 중요하며 그 영향은 매우 큰 것이다. 따라서 『태교신기』에서는 자식의 지각知覺이 순수하지 못함은 아버지의 허물이요, 형체와 기질이 못나고 재능이 부족함은 어머니의 허물이라고 보았다. 따라서 스승이 가르치지 못하는 것은 스승의 허물이 아니라고[9] 하여 태교의 중요성을 강조하였다.

그리고 태교의 목적은 당시의 이상적인 인간상인 군자君子를 낳는 것이라고 하였다. 즉, 열 달을 공功들여서 자식을 어질게 함[10]으로써 '소인小人'이 아닌 '현명한 군자君子'의 어머니가 되는 것이라고 하였다.

2) 유교의 수태관受胎觀과 태아 발달 단계

유교에서 수태受胎를 보는 관점은 다음의 글에서 잘 드러난다.

문 남녀가 정精을 합할 때, 유기遊氣가 합쳐진 뒤라야 사람이 태어나는 것인데,

---

[8] 『胎敎新記』, 第1章 第2節, "父生之 母育之 師敎之一也 善醫者 治於未病 善敎者 敎於未生 故 師敎十年 未若母十月之育 母育十月 未若父一日之生."
[9] 『胎敎新記』, 第1章 第6節, "是故 氣血凝滯 知覺不粹 父之過也 形質寢陋 才能不給 母之過也 夫然後責之師 師之不敎 非師之過也."
[10] 『胎敎新記』, 第5章 第2節, "曷不强十月之功 以賢其子而自爲君子之母乎."

순임금이 날 때 아버지 고수瞽叟의 기氣는 비록 탁하였으나 지극히 맑은 유기를 받았기 때문에 성인이 된 것입니까?

답 그렇다. 대체로 부모의 기는 분수分數가 적고 천지의 기는 분수가 많다. 그런 까닭에, 고수의 탁한 기가 천지의 맑은 기를 당하지 못한 것이니, 이것이 순임금이 성인이 된 까닭이다.[11]

위의 인용문에서 보듯이 유교에서는 인간의 탄생은 남녀의 육체적 결합이 이루어질 때 떠다니는 기운인 '유기'遊氣가 결합한 것이라고 보았다. 율곡栗谷 이이李珥는 이 유기에 대해서 "음양과 유기는 두 가지 다른 기가 아니고, 생생生生의 입장에서 말하면 유기라 하고 순환의 입장에서 말하면 음양이라고 한다"[12]고 하였다. 그리고 "천지 사이의 허다한 유기에는 맑고 연軟한 것도 있고, 맑고 굳은 것도 있다. 비록 마음에 호연의 기가 있더라도 몸의 기는 강하지 못한 자가 있다. 안회 같은 이는 맑은 기의 연한 것을 타고난 자다. 그래서 단명하였다"[13]라고 함으로써 유기의 성질이 맑음과 탁함, 강하고 연함의 구분이 있음을 말하고 있다. 또 유전의 문제에 있어서도 율곡 이이는 지극히 맑은 유기와 지극히 탁한 유기는 부모의 기가 간여할 수 없지만 보통 사람의 경우는 부모의 기가 주가 된다고 하여[14] 기의 유전성을 말하고 있다.[15] 여기에서 우리는 유교에서는 수태를 단순히 남녀의 결합으로 이루어지는 것이 아니라 제 3의 세력인 유기와의 결합으로 보는 것을 알 수 있다. 이러한 유교의 수태관에서 유기의 의미와 역할은 다음에 살펴볼 불교의 수태관에서의 중유中有와 비슷하다.

---

11 이이, 『국역 율곡집 I』(서울 : 민족문화추진회, 1997), p.446.
12 위의 책, p.447.
13 같은 곳.
14 위의 책, p.449.
15 안경식, 앞의 책, pp.148-149.

한편, 중국의 태교론에서 태아의 발달 단계는 북제의 의학자인 서지재徐之才의 『축월양태방逐月養胎方』에 잘 나타나 있는데, 이 책의 내용은 손사막孫思邈의 『천금요방千金要方』 속에 잘 정리되어 있다. 손사막의 『천금요방』은 중국의 의학서로서 직접적인 유교의 문헌은 아니지만 태아 발달에 대한 내용이 있어서 살펴보겠다. 그 내용을 요약하면 다음과 같다.

임신 1개월을 '시배始胚'라고 하는데, 음식을 세심하게 익혀 먹어야 하며 보리를 많이 먹어야 한다.
임신 2개월을 '시고始膏'라고 하는데, 시거나 누린내 나는 것을 먹지 말고 조용한 곳에 거처해야 하고 남자가 범하지 말아야 한다.
임신 3개월은 '시태始胎'라고 하는데, 이때부터 태아 형태가 이루어지지만 고정된 형상이 아니고 외부 대상의 감응에 따라 변화할 수 있는 것이다.
임신 4개월은 수水의 정기를 받아 태아의 혈맥이 이루어지는 시기이며, 이때 태아의 육부가 자라는데 쌀밥과 생선을 먹어서 혈기가 활발히 움직이도록 해야 하고, 귀와 눈이 통하여 경락이 순조로워야 한다.
임신 5개월은 화火의 정기를 받아 태아의 기운이 이루어지는 시기이다.
임신 6개월은 금金의 정기를 받아 근육이 이루어지는 시기이다.
임신 7개월은 목木의 정기를 받아 태아의 골격이 성장하므로 임부는 마땅히 몸을 움직이고 사지를 흔들며, 가만히 있어서는 안 된다.
임신 8개월은 토土의 기운을 받아 피부가 완성되는 시기이므로 마음을 조용히 하고 숨을 고요히 쉼으로써 기운이 극에 이르지 않도록 해야 한다.
임신 9개월은 석石의 정기를 받아 모발이 완성되며 태아의 6부와 100절이 다 준비되는 시기이다.
임신 10개월은 오장五臟이 구비되고 육부六腑가 다 이루어지며 천지의 기운이 단전에 모이는 까닭에 관절과 인신人神이 다 구분되어지나 다만 때를 기다려 태어난다.[16]

위의 『축월양태방』에 나타난 태아 발달론의 특징은 첫째, 월별로 구체적으로 태아의 발달 내용을 제시하여 이전의 태교론에 비해서 매우 과학적이라는 것이다. 여기에서 나타난 태아의 발달 단계는 현대 산과학産科學의 관점에서 봤을 때 비과학적인 측면이 없지는 않지만 비교적 구체적이라고 할 수 있다. 둘째, 임신 3개월을 태교의 '결정적 시기'로 보았는데 이 점도 현재의 관점에서 봤을 때 매우 합당한 것이라고 할 수 있다. 셋째, 당시의 음양오행설과 도교의 양생설의 영향을 많이 받았음을 알 수 있다.[17]

3) 유교에서의 태교 내용

지금부터는 유교에서의 태교의 내용을 『태교신기』를 중심으로 살펴보겠다. 먼저 유교에서의 태교 내용의 가장 근본인 예禮에 따른 태교를 살펴본 다음에 임신부가 해야 하는 보는 태교, 듣는 태교, 말하는 태교, 마음가짐의 태교, 몸가짐의 태교, 음식 태교, 그리고 남편과 주위 사람들이 해야 할 태교를 알아보겠다.

유교의 태교 내용은 한 마디로 '예禮'에 따른 태교라고 표현할 수 있다. 즉, 예가 아니면 보지 말고, 예가 아니면 듣지 말며, 예가 아니면 말하지 말고, 예가 아니면 행동하지 말며, 예가 아니면 생각하지 말며, 마음·지혜 온 몸까지 모두 정도正道에 따라서 자식을 기르는 것이 어머니의 도리라고 하였다.[18] 그리고 『열녀전烈女傳』을 인용하여, 예를 따라서 태교를 히면

---

16 孫思邈, 『千金要方』, 「養胎 第三」, 魯兆麟等点校, 『備急千金要方』(沈陽 : 遼寧科學技術出版社, 1997), 18-21. 안경식, 앞의 책, pp.241-243에서 재인용.
17 안경식, 앞의 책, pp.243-244.
18 『胎教新記』, 第1章 第4節, "非禮勿視 非禮勿聽 非禮勿言 非禮勿動 非禮勿思 使心知百體 皆由順正 以育其子者 母之道也."

형체와 용모가 단정하고 재주가 뛰어난 자식을 낳는다고 하였다.

구체적인 태교 내용은 다음과 같다. 첫째, 보는 태교[19]에서는 임신부는 귀인이나 호인을 만나거나, 백옥白玉과 공작새 같이 화려하고 아름다운 물건, 성현의 훈계하신 글과 신선이 허리에 찬 관대冠帶의 그림을 보아야 한다고 하였다. 그리고 보는 태교와 관련하여 다음의 금기사항을 제시하였다. 배우가 난쟁이와 선비 혹은 원숭이 흉내를 내면서 실없이 소리를 하며 다투는 것을 흉내내는 짓이나, 형벌을 주기 위해 사람을 결박지어 끌고 다니면서 괴롭히거나 살해하는 일, 잔형악질殘形惡疾, 무지개와 천둥 번개, 일식과 월식, 별똥이 떨어지는 것, 홍수로 물이 범람하는 것, 불이 타오르는 것, 나무가 부러지는 것, 집이 무너지는 것, 짐승들의 음란淫亂한 짓과 병이 들어 상한 것, 더럽고 혐오스러운 벌레를 보지 말라.

둘째, 듣는 태교[20]에서는 사람의 마음은 소리를 들으면 동動한다는 것을 강조하였다. 그러므로 금기사항으로 임신부는 요란한 음악과 노래, 시장의 시끄러운 소리, 여자들의 욕지거리 및 술주정뱅이의 욕설과 우는 소리를 듣지 않도록 해야 한다고 하였다. 그리고 계집종들이 이치에 맞지도 않는 말을 듣고 전하지 못하도록 해야 한다고 하였다. 그리고 마땅한 사람에게 시詩를 낭송하거나 경서經書를 설명하게 하며, 거문고나 비파를 타게 하여 임신부가 듣도록 해야 한다고 하였다.

셋째, 말하는 태교에서는 임신부가 말하는 법도에 대해서도 구체적으로 제시하고 있는데 그 내용은 다음과 같다.

---

19 『胎敎新記』, 第4章 第3節, "必使見貴人好人 白璧孔雀華美之物 聖賢訓戒之書 神仙冠珮之畵 不可見倡優侏儒猿猴之類 戱謔鬪爭之狀 刑罰曳縛殺害之事 殘形惡疾之人 虹霓震電日月薄蝕 星隕彗孛 水漲火焚 木折屋崩 禽獸淫泆病傷 及汚穢可惡之蟲 妊婦目見."

20 『胎敎新記』, 第4章 第4節, "人心之動聞聲而感 姙婦不可聞淫樂淫唱 市井喧譁 婦人詈罵 及凡醉酗忿辱俍哭之聲 勿使婢僕 入傳遠外無理之語 惟宜有人 誦詩說書 不則彈琴瑟 姙婦耳聞."

임신부가 말하는 법도는 성낼 일이 있어도 큰 소리로 꾸짖거나 모진 말을 하지 말며, 말을 할 때 손짓을 하지 말며, 웃을 때는 잇몸이 보이지 않게 하며, 남과 더불어 희롱거리가 되는 말을 하지 말며, 일하는 사람을 몸소 꾸짖지 말며, 닭이나 개를 쫓을 일이 생겨도 직접 쫓지 말며, 남을 속이지 말며, 다른 사람을 훼방하지 말며, 남을 비방하는 귓속말을 하지 말며, 근거 없는 말을 전하지 말며, 당사자가 아닌 일은 말을 많이 하지 말라.[21]

넷째는 마음가짐의 태교[22]이다. 어머니의 마음이 바르지 못하면 자식 역시 바르게 이루어지지 않는다는 믿음 아래, 임신부의 바른 마음가짐을 이야기하고 있다. 임신부는 삼가 공경하는 마음을 간직해야 하며, 혹시라도 사람을 해치거나 미물이라도 죽일 생각을 하지 말며, 간교하게 남을 속이거나, 남의 물건을 탐하여 도둑질하거나, 질투하거나 훼방하려는 생각이 가슴에서 싹트지 않게 해야 한다고 하였다. 이렇게 한 후라야 입에는 망령된 말이 없고, 얼굴에는 원망스런 기색이 없다는 것이다. 그리고 만약 잠시라도 삼가고 공경하는 마음을 잊으면 이미 혈血이 잘못 흐르게 되고 이것이 아이의 혈로 이어져서 아이에게도 나쁜 영향을 끼친다고 하였다.

다섯째, 몸가짐의 태교에서는 임신부가 거처와 양생養生에 있어서 삼가지 않으면 태胎를 보전하기가 위태롭다고 하였다. 이 몸가짐의 태교에는 앞에서 살펴 본 여러 가지 태교의 내용들이 종합적으로 제시되어 있다. 구체적인 내용은 다음과 같다.

부인이 이미 잉태하였으면 부부가 함께 잠자지 아니하며, 옷을 지나치게 따뜻

---

21 『胎敎新記』, 第4章 第6節, "姙婦言語之道 忿無厲聲 怒無惡言 語無搖手 笑無見矧 與人不戲言 不親言婢僕 不親叱雞狗 勿詆人 勿毁人 無耳語 言無根勿傳 非當事勿多言."
22 『胎敎新記』, 第4章 第5節, "其心不正 子之成亦不正 姙婦之道 敬以存心 毋或有害人殺物之意 姦詐貪竊妬毁之念不使蘗芽於胸中 然後口無妄言 面無歝色 若斯須忘敬 已失之血矣."

하게 입지 말고, 음식은 지나치게 배부르게 먹지 말며, 잠을 많이 자거나 누워 있지 말아야 한다. 반드시 때때로 보행을 하고, 차고 냉한 곳에 앉지 말며, 더러운 곳에 앉지 말고, 나쁜 냄새를 맡지 말며, 높은 곳에 있는 화장실에 가지 말고, 밤에는 문밖에 나가지 말며, 바람이 불거나 비가 오는 날은 외출하지 말고, 산이나 들에 가지 말며, 깊은 우물이나 무덤을 들여다보지 말고, 오래된 사당에 들어가지 말며, 높은 데를 오르거나 깊은 데를 내려가지 말며, 험한 길을 거닐지 말고, 무거운 것을 들지 말며, 힘든 일을 지나치게 하여 기운이 상하게 하지 말고, 함부로 침맞고 뜸뜨지 말며, 함부로 탕약을 복용하지 말고, 항상 마음을 깨끗이 하고 조용히 거처하여 온화함이 알맞아야 하니, 몸과 머리, 입과 눈이 한결같이 단정해야 한다.[23]

여섯째, 음식 태교는 태아의 육체적인 성장과 직접 관련이 있는 중요한 내용이라고 할 수 있다. 주로 금기사항에 대한 내용인데 구체적인 내용은 다음과 같다.

임신부는 과일의 모양이 바르지 않은 것, 벌레 먹은 것, 썩어 떨어진 것을 먹지 말고, 참외·수박·상추·배추 등의 생채生菜, 차가운 음료수나 밥, 쉰 음식, 부패한 어육魚肉, 색깔이 나쁜 음식, 역겨운 냄새가 나는 음식, 설익은 음식, 제철이 아닌 과일을 먹지 말라고 했으며, 고기를 밥보다 많이 먹지 말라"[24]

지금까지 살펴 본 내용은 임신부가 해야 할 태교 내용이었다. 이외에도

---

[23] 『胎敎新記』, 제4장 제7절, "居養不謹 胎之保危哉 姙婦哎姙 夫婦不同寢 衣無太溫 食無太飽 不多睡臥 須時時行步 不坐寒冷 不坐穢處 勿聞惡臭 勿登高厠 夜不出門 風雨不出 不適山野 勿窺井塚 勿入古祠 勿升高臨深 勿涉險 勿擧重 勿勞力過傷 勿妄用鍼灸 勿妄服湯藥 常宜清心靜處 溫和適中 頭身口目 端正若一."

[24] 『胎敎新記』, 제4장 제12절, "姙婦飲食之道 果實形不正不食 蟲蝕不食 腐壞不食 瓜蓏生菜不食 飮食寒冷不食 食饐而餲 魚餒而肉敗不食 色惡不食 臭惡不食 失飪不食 不時不食 肉雖多 不使勝食氣."

남편과 주위 사람이 해야 할 태교의 내용은 다음과 같다. 먼저, 남편은 언제나 서로 공경하는 마음으로 서로 대접하고, 혹시라도 업신여겨 서로 상처를 가하는 일이 없어야 한다. 그리고 아내의 침실이 아니면 함부로 들어가 거처해서는 안 되고, 몸에 병이 있으면 함부로 침실에 들어가서는 안 되며, 상복을 입고 함부로 침실에 들어가서도 안 된다. 또한 음양이 조화를 이루지 못해 날씨가 정상이 아닐 때라도 편안하게 쉬어서는 안 되며, 헛된 욕심이 싹트게 해서도 안 되며, 사기邪氣가 몸에 붙지 않게 해야 한다.[25] 그리고 주위 사람들은 임신부를 위하여 조심해야 한다. 임신부가 성내거나, 화를 내거나, 두려워하거나, 근심하지 않도록 주의해야 한다고 하였다.[26] 이를 통해서 유교에서는 임신부뿐만 아니라 남편과 주위 사람들도 태교에 동참해야 함을 강조한 사실을 알 수 있다.

각 종교가 가지고 있는 관념과 교육론에 따라서 태교에 대한 관점 역시 달라진다. 『태교신기』는 유학을 기본으로 한 유교교육론에 충실한 태교 전문 저술로서, 이 책을 통해서 유교에서의 태교에 대한 가치관과 내용을 알 수 있었다. 다음 장에서는 불교의 태교관을 고찰하면서 불교의 관념과 가치관이 어떻게 반영되어 있는지 살펴보겠다.

---

25 『胎敎新記』, 第1章 第3節, "日以恭敬相接, 無或以褻狎相加 …(中略)… 非內寢不敢入處 身有疾病不敢入寢 身有麻布不敢入寢 陰陽不調天氣失常不敢宴息. 使虛欲不萌于心 邪氣下設于體."
26 『胎敎新記』, 第4章 第1節, "養胎者 非惟自身而已也 一家之人 恒洞洞焉 不敢以忿事聞 恐其怒也 不敢以凶事聞 恐其懼也 不敢以難事聞 恐其憂也 不敢以急事聞 恐其驚也."

3. 불교의 태교관

1) 불교에서의 태교의 의미와 목적

불교의 태아관은 업감연기설業感緣起說에 근거한 윤회輪廻 사상에서 그 근거를 찾을 수 있다. 즉, 인간은 한 생生으로 끝나는 것이 아니라, 무명無明으로 인한 자신의 업業에 따라 윤회하기 때문에 수태受胎되는 순간에 이전 생生의 정신적인 요인을 지니고 있다는 것이다. 이러한 태아관은 불교의 태교관의 출발점이라고 할 수 있다.

『잡아함경雜阿含經』에는 임신을 하면 자식을 위해 부처님께 귀의하고, 그 아이가 태어났을 때 삼귀의三歸依를 가르치며, 그 아기가 자라서 지견知見이 생겼을 때 다시 계행戒行을 가르친다는 내용이 나온다.

> 그런데 세존이시여, 저는 어떤 중생들의 주인이 아기를 배었을 때에는 그에게 '그 아들을 위해 부처님께 귀의하고 법과 승가에 귀의하라'고 가르칩니다. 아기가 태어났을 때에 다시 세 곳(三歸:佛·法·僧)에 귀의하라고 가르치고, 그 아이가 지견知見이 생겼을 때에는 다시 계戒를 지니라고 가르칩니다. 혹 종이나 하천下賤한 다른 사람이 아기를 배고 또 낳았을 때에도 역시 그와 같이 가르칩니다.[27]

위의 인용문에서 불교에서는 교육의 필요성을 이미 태아교육에서부터 언급하고 있는 것을 알 수 있다. 그리고 불교의 여러 경과 논 —『수행도지

---

27 『雜阿含經』卷47(『大正藏』2, p.340b), "世尊. 然我有衆生主懷妊之時 我即敎彼 爲其子故 歸佛歸法歸比丘僧 及其生已復敎三歸 及生知見復敎持戒 設復婢使下賤客人懷妊 及生亦如是敎."

경修行道地經』, 『불설포태경佛說胞胎經』, 『대보적경大寶積經』, 『해탈도론解脫道論』— 에서 태아의 발달 단계를 다양하게 논하고 있는 점을 고려해 본다면 불교교육학에서는 태교에 대한 학문적 관심이 크다고 할 수 있다.[28] 이와 관련하여 박선영은 "불교적 입장에 볼 때 교육의 본질은 지혜롭고 자비로운 자주적 인간이 되게 하는 데 있으며, 진정한 자비는 지혜의 밑받침에 의해서만 그 진가가 발휘될 수 있다"[29]고 하였다. 서우경은 이것을 불교적 관점에서 태교의 정의를 새롭게 제시할 수 있는 이론적 토대가 된다고 보았다.[30] 왜냐하면 태교의 본질이 태아에게 좀 더 좋은 영향을 미치게 하는 부모의 교육적 실천 활동이라고 볼 때, 태아에게는 아낌없이 베푸는 부모의 사랑이 절대적으로 필요하기 때문이다. 이와 같은 부모의 헌신적인 사랑이 바로 불교의 '자비'이며, 이 '자비'가 태아에게 제대로 전달되기 위해서는 태아에 대한 부모의 지혜가 필요하기 때문이라는 것이다. 여기에서 부모의 지혜란 바로 태아의 교육을 위해 부모가 기울이는 교육적 행위 즉 '태교'라고 할 수 있다.

2) 불교의 수태관受胎觀과 태아 발달 단계

앞의 태아관에서 보았듯이, 불교에서는 인간의 발달은 한 생生으로 끝나는 것이 아니라 연기緣起의 연속성으로 인해 그 자신의 업業에 따라 윤회되기 때문에 수태受胎되는 순간에 이미 이전 생生의 정신적인 요소를 지니고

---

28 박선영, 「불교교육학의 학문적 성격」, 한국종교교육학회, 『종교교육학연구』1, 1995, pp.45-46.
29 박선영, 「한국 가정교육의 문제 상황과 그 불교적 극복원리」, 동국대학교 불교문화연구원, 『불교학보』31, 1994, p.29.
30 서우경, 「불전에 나타난 태아의 생명존중관과 태교」(동국대학교 교육대학원 석사학위 논문, 1996), p.49.

있다고 믿고 임신부의 태내胎內에 있는 기간을 대단히 중시하고 있다.[31] 그러므로 불교에서는 연기설을 바탕으로 하여 수태하기 위해서는 부모의 정자와 난자 이외에 식식識 · 식신識神 또는 중유中有라고 불리는 정신적인 요인이 필요하다고 보고 있다.

수태할 때에 반드시 필요한 3가지 요인은 첫째, 그 어머니가 알맞으면서도 또 시기가 맞아야 하고, 둘째, 부모가 화합하여 함께 애염愛染을 일으켜야 하고, 셋째, 건달바(健達縛, gandhārva)가 바로 앞에 나타나 있어야 한다.[32] 그리고 부모가 한 곳에 모여 있고 부모에게 질환이 없을 경우에야 식신이 오는 것이고, 부모에게 모두 자식을 둘 상相이 있을 경우에 태가 성립된다.[33] 한편, 세 가지 장애가 없어야 수태가 되는데, 첫째, 아이 낳는 곳(産處)에 허물이 되는 일, 둘째, 종자種子에 허물이 되는 일, 끝으로 전생의 업에 허물이 되는 일이 없어야 한다.[34]

『증일아함경增壹阿含經』에서는 태가 성립되지 못하는 경우를 다음과 같이 설명하고 있다.

> 어머니가 애욕愛欲의 마음이 있어서 부모가 한곳에 모여 함께 머물러 잔다 하더라도, 바깥에서 식식識이 와서 호응해주지 않으면 곧 태가 이루어지지 못한다. 또 식식識이 와서 들어가려고 하더라도 부모가 한곳에 모여 있지 않으면 역시 태는 성립되지 못한다.
>
> 또 어머니가 애욕의 마음이 없는 상태로 부모가 한곳에 모여 있을 경우, 아버지

---

31 권은주, 『불교 아동학 개론』, 개정판(서울 : 양서원, 1999), p.81.
32 『瑜伽師地論』卷1(『大正藏』30, p.282b), "由三處現前 得入母胎 一其母調適而復値時 二父母和合俱起愛染 三健達縛正現在前."
33 『增壹阿含經』卷12(『大正藏』2, p.603a), "父母集在一處 父母無患識神來趣 然復父母俱相有兒 此則成胎 是謂有此三因緣而來受胎."
34 『瑜伽師地論』卷1(『大正藏』30, p.282b), "復無三種障礙 謂産處過患所作 種子過患所作 宿業過患所作."

가 아무리 애욕의 마음이 왕성하다 하더라도 어머니가 그리 간절하지 않으면 태는 성립되지 못한다. 또 어머니가 아무리 애욕의 마음이 왕성하다 하더라도 아버지가 그리 간절하지 않으면 태는 성립되지 못한다.

또 아버지에게 풍병風病이 있거나 어머니에게 냉병冷病이 있으면 태는 성립되지 못한다. 또 어머니에게 풍병이 있거나 아버지에게 냉병이 있으면 태는 성립되지 못한다.

또 아버지의 몸에 물 기운(水氣)이 지나치게 많으면 어머니에게 그런 질환이 없어도 태는 성립되지 못한다.

또 아버지의 상相에는 자식이 있으나 어머니의 상에 자식이 없으면 태는 성립되지 못한다. 또 어머니의 상에는 자식이 있으나 아버지의 상에 자식이 없으면 태는 성립되지 못한다. 또 부모의 상에 모두 자식이 없으면 태는 성립되지 못하느니라.

또 식신識神이 태에 나아가더라도 아버지가 떠나 있어 없을 경우엔 태는 성립되지 못한다. 또 어머니가 멀리 떠나 있어 없을 경우에 태는 성립되지 못한다.

또 아버지가 몸에 위중한 병이 있을 경우, 그 때는 식신이 태에 나아간다 하더라도 태가 성립되지 못한다. 또 어머니가 위중한 병을 앓을 경우 태는 성립되지 못한다. 또 식신이 와서 태에 나아간다 하더라도, 부모가 모두 병을 앓을 경우 태는 성립되지 못한다.[35]

---

[35] 『增壹阿含經』卷12(『大正藏』 2, pp.602c-603a), "有三因緣識來受胎 云何爲三 於是比丘 母有欲意 父母共集 處與共止宿 然復外識未應來趣便不成胎 若復欲識來趣母不集 則非成胎 若復母人無欲父母共集一處 爾時父欲意盛母不大慇懃 則非成胎 若復父母集在一處 母欲熾盛 父不大慇懃 則非成胎 若復父母集在一處 父有風病母有冷病 則不成胎 若復父母集在一處 母有風病父有冷病 則非成胎 若復有時父母集在一處 父身水氣偏多母無此患 則非成胎 若復有時父母集在一處 父相有子母相無子 則不成胎 若復有時父母集在一處 母相有子父相無子 則不成胎 若復有時父母俱相無子 則非成胎 若復有時識神趣彼 父行不在 則非成胎 若復有時母應集一處 然母遠行不在 則不成胎 若復有時父母應集一處 然父身遇重患時識神來趣 則非成胎 若復有時父母應集一處 識神來趣然母身得重患 則非成胎 若復有時父母應集一處識神來趣 然復父母身俱得疾病 則非成胎."

이를 통해서 불교에서는 수태를 물질적인 요소와 정신적인 요소의 화합으로 설명하고 있는 것을 알 수 있다. 이렇게 불교에서는 생명체의 본질인 자성이 업의 인연에 따라 유기물질의 육체를 정자와 난자를 인식하는 기관으로 삼고 이것이 형상화되는 것이 임신이라고 보는 것이다.[36]

불교에서는 태아를 모체를 통해서 제공되는 모든 자극을 수동적으로 받아들이고 반응만 하는 단순한 존재가 아니라, 모체에게 자극을 주거나 모체로부터 영향을 받아들일 수도 있는 적극적인 생명체로 인식한다. 『현우경賢愚經』에는 인물됨이 빼어난 아들을 낳은 재상과 관상을 보는 사람과의 대화가 다음과 같이 실려 있다.

그때 그 나라 왕의 이름은 바사닉波斯匿이요, 한 재상은 큰 부자로 매우 총명하였다. 재상의 아내는 아들을 낳았는데, 얼굴은 단정하고 몸은 뛰어났다. 재상은 아기를 보고 매우 기뻐하여 곧 관상쟁이를 불러 상을 보게 하였다. 관상쟁이는 아기 상을 보고 매우 기뻐하면서 말하였다. "이 아기의 복된 상은 사람 중에서 뛰어나고 총명하고 지혜로워 사람보다 뛰어난 덕이 있을 것입니다." 아버지는 그 말을 듣고 못내 기뻐하면서 이름을 지으라고 하였다. 관상쟁이는 물었다. "이 아기를 밴 뒤로 어떤 이상한 일이 있었습니까?" 재상은 대답하였다. "그 어미는 본래 성질이 선량하지 않았는데, 아기를 밴 뒤로는 보통 때와 아주 달라졌다. 그래서 심성이 공순하고 남에게 덕을 베풀기를 즐겨 하며, 남의 불행을 가엾이 여기고 남의 허물 말하기를 좋아하지 않았다." 관상쟁이는 말하였다. "그것은 그 아기의 뜻입니다."[37]

---

36 황옥자, 『불교아동교육론』(서울 : 불교시대사, 1994), p.81.
37 『賢愚經』 卷11(『大正藏』 4, p.423b), "於時國王名波斯匿王 有輔相 聰明巨富其婦懷妊 生一男兒 形貌端正 容體殊絕 於時輔相 見兒歡喜 卽召相師 令占相之 相師看見 懷喜而言 是兒福相 人中挺特 聰明智辯 有踰人之德 父聞逾喜 敕爲作字 相師問言 兒受胎來 有何異事 輔相答言 其母素性 不能良善 懷妊已來 倍更異常 心性恭順 樂宣人德 慈矜苦厄 不喜說過 相師言曰 此是兒志."

위의 인용문은 임신부가 태아의 영향을 받아 변화될 수 있음을 잘 보여준 예라고 볼 수 있는데, 이와 같이 태아가 어머니의 마음과 행동을 변화시킬 수도 있다는 가치관은 바로 불교의 독특한 사상에서 나온 것이다. 즉 인간은 여러 생을 거치는 동안 부모, 자식, 친구 등의 인연으로 서로 얽히며 윤회하는 평등한 생명체라는 것이다.[38]

불교에서는 태아를 자신이 지은 업에 따라 태어나는 '독립적'이고 '주체적'인 살아있는 존재로서, 정신적 요소인 중유中有를 지니고 있다고 본다. 이처럼 불교에서의 수태의 주체인 중유는 『아비달마구사론阿毘達磨俱舍論』에서 다섯 가지 명칭으로 설명되고 있다.

첫째는 의성(意成, mano-maya)이니, 의식으로부터 이루어진 것이기 때문으로, 정혈精血 등의 외적인 존재가 인연화합하여 이루어진 것이 아니기 때문이다.

둘째는 구생(求生, saṃbhavaiṣin)이니, 항상 기뻐하며 장차 태어날 곳을 찾아 살피는 것이기 때문이다.

셋째는 식향신(食香身, gandharva-kāya)이니, 향식香食에 힘입어 태어날 곳으로 나아가는 것이기 때문이다.

넷째는 중유(中有, antarābhāva)이니, 두 가지 취趣(갈래) 중간에 존재하는 온이기 때문이다.

다섯째는 기(起, abhinirvṛtti)라고 이름하니, 당래의 생에 대향하여 잠시 일어나는 것이기 때문이다.[39]

또한 건달박(健達縛, gandhārva)[40]이라는 명칭도 있는데, 이것은 중유는

---

38 황옥자, 앞의 책, 1994, p.89.
39 『阿毘達磨俱舍論』卷10(『大正藏』29, p.55b), "一者意成 從意生故 非精血等所有外緣合所成故 二者求生 常喜尋察當生處故 三者食香 身資香食往生處故 四者中有 二趣中間所有蘊故 五者名起 對向當生暫時起故."

향기를 먹고 산다는 뜻[41]이며 인간의 육안에는 보이지 않고 아무리 먼 곳에 있어도 볼 수 있으며, 한 순간에 날아갈 수 있는 등의 속성[42]을 가지고 있으므로 중유가 물질이 아닌 정신적 요소임을 알 수 있다. 정자精子와 난자卵子가 물질이라면 중유는 정신적 요소로서 주체성을 발휘한다[43]고 볼 수 있다.

한편, 불교에서는 태아의 발달 단계에 대해서 여러 가지로 나누고 있다. 먼저 초기 불교기에는 태아의 발달을 단계별로 나누지 않고 총괄하여 다루고 있으며, 후기에는 4기, 5기, 8기 등의 단계로 설명하기도 하고, 임신기간 38주를 각각 1주 단위로 나누어 설명한 경전도 있다.[44] 우선 초기 경전인 『증일아함경』에 있는 게송을 살펴보자.

처음에는 어머니 태 안에 들며	차츰차츰 엉긴 수(穌)처럼 되다가
드디어 혹처럼 되고	그런 뒤 비슷한 형상으로 변한다.
머리와 목이 먼저 생기고	다음에 차츰 손, 발이 생기며
온갖 뼈마디가 제각기 생기고	털과 손톱, 발톱, 이가 생긴다.
만일 그 어머니가 온갖 음식과	갖가지 요리를 먹으면

---

40 건달박의 온전한 말은 건달알박(健達頞縛, gandha-arva, gandhārva)이나 '알(a)'을 생략하여 '건달박'이라 한 것으로, arva의 어근 √arv는 '간다'는 뜻과 '먹는다'는 뜻이 있다. 따라서 건달박은 건달(gandha) 즉 향을 '찾아간다(尋香)'와 향을 '먹는다(食香)'는 뜻이 되기 때문에, 식향 즉 '향을 먹는 것'을 중유의 다른 이름으로 말할 수 있다는 것이다(世親, 『阿毘達磨俱舍論』, 권오민(역주), 『아비달마구사론』 2, 서울 : 동국역경원, 2002, p.411, 각주 12)번.)

41 『阿毘達磨俱舍論』 卷9(『大正藏』 29, p.46b), "謂唯香氣 由斯故得健達縛名."
 『瑜伽師地論』 卷1(『大正藏』 30, p.282b), "或名健達縛 尋香行故."

42 『阿毘達磨俱舍論』 卷9(『大正藏』 29, p.46b-46c).

43 백경임, 「불교적 관점에서 본 수태·타태·출산」, 한국아동학회, 『아동학보』 7(1), 1986, p.53.

44 백경임, 「불전의 태아관 -태아발달단계설을 중심으로-」, 한국불교학회, 『한국불교』 10, 1985, p.119.

그 정기로써 살아가나니　　태를 받은 목숨의 근본이니라.
그로써 형체가 이루어지고　　모든 감각기관이 빠짐없이 갖춰져
어머니로부터 태어나게 되나니　태를 받는 괴로움 이러하니라.[45]

이러한 교설은 후기로 내려오면서 4기, 5기, 8기 등의 단계로 발전하여, 불교의 태표적인 태아 발달 이론이라고 할 수 있는 '태내오위설'胎內五位說과 '태장팔위설'胎藏八位說이 성립되었다. 여러 경전에서 묘사하고 있는 태아의 발달 단계를 살펴보면 다음과 같다. 먼저, 4기설[46]에서는 '가라라'歌羅囉, '아부타'阿浮陀, '폐시'閉尸, '가나'伽那의 네 단계로 나누고 있다. 다음 5기설은 '태내오위설'胎內五位說[47]이라고 하는데, 앞의 4기설에 발나사거鉢羅奢佉를 더하여 5단계를 제시하고 있다. 이어서 '태장팔위설'胎藏八位說[48]에 입각한 태아의 발달 단계를 정리하면 다음과 같다.

① 태아 1주, 갈라람(羯羅藍, kalalaṃ, kalala)위 : 정자와 난자가 화합하여 엉김으로 인해 최초의 인간이 형성되는 상태를 의미한다.
② 태아 2주, 알부담(遏部曇, arbudaṃ, arbundan, arbuda)위 : 정자와 난자가 화합하고 마음의 액심이 점차 응고되어 엷은 살결(피부)이 형성되고 그 위에 살결이 덮

---

45 『增壹阿含經』卷30(『大正藏』2, p.714a), "先當受胞胎 漸漸如凍酥 / 遂復如息肉 後轉如像形 / 先生頭頂頸 轉生手足指 / 支節各各生 髮毛爪齒成 / 若母飲食時 種種若干饌 / 精氣用活命 受胎之原本 / 形體以成滿 諸根不缺漏 / 由母得出生 受胎苦如是."
46 『金七十論』卷中(『大止藏』54, p.1255c), "一名歌羅囉 二名阿浮陀 三名閉尸 四名伽那." 『大方等大集經』卷24(『大正藏』13, p.169b), "歌羅囉 …… 阿浮陀 …… 閉尸 …… 伽那."
47 『阿毘達磨俱舍論』卷15(『大正藏』29, p.82a), "胎中五者 一羯剌藍 二頞部曇 三閉尸 四鍵南 五鉢羅奢佉."
48 『瑜伽師地論』卷2(『大正藏』30, pp.284c-285a), "胎藏八位差別 何等爲八 謂羯羅藍位 遏部曇位 閉尸位 鍵南位 鉢羅賖佉位 髮毛爪位 根位 形位 若已結凝箭內仍希 名羯羅藍 若表裏如酪未至肉位 名遏部曇 若已成肉仍極柔軟 名閉尸 若已堅厚稍堪摩觸 名鍵南 即此肉搏增長 支分相現 名鉢羅賖佉 從此以後 髮毛爪現即名此位 從此以後 眼等根生名爲根位 從此以後 彼所依處分明顯現 名爲形位."

여지게 된다.

③ 태아 3주, 폐시(閉尸, peśi, peśī, peśi)위 : 살결이 더욱 견고하게 응고되어 혈육이 생기는 상태를 의미한다.

④ 태아 4주, 건남(鍵南, ghana)위 : 이때의 모습은 익은 타락처럼 유연하며 조직이 두툼하고 견고하다고 표현하고 있다.

⑤ 태아 5주, 발나사거(鉢羅賖佉, praśākhā, praśākha)위 : 성장이 왕성하며 마치 하늘에서 단비가 내리면 나무 숲이 무성하여 가지들이 크는 것처럼 다섯 가지 모양이 나타난다고 표현하고 있다.

⑥ 태아 6주, 발모조위髮毛爪位 : 머리카락과 터럭이 위치할 모근이 형성된다.

⑦ 태아 7주, 근위根位 : 7주째의 태아는 안眼·이耳·비鼻·설舌·신身 등 육체의 구성이 완전히 형성된다는 의미에서 근위라고 한다.

⑧ 태아 8주, 형위形位 : 8기설에서는 8주에서 출산까지를 총칭한다. 그리고 일반적으로는 제 8주째의 태아만을 의미한다.[49]

위의 인용문에 나와 있는 태아의 발달단계는 현대의 아동발달 단계와도 상당히 유사하고 발달 단계별로 태아의 상태를 자세하게 묘사하고 있다.

3) 불교에서의 태교 내용

불교에서의 구체적인 태교 내용은 『태교신기』에 나타난 유교에서의 태교의 내용처럼 자세하게 언급되어 있지 않다. 하지만 불교의 여러 가지 수행 방편을 통하여 불교에서의 태교 내용을 유추해 볼 수 있다. 왜냐하면

---

[49] 불교에서 보는 태아의 발달단계에 대한 자세한 내용은 「김명실, 유식학의 심식구조에서 본 아동 성격심리의 논리적 고찰 -S.Freud와 C.G.Jung의 성격이론과 관련하여-」, 동국대학교 대학원 박사학위 논문, 1992, pp.109-117 참조.

불교적 관점에서 보면 태교도 수행의 한 가지 방법이라고 할 수 있기 때문이다. 건강한 아이를 낳기 위해 기울이는 산모의 노력은 깨달음을 궁극적 목표로 수행하는 수행승의 행위와 다름없기 때문이다. 따라서 불교의 수행방법이 곧 태교의 실천 방법으로 활용될 수 있다. 이를 위한 불교의 대표적인 실천 방안의 교설을 살펴보면 사성제설四聖諦說, 십이연기설十二緣起說, 업감연기설業感緣起說, 팔정도설八正道說, 육바라밀六波羅蜜 등을 포함시킬 수 있는데 이러한 교설들은 서로 연결되어 밀접한 관계를 가지고 있으며 그 큰 줄기는 사성제설로 설명될 수 있다.[50] 특히 사성제四聖諦는 불교에서 보는 인생의 문제와 그 해결 방법에 관한 네 가지의 진리이며, 육바라밀은 생사生死의 고해를 건너 이상경理想境인 열반涅槃의 피안에 이르는 여섯 가지 덕목德目이자 보살이 수행하는 방편이기 때문에 여기에서 불교의 태교 내용을 확인할 수 있다.

사성제는 고성제(苦聖諦, dubkha), 집성제(集聖諦, samudaya), 멸성제(滅聖諦, nirodha), 도성제(道聖諦, mārga)의 네 가지 가르침을 말한다. 즉 인생은 괴로움이라고 하는 것이 고성제의 가르침이며, 그 괴로움의 원인이 번뇌煩惱(集)라고 하는 것이 집성제의 가르침이다. 번뇌가 없는 무고無苦의 이상세계인 열반의 경지를 말하는 것이 멸성제이고, 그 열반의 이상세계에 도달하기 위한 길을 제시한 것이 도성제의 내용이다. 그리고 불교에 있어서 이 상세계를 얻는 길은 인생과 우주의 참모습(眞相, 實相)을 바르게 관찰해서 아는 정견正見을 위시하여 바른 사유(정사正思)·바른 말(정어正語)·바른 행위(정업正業)·바른 생활(정명正命)·바른 노력(정정진正精進)·바른 명심(정념正念)·마음의 바른 통일(정정正定) 등의 팔정도八正道를 실천함으로써 이루어진다.[51]

---

50 서우경, 앞의 논문, 1996, p.56.
51 박선영, 『불교의 교육사상』(서울 : 동화출판공사, 1981), pp.30-31.

고성제와 관련하여 불교에서는 수태受胎 — 즉, 태胎를 받는 자체 — 를 괴로움으로 파악하고 있는데 첫째, 임신부의 몸 안에서의 태아의 생활이 실제로 괴롭다고 보고 있으며, 둘째, 윤회하는 존재로서 몸을 받는 것이 괴롭다고 보고 있다.[52] 『불설포태경佛說胞胎經』에는 모태에 있는 태아의 고苦에 대해 다음과 같이 설명되어 있다.

아이가 어머니 배 안에 있을 때는 그 고뇌와 갖가지 근심과 어려움이 이와 같다. …… 그 갖가지 고난은 비유조차 할 수 없는 것이거늘 누가 어머니 태에 있기를 좋아하겠는가?[53]

여기에서 말하는 근심과 어려움은 다음과 같다.

만일 어머니가 많이 먹으면 그 아이가 불안하고, 너무 적게 먹어도 그 아이가 불안하며, 기름기가 많은 것을 먹어도 그 아이가 불안하고 기름기가 없는 것을 먹어도 그 아이가 불안하며, 너무 뜨겁거나 너무 차거나 이익을 구하거나 너무 달거나 시거나, 굵거나 가늘거나 하여, 그 음식이 고르지 못하면 그 아이가 불안하며, 색욕이 과해도 아이가 불안하고, 바람받이에 있어도 그 아이가 불안하고, 많이 다니거나 너무 달리거나 도가 지나쳐도 아이가 불안하며, 혹 나무에 올라도 아이가 불안해한다.[54]

이렇게 태胎를 받음으로 인한 괴로움은 불교의 가장 기본적인 교리인 인

---

52 백경임, 앞의 글, 1986, pp.56-57.
53 『佛說胞胎經』(『大正藏』 11, pp.889a-889b), "兒在母腹勤苦燠惱 衆患諸難乃如是乎 …(中略)… 諸苦艱難不可譬喩 誰當樂在母胞胎乎."
54 『佛說胞胎經』(『大正藏』 11, p.889a), "假使母多食其兒不安 食太少其兒不安 食多膩其兒不安 食無膩其兒不安 大熱大冷 欲得利不利 甛醋麤細 其食如是 或多少而不調均 兒則不安 習色欲過差 兒則不安 在風過差 兒則不安 或多行來馳走有所度越 或上樹木 兒則不安."

생을 고해苦海로 보는 관점과 연결되는 것이다. 여기에서 도출해 낼 수 있는 사실은 고성제와 집성제는 태아의 상태를 뜻한다고 볼 수 있으며, 멸성제는 산모가 수행해야 할 임무임과 동시에 태교의 실천 방안으로 볼 수 있다. 왜냐하면 태아는 모태 내에서 괴로움을 느끼고 있으며 그 원인이 되는 집集은 전생의 업인 중유가 모태 내에 들어옴으로써 고苦의 원인을 일으킨 것이기 때문이다. 그러므로 임신부는 고苦와 집集을 멸滅하는 구체적 목표인 깨달음의 근거를 12연기緣起에서 찾아 이를 이해하여 실천하는 수단, 즉 도성제道聖諦를 향한 태교의 실행을 위해 노력해야 할 것이다.[55]

4. 맺음말

지금까지 살펴본 내용을 유교와 불교의 태교의 의미와 목적, 수태관受胎觀 및 태아의 발달 단계, 그리고 태교의 방법으로 비교해서 정리하면 다음과 같다.

먼저 태교의 의미와 목적의 경우에, 유교에서는 태교의 영향이 태어난 이후의 교육보다 더 크다고 보았으며, 스승의 가르침보다도 부모의 태교를 더 중요시하였다. 그리고 태교의 목적은 이상적인 인간상인 군자를 낳는 것으로 삼았다. 한편 불교에서는 업감연기설에 근거한 윤회 사상에서 태아관을 알 수 있는데, 인간은 업에 따라 윤회하기 때문에 수태되는 순간에 이전 생의 정신적인 요소를 지니고 있다고 생각하였다. 그리고 불교에서의 태교 목적은 지혜롭고 자비로운 자주적인 인간을 낳는 것이었다.

---

55 서우경, 앞의 논문, 1996, p.22.

다음으로 수태관을 비교해 보면 유교와 불교 모두 다 어머니와 아버지의 결합 이외에 제3의 정신적인 요소를 중요시하는 것이 드러났는데, 유교에서는 '유기'遊氣가, 불교에서는 '중유'中有가 중요한 요소였다. 유교에서는 인간의 탄생은 남녀의 육체적 결합이 이루어질 때 떠다니는 기운인 유기가 결합하는 것이라고 보았다. 그리고 불교에서는 부모의 정자와 난자 이외에 식識, 식신識神 또는 중유가 있어야 수태된다고 보았다.

태아의 발달 단계는 유교의 경우에는 임신 후 1개월씩 구분해서 자세하게 설명하고 있음을 알 수 있었다. 반면, 불교의 경우에는 초기 불교에서는 단계별로 나누지 않고 총괄하여 다루었다가 후대에 가서는 4기, 5기(태내오위설胎內五位說), 8기(태장팔위설胎藏八位說) 등으로 자세하게 나누어서 설명하고 있었다. 이러한 태아의 발달 단계는 현대 산과학產科學에도 많은 시사점을 주고 있다.

태교의 방법은 유교에서는 여러 책에서 매우 구체적으로 서술되어 있었는데, 요약하면 유교의 태교 방법은 '예'禮에 따르는 태교라고 할 수 있다. 그리고 보는 태교, 듣는 태교, 말하는 태교, 마음가짐의 태교, 몸가짐의 태교, 음식 태교에 대해서 자세하게 설명하고 있었다. 또한 태교에 있어서 남편과 주위 사람의 영향도 중요함을 강조하였다. 불교의 태교 방법은 태교를 수행의 한 방편으로 볼 수 있기 때문에 불교의 수행 방법을 곧 태교의 실천 방법으로 연결시킬 수 있었다.

이 연구의 결과, 전통적인 태교 방법인 유교와 불교의 태교관은 서구의 태교에 많은 영향을 받고 있는 현대의 태교에도 그대로 접목시킬 수 있는 부분이 많았다. 따라서 우리의 전통적인 태교를 좀 더 깊이 있고 체계적으로 연구하여 구체적으로 실천할 수 있는 태교 방법을 모색하는 것이 필요하다.

참고문헌

제1부 종교와 교육의 본질을 말하다

종교와 교육의 지향점 "자유"

『金剛般若波羅蜜經』, 大正新修大藏經이라함 8권('大正藏'이라 함), no. 235.

『雜阿含經』, 大正藏 2권, no. 99.

『오픈 성경』, 아가페 출판사, 1986.

The Holy Qur'an, 이슬람 국제출판국. 1988.

『제2차 바티칸 공의회 문헌』, 서울 : 한국천주교중앙협의회. 1995.

Abe Masao. 변선환 역, 『선과 현대신학』, 서울 : 대원정사, 1996.

Brainton, Roand H. *The Trail of Religious Liberty*. Philadelphia : Westminster Press, 1951.

Dewey, John. *A Common Faith*. New Haven & London : Yale University Press, 1934,

Hirst, Paul H. "Education, Catechesis and Church School", *British Journal of religious Education*. 1981(3-3).

Knitter, Paul F. *No Other Name? : A Critical Survey of Christian Attitudes Toward the World Religions*. New YorK ; Orbis Books, 1985.

Newman, John Henry. *The Idea of a University*. New Haven & london : Yale

University Press, 1996.

Pelikan, Jaroslav. *The Idea of a University : A Reexamination*. New Haven & london : Yale University Press, 1996.

Sealey, John. *Religious Education : Philosophical Perspectives*. London : George Allen & Unwin,1985, 강돈구 역, 『종교교육이론』. 서울 : 서광사, 1992.

Smart, Ninian & Holder, D. eds. *New Movement in Religious Education*. London : Temple Smith, 1975.

Swidler, Leonard *Toward a Universal Theology of Religion*. Maryknoll, N.Y. : Orbis Books, 1987.

_____, ed. *Religious Liberty and Human Right in Nation and in Religions*. Philadelphia : Ecumeniacl Press. 1986.

_____, *After the Absolute : The Dialogical Future of Religious Reflection*. Minneapolis : Fortress Press, 1990.

Toynbb, Arnold. ed, *The Christianity : Judaiam, Hellenism and Background to the Christian Faith* . New York : World Publishing. 1969.

Yong Pyo Kim, "Religious Freedom in Buddhism", *Fides Et Libertas : The Journal of the International Religious Liberty Association*, 2002.

김용표, 「미국의 공립학교와 종교교육」『종교교육학연구』제3권. 1998.

_____, 『불교와 종교철학』, 서울 : 동국대학교 출판부, 2002.

성낙인, 「종교의 자유와 학교에서의 종교자유」, 『고시계』 95/10

전영배, 『외래사상과 민족문화: 종교・사상교육』, 서울 : 보문출판사, 1990.

中村元, 석진오 역, 『종교와 사회윤리』, 서울 : 경서원, 1999.

최윤진, 「청소년 인권으로 본 학내종교자유 현황과 제도개선 과제」, 『학교종교자유 신장을 위한 법제개선 방안 세미나 자료집』, 종교자유정책연구원, 2006.

최철윤, 「종교의 자유-침해의 유형과 그 구제를 중심으로-」, 『일반법학』 8, 2003.

황규호, 「자유교육에서의 종교의 위치」, 『도덕교육연구』 제6집, 1994.

종교간의 대화와 종교교육

가톨릭교육재단협의회, 『고등학교 종교』, 서울 : 가톨릭문화원, 2002.
고진호, 「제7차 교육과정과 불교교육의 방향」, 『종교교육학연구』 제13권, 한국종교교육학 회, 2001. 10.
교육부, 『고등학교 교육과정 해설: 교양』, 서울 : 대한교과서주식회사, 2001.
김용복, 「종교 사회사상」, 성공회대학교 신학연구소, 『대화를 넘어 서로 배움으로: 종교간의 만남을 위하여』, 서울 : 맑은울림, 2004.
김은규, "기독교와 불교, 그 상생의 길" 신학사상 127호. 2004년. 229-55.
대한예수교장로회총회교육부편, 『고등학교 종교(기독교)』(상·중·하), 서울 : 한국장로교출판사, 2003.
불교교육연합회, 『고등학교 종교(불교)』, 서울 : 대한불교조계종출판사, 2002.
성기선. 「제7차 교육과정과 가톨릭학교 종교교육」, 『종교교육학연구』 제13권.
이동익, 「한스 큉의 세계윤리구상」, 『가톨릭 신학과 사상』 15호, 1996, 봄.
이찬수, 「타종교의 신학」, 『신학사상』 93집, 병천 : 한국신학연구소, 1996.
이한오, 「평화를 위한 세계윤리 : 한스 큉의 세계윤리구상을 중심으로」, 서울 : 성공회대학교석사학위 논문, 2002.
정지석. 「한국기독교 평화윤리연구 : 기독교 평화주의(Christian Pacifism)와 함석헌의 평화사상」, 기독교사회윤리 11호, 2006년.
정진홍. 「제7차 교육과정과 종교교육」, 『종교교육학연구』 제13권.
지구화와 기독교연구팀, 『지구화와 신자유주의』, 서울 : 성공회대학교출판부, 2000.
크리스챤 아카데미 편, 『열린종교와 대화공동체』, 서울 : 대화출판사, 2000.
하영선 편, 『21세기 평화학』, 서울 : 풀빛, 2002.
한인철, 『종교다원주의의 유형』, 서울 : 한국기독교연구소, 2000.
한국종교학회, 『종교들의 대화』, 서울 : 사상사, 1992.
Arinze, Francis I. *Religions for peace*, Darton : Todd Press, 1985.

Camps, A. *Partners in dialogue : christianity and other world religions*, New York : Orbis Books, 1983.

Forward, M. *Inter-religious dialogue*, Oxford : Oneworld, 2001.

Ferguson, John. *War and peace in the world's religions*, London : Sheldon Press, 1972.

Gustafson Carrie & Juviler Peter. *Religion and human rights : competing claims?*, New York : M. E. Sharpe, 1999.

Jack Homer A. *World religions and world peace : the international interreligious symposium on peace*, Boston : Beacon Press, 1977.

Hick John & Askari Hasan, *The experience of religious diversity*, Aldershot : Gower Publishing Co., 1985.

Hillman, E. *Many Paths : A Catholic approach to the religious pluralism*, New York : Orbis Books, 1989.

Huber, W. and Reuter, H. R. 『평화윤리』, 김윤옥 · 손규태 역, 서울 : 대한기독교서회, 1997.

Huntington, Samuel, *The clash of civilization*, 『문명의 충돌』, 이희재 역, 서울 : 김영사, 1997.

Knitter, Paul F. *No other name? : a critical survey of christian attitudes toward the world religions*, Maryknoll, New York : Orbis Books, 1985.

_____, *One earth many religions : multifaith dialogue & global responsibility*, Maryknoll : Orbis, 1995.

Küng, Hans. *Christianity and the world religions*, New York : Doubleday & Company, 1986.

_____. *Projekt weltethos*, München, 1990. 안명옥 옮김, 『세계윤리구상』, 왜관 : 분도출판사, 1992.

_____. *A global ethic, the declaration of parliament of the world's religions*, London : SCM Press, 1993.

_____. *A global ethic and global responsibilities*, London : SCM Press, 1998.

_____. *New paradigm of international relations*, 성공회대학교 강연, 2003.

Olupona Jacob K. *Religion and peace in multi-faith Nigeria*, Ile-Ife : Obafemi Awolowo University Press, 1992.

Panikkar, R. *The intrareligious dialogue*, New York : Paulist Press, 1978, 김승철역, 『종교간의 대화』, 서울 : 서광사, 1992.

Race, Alan. *Christians and religious pluralism : patterns in the Christian theology of religions*, Maryknoll, New York : Orbis Books, 1982.

Sharma Arvind & Young, Katherine K. *Feminism and world religions*, New York : State University of New York Press, 1999.

Swidler, L., Cobb, John B., Knitter, P. F. *Death or dialogue? from the age of monologue to the age of dialogue*, London : SCM Press, 1990.

Swidler, L. *Religious liberty and human rights in nations and in religions*, New York : Hippocrene Books, 1986.

Taylor, John B. *Religions for human dignity and world peace*, Geneva : World Conference on Religion and Peace, 1986.

Traer Robert. *Faith in human rights : support in religious traditions for a global struggle*, Washington : Georgetown University Press, 1991.

종교문화 담론의 교육적 함의

박선영, 『불교와 교육』, 서울 : 동국대학교역경원, 1982.

_____, 「종교와 인격교육」, 한국종교교육학회편, 『한국의 종교와 인격교육』, 서울 : 아름다운 세상, 1998.

박의수, 「홀리스틱교육과 슈타이너의 교육사상」, 『홀리스틱 교육 연구』 제5집 제

2호, 2001.

서명석, 『선문답의 탈근대 교육』, 서울 : 아름다운 세상, 1999.

이숙종, 「인간교육에서 영성교육의 중요성」, 『21세기 종교교육과 영성』, 강남대학교 인문과학연구소 국제학술대회, 2001.

이정우, 『가로지르기』, 서울 : 산해, 2000.

정진홍, 「제7차 교육과정과 종교교육」, 『한국종교교육학회 추계학술대회』, 2001.

한명희, 「한국의 교육적 인간상, 그 실체는 무엇인가?」, 서울 : 한국가톨릭언론인협의회, 『제2회 가톨릭 포럼』, 2001.

_____, 「지식기반 사회에서의 학교역할에 관한 철학적 반성」, 『교육철학』 제27집, 2002.

磯岡哲也, 「日本の宗敎敎育における宗敎別比較」, 강남대학교 인문과학연구소 국제학술대회, 2001.

Dewey, J., *A common faith*, New Haven : Yale university, 1969.

Smith, W.C., 길희성 역, *The meaning and end of religion*, 『종교의 의미와 목적』, 서울 : 분도출판사, 1997.

William E. Doll, Jr., *A post-modern Perspective on Curriculum*, 김복영 역, 『교육과정과 포스트모더니즘의 시각』, 서울 : 교육과학사, 1997.

제2부 종교, 문화, 교육을 논하다

유교의례와 생명윤리

『禮記』
『詩經集傳』

『中庸』

『論語』

『孟子』

『朱子語類』

『小學』

『광주향교지』, 광주 : 광주향교, 2004.

『공자사상과 현대』, 한국공자학회, 서울 : 思社研, 1990.

강손근, 「생명윤리학의 성립과 그 역사적 배경」, 『대동철학』, 15집. 2001.

곽신환,「주역의 생생불식 사상」,『생명과 더불어 철학하기』, 서울 : 철학과 현실사, 2000.

구영모, 『생명의료윤리』, 서울 : 동녘, 1999.

금장태, 『유교의 사상과 의례』, 서울 : 예문서원, 2000.

김교빈, 「양명학과 생명사상」,『동양철학』13집, 한국동양철학회, 2000.

김병환, 「유가는 인간 복제를 반대하는가」, 『오늘의 동양사상』 9호, 예문동양사상연구원, 2003.

김병환, 「생명공학과 인간복제 ; 유학의 응답」, 『중국학보』 47집, 한국중국학회, 2003.

김세인, 「의료기술의 발달과 유학의 역할」, 『21세기 미래사회와 유학의 역할』, 충남대학교 유학연구소, 1998.

김세정, 「환경윤리에 대한 동양철학적 접근 : 유가철학을 중심으로」, 『범한철학』 29집, 범한철학회, 2003.

김세정, 「생명공학 시대의 유교와 생명윤리」, 『동서철학연구』 30호, 한국동서철학회, 2003.

동아대학교 석당전통문화연구연, 『생명윤리방법론』, 2004. 생명윤리 워크숍.

문시영, 『생명복제에서 생명윤리로』, 서울 : 대한기독교서회, 2001.

이완재 외, 「조선초기의 유교적 국가의례에 대한 연구」, 『한국사상사학』 10집, 1998.

정병석, 「우주 대가정의 생태론적 사유와 천인합일의 생명윤리」, 『유교사상연구』 10집, 한국유교학회, 1998.
진교훈, 「생명조작과 인간복제에 대한 철학적 고찰」, 『과학사상』 22호, 1997.
최일범, 「생명공학시대에서 본 남명사상」, 『생명공학시대의 철학적 성찰』, 14회 한국 철학회, 2001.
한예원, 「양명학의 만물일체관에서 본 '생명윤리'」, 『양명학』 6호, 한국양명학회, 2001.
황필호, 「인간복제, 어떻게 볼 것인가」, 『한국종교연구』 9집, 한국종교사학회, 2001.
村山智順, 『釋奠 祈雨 安宅』, 昭和 13年, 朝鮮總督府.
憑禹, 김갑수 역, 『천인관계론』, 서울 : 신지서원, 1993.
Wayne Alt, Ritual and the Social Construction of Sacred Artifacts ; As Analysis of Analects 6.25, Philosophy East & West, Vol.3, July 2005, University of Hwaii Press

풍류신학과 한국적 기독교 종교교육의 형성

길희성, 「보살예수 : 불교와 그리스도교의 창조적 만남」, 서울 : 현암사, 2004.
김광식, "유동식 신학의 형성과정과 전개", 「한국종교와 한국신학」, 소석 유동식 박사 고희 기념논문집, 서울 : 한국신학연구소, 1993.
_____, 「토착화와 해석학」, 서울 : 대한기독교서회, 1987.
문동환, 「아리랑고개의 교육」, 서울 : 한국신학연구소, 1985.
민경배, 「한국기독교회사」, 신개정판, 서울 : 연세대학교출판부, 1995.
손원영, "풍류도의 영성과 기독교교육의 새 방향", 「문화와 신학 : 유동식의 풍류신학」 Vol. 1, 한국문화신학회, 2007.
손호현, "한 멋진 삶의 풍경화 : 유동식의 예술신학연구", 「문화와 신학 : 유동식의 풍류신학」 Vol. 1, 한국문화신학회, 2007.

유동식, "복음과 재래종교와의 대화문제"「기독교사상」, 1962년 7월호.
_____. "복음의 토착화와 한국에 있어서의 선교적 과제"「監神學報」, 창립57주년기념호, 1962.
_____. "기독교의 토착화에 대한 이해", 「기독교사상」, 1963년 4월호.
_____, "풍류도와 기독교", 「신학논단」 제16집, 연세대학교 신과대학, 1983.
_____, "풍류신학의 여로", 「신학논단 : 한태동, 문상희, 유동식 교수 은퇴기념 논문집」 제18집, 연세대학교 신과대학, 1988.
_____, "하늘 나그네의 사랑과 평화", 「한국종교와 한국신학 : 소석 유동식박사 고희 기념논문집」, 서울 : 한국신학연구소, 1993.
_____, 「요한서신 주석」, 서울 : 대한기독교서회, 1962.
_____, 「한국종교와 기독교」, 대한기독교서회, 1965.
_____, 「한국무교의 역사와 구조」, 서울 : 연세대학교출판부, 1975.
_____, 「도와 로고스」, 서울 : 대한기독교출판사, 1978.
_____, 「한국신학의 광맥」, 서울 : 전망사, 1982.
_____, 「풍류신학으로의 여로」, 서울 : 전망사, 1988.
_____, 「풍류도와 한국신학」, 서울 : 전망사, 1992.
_____, 「풍류도와 한국의 종교사상」, 연세대학교출판부, 1999.
_____, 「종교와 예술의 뒤안길에서 : 유동식 신학적 수필집」, 서울 : 한들출판사, 2002.
_____, 「풍류도와 예술신학 : 유동식신학수첩」, 서울 : 한들출판사, 2006.
_____, 「풍류도와 요한복음 : 유동식신학수첩2」, 서울 : 한들출판사, 2007.
장정개정편찬위원회편, 「기독교대한감리회 교리와 장정 : 2005년」, 서울 : 기독교대한감리회홍보출판국, 2006.
장종철, 「하나님의 지혜 : 21세기의 교육신학탐구」, 서울 : 한국기독교교육학회, 2005.
전경연, "기독교문화는 토착화할 수 있는가?", 「신세계」, 1963년 3월호.
_____, "기독교역사를 무시한 토착화이론은 원시화를 의미", 「기독교사상」

1963년 5월호.

한국문화신학회편, 「한국문화와 풍류신학 : 유동식신학의 조감도」, 서울 : 한들출판사, 2002.

Blair, Christine E. *The Art of Teaching the Bible : A Practical Guide for Adults.* Louisville, Kentucky : Geneva Press, 2001.

Borg, Marcus J. *Reading the Bible Again for the First Time : Taking the Bible Seriously but Not Literally.* New York : HarperCollins, 2001.

Brake, John M. & Tye, Karen B. *Teaching the Bible in the Church.* St. Louis, Missouri : Chalice Press, 2003.

Brueggemann, Walter. *The Creative Word : Canon as Model for Biblical Education.* Philadelphia : Fortress Press, 1982.

Eisner, Elliot W. *The Educational Imagination.* New York : Macmillian Publishing Co., 1979.

Gardner, Howard. *Frames of Mind : The Theory of Multiple Intelligences.* New York : Basics Books, 1983.

Groome, Thomas H. *Christian Religious Education : Sharing Our Story and Vision.* San Francisco ; Harper & Row, 1980.

Harris, Maria. *Teaching and Religious Imagination : An Essay in the Theology of Teaching.* San Francisco : Harper & Row, 1987.

Miller, Randolph C. *The Clue to Christian Education.* New York : Charles Scribner's Sons, 1950.

_____. *Biblical Theology and Christian Education.* New York : Charles Scribner's Sons, 1956.

Seymour, Jack L. & Miller, Donald E. *Contemporary Approaches to Christian Education.* Nashville : Abingdon Press, 1982.

동학의 한울사상과 삼경=敬의 교육문화

『동경대전』

『해월신사법설』

김기전, 주문은 어떻게 외울까, 『신인간』 164, 1942.

김추강, 수도에 대한 요령 몇가지, 『신인간』106, 1936.

백세명, 『동학사상과 천도교』, 서울 : 동학사, 1956

백세명, 『하나로 가는 길』, 일신사, 1968.

우종현, 我, 『천도교회월보』 80, 1917.

이돈화, 『新人哲學』, 京城 : 天道敎中央宗理院信道觀, 1931.

이돈화, 수도의 요체(속), 『신인간』 180, 1943.

이돈화, 『東學之人生觀』, 천도교중앙총부, 1972.

誠天生, 「교리문답」, 『천도교회월보』, 1920.

정혜정, 『동학·천도교의 교육사상과 실천』, 혜안, 2001.

정혜정, 『동학의 한울교육사상』, 서울 : 모시는 사람들, 2007.

조남현 편, 『시대정신에 합일된 사람性 주의(이돈화)』, 서울 : 범우, 2007.

源了圓, 『文化と人間形成』, 東京 : 第一法規, 1982.

Bill Devall, *Deep Ecology, Gibbs Smith, Publisher*, Utah, 1985.

Kirsten Erin Bell, *Entrancing Tensions : an anthropological Exploration of the Korean Religion of chondogyo*, degree of Doc. of Philosophy in James Cook University, 2000.

Yong Choon Kim, *The Ch'ondogyo concept of man : an Essence of Korean Thought*, Seoul : Pan Korea Book Corporation, 1978.

훈습熏習의 기능에 대한 교육적 탐색

中論, 靑目 疏, 大正藏 제30권.

無着 造, 世親釋, 眞諦譯,『攝大乘論釋』, 大正藏 제31권.

無着 造, 玄奘譯,『顯揚聖敎論』, 大正藏 제31권.

世親 造, 玄奘譯,『唯識三十論頌』, 大正藏 제29권.

龍樹 造, 梵志靑目釋, 鳩摩羅什 譯,『中論』, 大正藏 제30권.

원효찬,『대승기신론 소기회본 권4』, 韓國佛敎全書 제1책, 서울 : 동국대학교출판부, 2002.

圓測,『解深密經疏』, 서울 : 동국대 출판부, 韓國佛敎全書 제1책.

眞諦 譯,『顯識論』,『大正藏』제31권.

天親 造, 眞諦譯,『中邊分別論』, 大正藏 제31권.

『解捲論 一券』, 大正藏 제31권.

고형곤,『禪의 세계』, 서울 : 운주사, 1997.

김형효,『하이데거와 마음의 철학』, 서울 : 청계, 2000.

소광희,『존재와 시간 강의』, 서울 : 문예출판부, 2003.

엄태동,『교육적 인식론 탐구』, 서울 : 교육과학사, 1998.

엘리자베스 클레망 외 3인, 이정우 역,『철학사전』, 서울 : 동녘, 2001.

유혜령,「현대 해석학의 관점에서 본 아동 이해의 문제」, 서울 : 아동교육연구회,『아동교육』, 제40집, No. 6, 2002.

윤명로,「현상학과 유식론의 비교연구」, 서울 : 대한민국 학술원,『학술원 논문집』인문 · 사회 과학편, 제41집, 2002.

이도흠,「원효의 기호학적 통찰과 예술적 변용」, 철학아카데미 편,『기호학과 철학 그리고 예술』, 서울 : 소명출판, 2002.

이길우,「Husserl의 현상학적 판단론」, 서울 : 고려대학교 철학연구소,『철학연구』, vol. 4.

이규호,『현대철학의 이해』, 서울 : 제일출판사, 1977.

_____,『앎과 삶』, 서울 : 연세대학교 출판부, 1996.

_____,『말의 힘』, 서울 : 좋은 날, 1998.

이지중,「교육에서 언어와 존재자의 관계성 문제」, 대구 : 한국교육철학회,『교육철학』, 제26집, 2004.

_____, 「교육과 언어의 성격」, 서울 : 문음사.

정연근, 『인간·언어·교육』, 서울 : 문음사, 1999.

한자경, 『唯識無境』, 서울 : 예문서원, 2000.

中村 元, 『佛敎語大辭典』, 東京 : 東京書籍, 昭和56年.

上田義文, 『大乘佛敎の 思想』, 東京 : 第三文化社, 1977.

Heidegger, M., 소광희 역, 『존재와 시간』, 서울 : 경문사, 1998.

Müller, M., 박찬국 옮김, 『실존철학과 형이상학의 위기』, 서울 : 서광사, 1988.

Sokolowski, R., 최경호 역, 『현상학적 구성이란 무엇인가』, 서울 : 이론과 실천, 1992.

Szilasi, W., 이영호 역(1988), 『현상학 강의』, 서울 : 종로서적, 1988.

Magada King(2001), A guide to Heidegger's Being Time, ed. by Llewelyn, J., New York : SUNY.

Troutner, Leroy(1974), *Time and Education* : in David E. Denton(editor), Existentialism and Phenomenology in Education, New York : Teacher's College.

불교오계와 지구윤리 교육

『根本說一切有部百日羯磨』, 大正藏 제24권.

『金剛般若波羅蜜經』, 大正藏 제8권.

『마하승기율』, 大正藏 세22권.

『梵網經』, 大正藏 제24권.

『法句經』, 大正藏 제4권.

『菩薩內戒經』, 大正藏 제24권.

『父母恩重經』, 大正藏 제85권.

『숫타니파타』

『六祖壇經』, 大正藏 제48권.

『長阿含經』, 大正藏 제1권.

『중부경전, Majjhima Nikaya』

『증지부경전, Anguttara-nikāya 』

「마태복음」

「출애굽기」

김용표, 『불교와 종교철학』, 서울 : 동국대 출판부, 2002.

_____, 「지구윤리 운동과 불교의 오계」, 『해인』 222호, 2000.

목정배, 『대승보살계사상』, 서울 : 불지사, 1988.

오계파지운동 국제본부 편, 『오계파지』, 서울 : 불지사, 1995.

道端良秀, 목정배 역, 『불교의 효 유교의 효』, 서울 : 불교시대사, 1994.

최법혜 편역, 『불교윤리논집』, 안동 : 고운사본말사교육연수원, 1996.

平川彰, 『원시불교의 연구 : 교단조직의 원형』, 석능혜 역, 서울 : 민족사, 2003.

Dewey, John. *A Common Faith*. New Haeven & London ; Yale University Press, 1934.

Global Dialogue Institute, http://astro.temple.edu/~dialogue/

Küng, Hans. Projekt Weltethos, München, 1990. 안명옥 옮김, 『세계윤리구상』, 왜관 : 분도출판사, 1992.

_____, *Global Ethic, The Declaration of Parliament of the World's Religions*, London : SCM Press, 1993.

_____, *A Global Ethic and Global Responsibilities*, London : SCM Press, 1998.

Maslow, Abraham, *Religion, Value and Peak-experience*, New York : King press, 1973.

Swidler, Leonard., "Buddhism and Christianity : The Age of Global Dialogue and Peace"

『21세기 문명과 불교』, 서울 : 동국대학교 출판부, 1996.

_____, *Religious Liberty and Human Rights in Nations and in Religions*,

New York : Hippocrene Books, 1986.

Swidler, Leonard, ed., For All Life : Toward Universal Declaration of a Global Ethic, Oregon, White Cloud Press, 1999.

Swidler, Leonard et alii, Death or Dialogue. Philadelphia : Trinity Press International, 1990.

Tiwary, Mahesh, *Perspective on Buddhist Ethics*, Delhi : Delhi University, 1989.

한국 신종교와 지구윤리

『대순전경』

『동경대전』

『삼일신고』

『용담유사』

『원불교전서』

『천부경』

『현무경』

김영두, 「정산송규종사의 건국론과 삼동윤리」, 『원불교학』 4집, 한국원불교학회 1998.

김영호, 「평화사상의 흐름에서 본 정산종사의 삼동윤리」, 『원불교사상』

김홍철, 『한국신종교사상의 연구』, 집문당, 1989.

김홍철外 편, 『한국신종교 실태조사보고서』, 원광대 종교문제연구소, 1997.

나단카츠, 「종교적 다원주의와 정산의 삼동윤리」, 『원불교학』 5집, 한국원불교학회, 2000.

노길명, 『한국신흥종교연구』, 경세원, 1996.

류병덕, 「한국민중종교사상의 흐름」, 『한국민중종교사상론』, 시인사, 1985.

박광수, 「세계보편윤리와 정산종사의 삼동윤리」, 『원불교학』 4집, 한국원불교학회, 1998.

백준흠, 「삼동윤리에서 본 종교 다원주의」, 『원불교학』 1집, 한국원불교학회 1996.

새뮤얼 헌팅턴, 이휘재 옮김, 『문명의 충돌』, 김영사, 1997.

신광철, 「삼동윤리사상의 종교학적 재평가」, 『원불교학』 4집, 한국원불교학회 1998.

앤더슨, 윤형숙 옮김, 『민족주의의 기원과 전파』, 사회비평사, 1996.

양은용, 「한국종교사상사에서 본 신종교」, 『한국종교』 23, 1998.

정재서, 「삼동윤리의 사상적 연원과 신세기적 의의」, 『원불교학』 8집, 한국원불교학회 2002.

『미래사회와 종교』, 정산종사탄생100주년기념국제학술대회, 원광대, 2000.

유교와 불교 태교관胎敎觀의 교육적 의미

『佛說胞胎經』, 大正藏 제11권.

『阿毘達磨俱舍論』, 大正藏 제29권.

『瑜伽師地論』, 大正藏 제30권.

『雜阿含經』, 大正藏 제2권.

『增壹阿含經』, 大正藏 제2권.

『賢愚經』, 大正藏 제4권.

世親, 『阿毘達磨俱舍論』, 권오민(역주), 『아비달마구사론』 2, 서울 : 동국역경원, 2002.

권영철, 「태교신기 연구」, 대구효성가톨릭대학교 사회과학연구소, 『여성문제연구』 2, 1972.

권은주, 『불교 아동학 개론』, 개정판, 서울 : 양서원, 1999.

권은주, 「인간·아동발달에 대한 불교이론 연구」, 한국불교학회, 『한국불교학』 14, 1989.

김동화, 『구사학 (소승불교의 유철학사상)』, 서울 : 보련각, 1977.
김명실, 「유식학의 심식구조에서 본 아동 성격심리의 논리적 고찰 -S.Freud와 C.G.Jung의 성격이론과 관련하여-」, 동국대학교 대학원 박사학위 논문, 1992.
김영철, 「『태교신기』에 나타난 '존심'과 '정심'의 교육적 의미」, 한국도덕교육학회, 『도덕교육연구』 17(1), 2005.
두산동아 백과사전연구소, 『두산세계대백과사전』 26, 서울 : 두산 동아, 1996.
류점숙 · 국주영, 「전통태교의 현대과학적 의의」, 서강정보대학, 『논문집』 19, 2000.
박선영, 『불교의 교육사상』, 서울 : 동화출판공사, 1989.
박선영, 「뇌사자의 장기이식에 대한 불교적 지평과 그 교육적 함의」, 동국대학교 불교문화연구원, 『불교학보』 30, 1993.
박선영, 「한국 가정교육의 문제 상황과 그 불교적 극복원리」, 동국대학교 불교문화연구원, 『불교학보』 31, 1994.
박선영, 「불교교육학의 학문적 성격」, 한국종교교육학회, 『종교교육학연구』 1, 1995.
박선영, 「불교와 부모의 자녀교육」, 한국불교학회, 『한국불교학』 18, 1993.
박선영, 「불교적 유아 · 아동교육의 방법적 원리-유식불교의 훈습설을 중심으로-」, 한국불교학회, 『한국불교학』 21, 1996.
백경임, 「불교적 관점에서 본 수태 · 타태 · 출산」, 한국아동학회, 『아동학보』 7(1), 1986.
백경임, 「불진의 태아관-태아발달난계설을 숭심으로-」, 한국불교학회, 『한국불교학』 10, 1985.
백경임, 「태교에 대한 부친의 인식 및 실천에 관한 조사연구」, 동국대학교 대학원, 『동국대학교 논문집』 24, 1985.
사주당 이씨, 『태교신기』, 배병철(편), 다시보는 태교신기, 성남 : 성보사, 2005.
서우경, 「불전에 나타난 태아의 생명존중관과 태교」, 동국대학교 교육대학원 석사학위 논문, 1996.

신정균, 『불교와 의학』, 서울 : 동국대학교 부설 역경원, 1983.

안경식, 『한국 전통 아동교육사상』, 서울 : 학지사, 2005.

오형근, 유가론에 나타난 태아관, 『유식과 심식사상 연구』, 서울 : 불교사상사, 1989.

오형근, 「유식학상의 중유사상과 아뢰야식」, 한국불교학회, 『한국불교학』 7, 1982.

오형근, 「소승론상의 중유설에 대한 고찰」, 동국대학교 불교문화연구원, 『불교학보』 18, 1981.

유안진, 『한국의 전통육아방식』, 서울 : 서울대학교출판부, 1986.

유안진, 「유교사회의 가정교육」, 서울대학교 교육연구소(편), 『교육학 대백과 사전』, 춘천 : 하우동설, 1993-1998.

이원호, 『태교-태중보육의 현대적 이해-』, 서울 : 박영사, 1977.

이홍우, 「전통 가정교육의 방법적 원리」, 이계학 외, 『한국인의 전통가정교육사상』, 연구논총 93-18, 성남 : 한국정신문화연구원, 1993.

이홍우, 「파이데라스테이아와 태교 : 교육의 원초적 세력을 찾아서」, 한국교육학회 도덕교육연구회, 『도덕교육연구』 4, 1990.

장정호, 「유학교육론의 관점에서 본 『태교신기(胎敎新記)』의 태교론」, 성균관대학교 대동문화연구원, 『대동문화연구』 50, 2005.

학림(편), 『장수멸죄경』, 서울 : 운주사, 1996.

황옥자, 『불교아동교육론』, 서울 : 불교시대사, 1994.

황옥자, 「불교의 아동교육철학」, 동국대학교 경주대학, 『동국논총』 14, 1995.

저자 소개

김용표

동국대 불교학과 졸업, 미국 템플대 대학원 종교학 석사 및 종교학 박사를 취득하였다.
현재 한국종교교육학회장, BK21 세계화시대불교학교육연구단장, 한국교수불자연합회장 International Journal of Buddhist Thought and Culture 편집위원장을 역임하며, 동국대학교 불교학과 교수로 재직중이다.
주요 논저로는 「불교와 종교철학」, 「대화문명시대의 종교와 불교」, 「한국종교와 인격교육 원효의 대혜도경종요」, 「종교와 교육에서 자유의 의미」, 「붓다의 교육원리와 수기적 교수법」 등이 있다.

김도공

원광대학교 원불교학과 졸업, 원광대학교 대학원 불교학과 박사(2002년) 학위를 취득하였다. 원광대학교 원불교학과 교수로 재직 중이다.
주요 논저로는 「원효의 수행체계연구」, 「원효의 화쟁사상 형성에 영향을 미친 장자 제물론의 영향」, 「원효의 지관수행론」, 「원불교의 수행방법」, 「원불교 수행론 연구의 현황과 과제」, 「원불교 영성세계의 특징과 의미」 등이 있다.
주요 관심분야로는 원불교와 불교관계, 영성 및 종교성 분야, 종교교육분야가 있다.

김은규

1985년 연세대학교 신학과 졸업, 1992년 성공회대 사목신학연구원 졸업, 1997년 연세대학교 본대학원 신학과를 졸업(구약학 박사학위)하였다. 현재 성공회대학교 신학과 교수, 성공회 사제이다.

학회활동은 구약학회, 문화신학회, 민중신학회, 한국기독자교수협의회, 종교교육학회 Madang : Int'l Journal of Contextual Theology in East Asia 편집책임, Journal of Anglican Studies 편집이사를 역임하고 있다.

저서 및 역서로는 『구약 희년연구』(저서), 『구약오경이야기』(역서), 『구약입문』(역서)외 논문 다수가 있다.

주요 관심 분야로는 고대 이스라엘 역사, 성서해석학, 기독교-불교 종교간 대화, 교회권력 비판이다.

박범석

동국대학교에서 종교교육 전공으로 박사학위를 취득하였고, 서울대학교에서 종교학 박사과정을 수료하였다. BK21 불교문화사상사 교육연구단 post-doc.연구원을 거쳐 동경대학 인문학부 연구원으로 활동하였다. 현재 동국대학교, 서강대학교, 가톨릭대학교 등에서 교육학 및 종교학 관련 과목을 강의하고 있다.

주요 논문으로는「교육적 인식으로서의 종교적 직관」,「깨달음의 과정에 관한 교육학적 접근」,「단군신화 상징의 종교학적 해석」,「경전번역의 탈권위적 성격과 사회문화적 의의」등이 있으며 현대교육사상과 관련하여 종교교육 연구를 진행하고 있다.

손원영

연세대학교 신학과 및 동 대학원 신학과 졸업(신학사, 신학석사, 신학박사 : 기독교교육학 전공), 미국 Boston College 및 San Francisco Theological Seminary 대학원에서 연구하였다. 현재 서울기독대학교 신학전문대학원 기독교교육학 교수/한국종교교육학회 이사/ 한국기독교교육정보학회 이사 및 부회장이다.

주요 논저로는「기독교교육과 프락시스」(한국장로교출판사, 2000),「기독교교육의 재개념화」(대한기독교서회, 2002),「프락시스와 기독교 교육과정」(대한기독교서회, 2002),「영성과 교육」(한들출판사, 2004),「기독교문화교육과 주일교회학교」(대한기독교서회, 2005),「기독교교육개론」(공저, 대한기독교서회, 2006) 등 다수가 있다.

예철해

동국대학교 사범대학 교육학과와 대학원 교육학과 석사과정 및 박사과정을 졸업하여 교육학 박사 학위를 취득하였다.
현재 경희대학교에서 학술연구교수로 재직중이다.
주요 논문으로는 「듀이의 학습자 중심 교육과정의 구성 원리」, 「불교생태학의 주요 원리를 실천하기 위한 생태교육의 방향」, 「삼국유사에 나타난 일연(一然)의 역사의식이 갖는 한국교육사적 의의」가 있다.

이지중

동아대학교 교육학과 졸업, 동국대학교 불교학과 석사, 동국대학교 교육학과 석사, 동국대학교 교육학과 박사과정을 수료하였다. 현재 동국대학교 교육학 강사로 재직중이다.
주요 논저로는 『교육과 언어의 성격』((2004), 서울 : 문음사)이 있고, 논문으로는 「유식학적 언어관의 인격교육적 해석」「아리야식의 무기성에 관한 교육학적 해석」「단재 신채호 교육관 고찰」「훈습의 기능에 관한 교육적 독법」「만해 한용운 교육관 고찰」등 다수가 있다.

이희재

광주대학교 중국학부 교수, 광주대학교 호남전통문화연구소 소장, 한국종교교육학회 편집위원, 동국대학교 불교학과(학사), 원광대학교 대학원 철학과(석사, 박사)를 졸업하였다.
주요 논저로는 『동양문화론』형설, 『한국의 전통의례』한국학술정보가 있다.

정혜정

숙명여대 교육학과를 졸업, 동국대에서 교육철학 전공으로 교육학 박사학위를 받았나. 이후 숙명여대 Post-Doc. 연수를 거쳐 중앙대 초빙교수로 있다가 현재는 인천대 일본문화연구소에서 연구 활동 중이다.
주요 논저로는 「천태학의 세계관과 지관의 수행(2005)」, 「교육에 있어서 신체지각과 미적 체험의 중요성 : M. Heidegger와 불교적 수행을 중심으로(2006)」, 「동학의 탈근대성과 교육철학적 전망(2006)」, 「서구 근대교육의 수용과 교육론의 동서융합(18-19) : 혜강 최한기를 중심으로(2008)」, 『한국교육사상(2005)』,『동학의 한울교육사상(2007)』등이 있다.

문화학술총서

초월과 보편의 경계에서

2008년 12월 26일 초판 1쇄 인쇄
2008년 12월 31일 초판 1쇄 발행

지은이 김용표 엮음
펴낸이 오영교
펴낸곳 동국대학교출판부

주소 100-715 서울시 중구 필동 3가 26
전화 02) 2260-3482~3
팩스 02) 2268-7851
Home page http://www.dgpress.co.kr
E-mail book@dongguk.edu
출판등록 제2-163(1973. 6. 28)
편집디자인 사람생각
인쇄처 (주)보명C&I

ISBN 978-89-7801-223-2   93380

값 16,000원

이 책은 '동국대학교 통합인문학특성화사업단'의 지원을 받아 저술하였습니다.
이 책의 무단 전재나 복제 행위는 저작권법 제98조에 따라 처벌받게 됩니다.